# 像利弗莫尔一样交易
## ——让利润奔跑

刘堂鑫·著

中国宇航出版社
·北京·

**版权所有　侵权必究**

**图书在版编目（CIP）数据**

像利弗莫尔一样交易. 让利润奔跑 / 刘堂鑫著. --北京：中国宇航出版社，2022.7
　　ISBN 978-7-5159-2077-1

Ⅰ．①像… Ⅱ．①刘… Ⅲ．①股票交易－基本知识 Ⅳ．①F830.91

中国版本图书馆CIP数据核字(2022)第096831号

| 策划编辑 | 吴媛媛 | 封面设计 | 宋　航 |
| --- | --- | --- | --- |
| 责任编辑 | 吴媛媛 | 责任校对 | 卢　珊 |

| 出版发行 | 中国宇航出版社 | | |
| --- | --- | --- | --- |
| 社　址 | 北京市阜成路8号 | 邮　编 | 100830 |
| | （010）68768548 | | |
| 网　址 | www.caphbook.com | | |
| 经　销 | 新华书店 | | |
| 发行部 | （010）68767386 | （010）68371900 | |
| | （010）68767382 | （010）88100613（传真） | |
| 零售店 | 读者服务部 | | |
| | （010）68371105 | | |
| 承　印 | 三河市君旺印务有限公司 | | |
| 版　次 | 2022年7月第1版 | 2022年7月第1次印刷 | |
| 规　格 | 710×1000 | 开　本 | 1/16 |
| 印　张 | 21 | 字　数 | 277千字 |
| 书　号 | ISBN 978-7-5159-2077-1 | | |
| 定　价 | 68.00元 | | |

**本书如有印装质量问题，可与发行部联系调换**

# PREFACE 前 言

多数新手投资者是在牛市中"逼迫式赚钱",账户数字魔法般的轻松变大,在盲目无知之中,被点燃了贪欲之火,相见恨晚般地认为这是天赐的淘金地。由牛市中期的小心谨慎入场,到牛市顶部重仓押注,以期一朝财务自由,在山雨欲来风满楼之际,无视风险,举债入市,最终陷入两难之境,不得不死捂浮亏,步步套深,账户资金严重缩水,惊恐万分之际,灰溜溜出场。

历经了市场鞭打之后,开始发奋努力,学习了技术面,也学习了基本面,见过了振荡,也见过了牛熊,由新手变成了老手,可以谈经论股。但很多人依旧深陷亏损漩涡,找不到交易之门。任何事情都一样,并不是光靠努力就行,方向才是最重要的。交易更是如此,方向对了就能事半功倍,如果方向错了,那就是永远亏钱,连事倍功半的机会都不会给你,市场是不怜悯眼泪的,市场更不会怜悯汗水,市场更不会被你坚强的意志所打动,辛勤地选股和交易并不会换得天道酬勤!

赚钱的方法殊途同归,亏钱的原因却五花八门。有的人在追高中吃了大亏,成为经验型投资者,特别中意超跌股,逆势抄底越抄越低;有的人受人性贪便宜驱使,属于心理型投资者,只买低价股,不料要么长期振荡,要么阴跌退市;有的人顽强学习,满腹理论,成为技术型投资者,盲目自大,重仓操作，即使赢很多次，但一次失利就被打的"重伤不愈"；有的人入场点不好，在跌跌涨涨中来回吃亏，无奈地分批建仓，企图摊均成本以提高获利概率，多数也能"死里逃生"，但往往都是保本或小赚卖飞，可一旦错就可能会腰斩巨亏，甚至所剩无几，陷入永久性的赚小赔大的怪圈。这些人往往会埋怨运气不好，老天不公，殊不知自己选的就是稳定亏损之法。

那么市场上的稳定盈利法则到底是什么呢？

上面提到过，赚钱的方法殊途同归，第一条就是巴菲特的名言——保住本金，规避风险。如果不能保住本金，再强势的赚钱方法，最终也会是竹篮打水一场空。第二条是华尔街天才交易员杰西·利弗莫尔的核心交易思想——让利润奔跑。如果只有保本能力，没有强势的放大利润的方法，对于小本金的散户来说，最终也会是平平庸庸，而且盈利能力不强，反过来也会削弱保本的能力。总结下来市场最好的盈利法则是"小赔暴赚"！

本书最大的核心亮点是结合巴菲特和利弗莫尔的投资之道，以巴菲特稳健型的交易思想为前提，坚持买优秀的公司；以利弗莫尔进攻型的交易方法为核心，坚持小赔暴赚的法则。在控制风险的同时，无限放大利润，操作上攻守兼备。

本书第七章介绍的VLR模型可以将本无杠杆的股票运作成"杠杆效应"，这里的杠杆并不是通过融资借助外部杠杆，因为外部杠杆虽然能放大获利，但同时也放大了风险。书中所阐述的投资模型是在不借助任何外部杠杆的情况下，借助利弗莫尔高超的战略，"杠杆式"降低风险的同时，"杠杆式"放大利润，打破风险随利润成正比增加的魔咒。这正是利弗莫尔交易获取巨大成功的核心原因。

全书主要分三个部分。

第一部分（第一章到第三章）是价值投资理论，坚持以价值投资为前提，以控制风险为根本，以生存为第一法则。不过我们这里并不是强调价值投资慢慢复利的模式，而主要是借助价值投资，筛选出优秀的公司，远离垃圾股，同时也避免在众多股票之中迷乱出错，浪费时间精力，简化操作，为"以小博大"的VLR模型提供夯实的基础。

第二部分（第四章到第七章）是利弗莫尔交易法，该部分以价值线为核心，以利弗莫尔的最小阻力线为主导，以利弗莫尔"新"关键点为辅，借助利弗莫尔"轻仓试仓，浮盈加码"的交易思想，最终构建了一套小赔暴赚的交易模型——VLR模型。VLR模型中用市盈率曲线体现价值，用数学原理重塑趋势理论（剔除了传统趋势技术中的未知变量，让交易更加客观），二者相辅相成，使得该模型更具盈利性、稳定性和系统性。VLR模型中的"新"关键点具有高精准度的特点，符合利弗莫尔一买就赚的方法，通常可以快速脱离成本，适合心态脆弱难以承受浮亏的散户，在一定程度上可以起到提升心态的作用。就像利弗莫尔说的一样："我的经验向来表明，如果自己没有在一轮行情启动时就入市，那么基本上就不会获得什么收益。其原因是入市晚了，会丧失前期的一段利润。而这段利润储备恰恰是能保证我有勇气抵抗市场各种回调行情，并有耐心地持有整波行情。"

VLR模型不但打破了风险随利润成正比增加的魔咒，并且打破了心态的束缚，打破了概率的束缚，打破了资金管理的束缚，将投资战术上升到投资战略，在任何极端情况下，都不能让投资者陷入大的风险之中，让成功变得更简单。

第三部分（第八章）重点介绍利弗莫尔成功的秘诀，强调知行合一，认知是一切出发的源点，任何人无法赚到认知以外的钱，哪怕你运气好赚到了也会凭实力亏回去，所以需要充分透彻地研究本书的理论和方法。本书在理解的时候可能具有一定难度，但是只有从根本上完全理解模型的底层逻辑，才能使自己的认知得到同频次内在性的提高，方能有助于知行合一，重复执行简单的交易模型，使其自行运转，让交易变成强大的被动收入，让生活变得更加舒适惬意。

希望每一位投资者都能像利弗莫尔一样，边度假边在股市中获利。

本书与《像利弗莫尔一样交易——买在关键点》互为姊妹篇，读者可将两本图书结合起来一起学习，将会更好地掌握利弗莫尔操盘的精髓。

刘堂鑫

2022 年 4 月

# CONTENTS 目 录

## 第一章 股市战纪

1.1 小试牛刀 / 2

1.2 中车之殇 / 4

1.3 小赔暴赚 / 8

## 第二章 价值投资

2.1 价值投资的概念 / 23

 2.1.1 价值投资的定义 / 23

 2.1.2 价值投资的误解 / 24

 2.1.3 公司估值——绝对估值 / 28

 2.1.4 公司估值——相对估值 / 36

2.2 公司分析 / 42

 2.2.1 宏观经济 / 42

 2.2.2 行业前景 / 50

 2.2.3 产业逻辑 / 55

2.2.4 市场占有率和护城河 / 56

2.2.5 分红能力 / 59

2.2.6 盈利能力 / 60

2.2.7 企业管理层 / 62

2.2.8 跟随领导者 / 64

2.3 价值投资的优势 / 66

2.3.1 选择大于努力 / 66

2.3.2 不惧市场波动 / 67

2.3.3 提升技术效果 / 71

2.3.4 节省时间精力 / 75

2.4 股票池 / 76

2.4.1 股票池定义 / 76

2.4.2 股票池原则 / 77

2.4.3 股票池的好处 / 81

2.5 价值投资的步骤 / 82

# 第三章 价值线

3.1 市盈率 / 92

3.1.1 市盈率的定义 / 92

3.1.2 市盈率的意义 / 93

3.1.3 市盈率的优势 / 95

3.2 市盈率曲线 / 96

3.3 价值线 / 97

3.3.1 价值线的定义 / 97

3.3.2 价值线的设定 / 98

3.3.3 价值线的作用 / 103

3.3.4 价值线买股原则 / 106

# 第四章 利弗莫尔——最小阻力线理论

## 4.1 最小阻力线 / 114

4.1.1 新趋势线 / 116

4.1.2 最小阻力线与新趋势线的关系 / 121

4.1.3 最小阻力线的画法 / 122

4.1.4 传统趋势线不能指示趋势 / 127

## 4.2 切线 / 130

4.2.1 切线的定义 / 130

4.2.2 切线与传统趋势线 / 131

4.2.3 切线的画法 / 134

4.2.4 切线的作用 / 137

4.2.5 传统趋势线的弊端 / 141

## 4.3 限制线 / 149

4.3.1 限制线的定义 / 149

4.3.2 限制线的画法 / 150

4.3.3 限制线的作用 / 152

## 4.4 最小阻力通道 / 155

4.4.1 最小阻力通道的定义 / 155

4.4.2 最小阻力通道的作用 / 157

## 4.5 临界点 / 159

4.5.1 临界点的定义 / 159

4.5.2 临界点的意义 / 162

4.5.3 临界点的作用 / 164

# 第五章 利弗莫尔——"新"关键点

## 5.1 利弗莫尔关键点 / 168

5.1.1 高低点关键点 / 168

5.1.2 新高/新低关键点 / 171

5.1.3 历史新高/新低关键点 / 173

5.1.4 整数关键点 / 174

5.1.5 延续关键点和反转关键点 / 176

## 5.2 利弗莫尔关键点的原理 / 180

5.2.1 高概率事件 / 180

5.2.2 买在起涨点 / 180

5.2.3 突破关键点 / 181

## 5.3 "新"关键点 / 182

5.3.1 价值点 / 184

5.3.2 切点 / 185

5.3.3 限制点 / 186

5.3.4 临界点 / 187

# 第六章 利弗莫尔——小赔暴赚

## 6.1 轻仓试仓 / 189

6.1.1 降低风险 / 189

6.1.2 过滤"日间杂波" / 190

6.1.3 提升容错率 / 192

6.1.4 应对时机 / 194

6.1.5 试探趋势 / 194

6.1.6 内部杠杆 / 195

6.2 浮盈加码 / 196

　　6.2.1　反向操作 / 196

　　6.2.2　指明趋势 / 197

　　6.2.3　利润倍增 / 198

6.3 长线投资 / 200

# 第七章　利弗莫尔模型——VLR 模型

7.1 VLR 模型 / 204

7.2 VLR 模型机制 / 206

　　7.2.1　试仓机制 / 206

　　7.2.2　止损机制 / 217

　　7.2.3　浮盈加仓机制 / 224

　　7.2.4　出场机制 / 226

7.3 VLR 模型案例 / 232

　　7.3.1　百万利润 / 232

　　7.3.2　百倍利润 / 241

　　7.3.3　不以上帝视角炒股 / 258

# 第八章　利弗莫尔成功之源

8.1 勤奋学习 / 265

8.2 独立思考 / 266

8.3 逆向思维 / 267

8.4 保持耐心 / 269

# 附录 A　基础财务知识——公司分析的补充

　　A.1　财务报表／271

　　A.2　财务指标／281

　　A.3　财务分析／287

　　A.4　业务结构／302

　　A.5　消费场景／305

　　A.6　行业轮动／306

# 附录 B　VLR 模型的优势和战略思想

　　B.1　VLR 模型的优势／310

　　B.2　坚定使用 VLR 模型／315

　　B.3　赚钱需要战略思想／317

　　B.4　顺势而为／318

# 第一章

# 股市战纪

## 1.1 小试牛刀

对于资深的投资者，2015年的疯牛应该还历历在目，我的一位同学也是在那个时候没能抵住全民炒股的浪潮，在工商银行排了4个小时的队，才如获至宝似地开立了股票账户，不料这成了他的噩梦的起源。

他在2015年3月中旬跑步入市，大盘刚刚强势突破前期整固的高点压力，随后一路飙升，周线级别走出了强势的7连阳。图1-1为上证指数周线级别K线图，行情时间跨度为2013年5月24日到2016年9月2日。

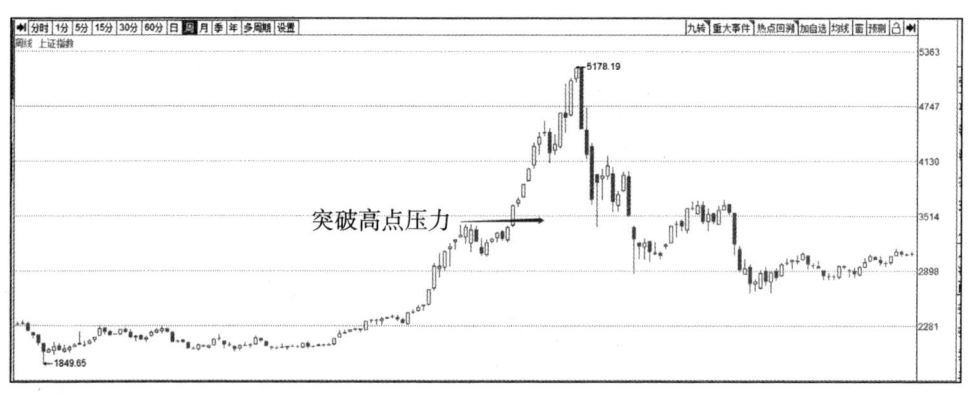

图1-1

虽然身边的人几乎都在赚钱，但刚开始他也比较谨慎，只投入了2万元，买啥涨啥，只不过他每次都是赚个小几百元就跑了。当时他的工资一天也是两百元左右，当看到几百元的盈利时，就会很激动地立马脱手，要知道这可抵得上几天的工资了。后来他还认真地选股，可不管怎么选，总是一买就大涨，不过他依旧是保持盈利几百元就快乐地收场的习惯。身边的朋友都笑他这样是赚不到大钱的。他却认为自己是大智若愚，因为他觉得贪婪之人没有好下场，谨慎为上，落袋为安。

就这样他继续短线操作，频繁小赚一个多月。虽然中间也曾感叹过跑得太快，硬着头皮拿了一次涨停，心情却一整天跟随着曲线不停波动，内心无比煎熬。最后大盘从3 500点附近一路涨到了4 500点，个股很多直接翻倍，他却连4 000元都没赚到。而身边的朋友有的赚了几十万元，多则上百万元，而他基本等于赢个吃饭钱，随着收益差距越来越大，他开始痛惜错过了发财的机会。

由于心理不平衡，加上财迷心窍，他一股脑把工作几年的15万元积蓄全部投入股市，也想追上发财的列车，结果还没尝到甜头就被福达股份套了个天地板，巨亏近3万元。图1-2为福达股份日线级别K线图，行情时间跨度为2015年2月4日到2015年10月23日。

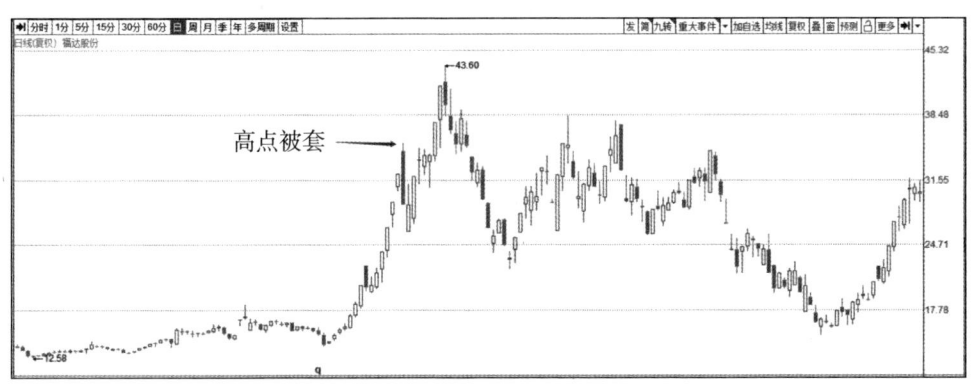

图1-2

第二天福达股份大幅低开，也就是说，两天不到亏了他半年的工资。以为股市是只凤凰，却不料是一头猛虎，当时他悔恨交加，只希望快点回本，再也不玩了。经过一个星期的煎熬之后，终于回本了，他立马逃之夭夭，但福达股份又大幅暴涨，这又让他因为卖飞了错失大赚而捶胸顿足。

## 1.2 中车之殇

有了福达股份的经验之后，他天真地认为股票是不可能亏钱的，哪怕暂时亏也没事，过几天还能涨回来。就是因为有了这个错误的经验认知，为他后面操作中国中车埋下了巨祸！

当时他还问了我对中国中车的看法，我直言不讳地跟他说："如果我讲了对中国中车的预判，你可能会不高兴。"但是他一本正经地说："没事，就想听听你的意见，毕竟你更专业。"

于是我给他讲了不能买中国中车的理由：第一，当时中国经济面临下行压力，这轮牛市完全是政策市，没有经济发展作为支撑，并不能持续涨很久；第二，根据利弗莫尔的"一日反转"信号，这是一波长期行情发展到尾声的股票波动，中国中车将要长线见顶。

利弗莫尔说："对我来说，有的危险信号非常强烈，我一看到就会振作起来，打起十二分精神——这就是'一日反转'信号。"我对其的定义是："一日反转"信号发生的时候，当日的最高点在昨日的最高点之上，但是收盘的时候，收盘价要低于昨日的收盘价，而且当日的成交量要大于前日的成交量。

图1-3为中国中车日线级别K线图，行情时间跨度为2014年9月9日到2015年10月8日。2015年4月20日，中国中车形成了完美的"一日反转"信号。

我还从其他几个方面给他分析了中国中车的走势。

第一，从技术上看大盘已经到了前一轮牛市的压力区域，纵使牛市不结束，也极大概率会有大幅回撤，况且结合第一点，极有可能牛市就此结束。

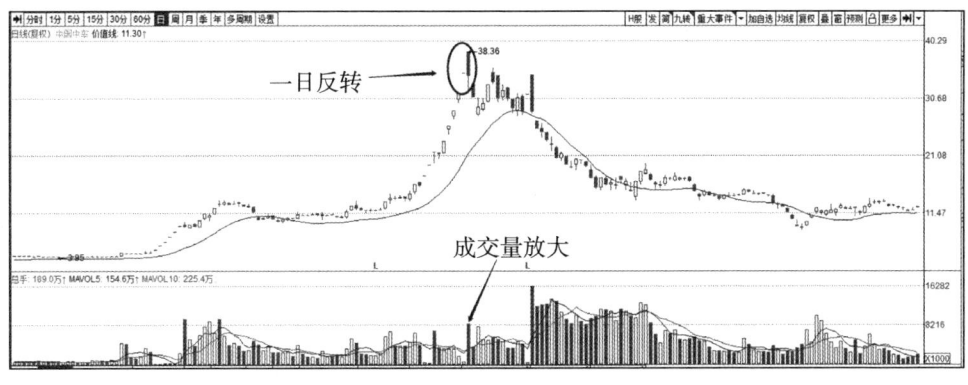

图1-3

图1-4为上证指数月线级别K线图，行情时间跨度为2001年11月30日到2021年12月21日。

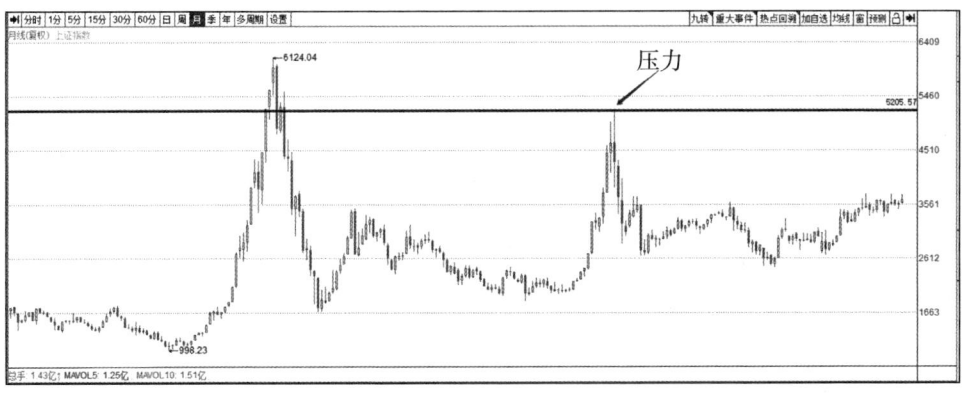

图1-4

第二，从技术上看中国中车的价值线（详解见第三章）有高位掉头的迹象，行情早就偏离最小阻力线且跌破了切线（详解见第四章），强势行情早就不在了，所以股价随时都可能崩盘跳水。

图1-5为中国中车日线级别K线图，行情时间跨度为2014年9月9日到2015年10月8日。

第三，南北车合并声势浩大，各路媒体大肆宣传，都认为南北车强强联手，且又处于大牛市，股价有望突破100元。根据利弗莫尔的逆向思维"都能看到的机会，往往行情早就没有了"。所以中国中车绝不会因为这条消息而上涨，股市是零和博弈，如果人人赚钱，那么谁去亏钱呢？

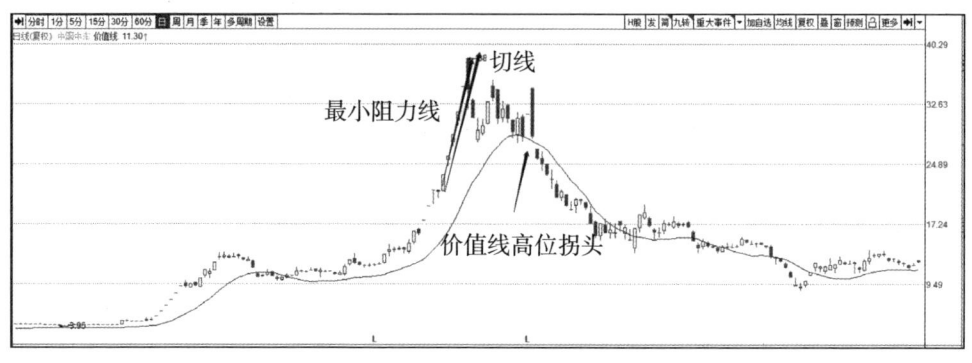

图1-5

我一再叮嘱他不要碰中国中车，只可惜他不太懂这些，看身边人都赚了，盲目随流入市，抵抗不住发财的强大诱惑，最后还是买了中国中车。2015年6月9日中国中车开盘涨停，他生怕买不上，等稍有回落之际就猛地杀入5万元，这次他还自以为聪明地学到了一招，那就是分批买入，计划如果像福达股份那样，下跌到低点，他就继续加仓。当天中国中车从天花板打到地板，他一路逢低加仓，还没到跌停板就把15万元加满了。

图1-6为中国中车日线级别K线图，行情时间跨度为2014年9月24日到2015年9月28日。

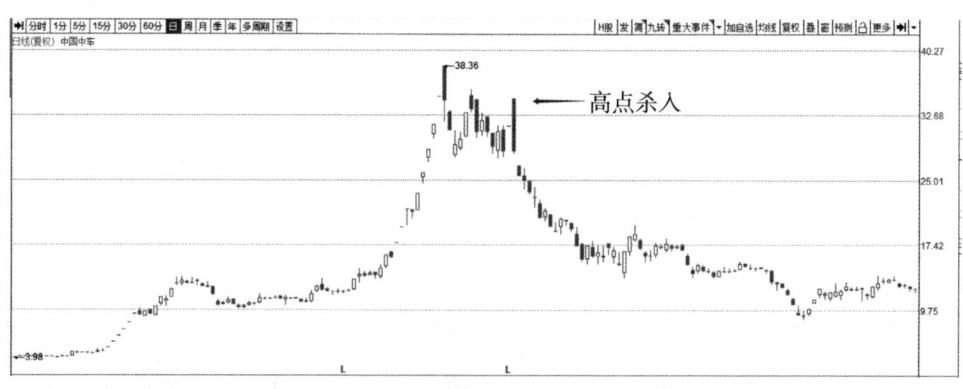

图1-6

虽然又是快速浮亏近2万元，但这次他不怎么慌，纵使第二天直接跌停，他也若无其事，心里认为中国中车也会和福达股份一样，很快再次拉出新高，并且决定一定要等大赚再出。第三天开始反弹的时候，他以为要开始反转拉升了，于是又用借来的10多万元全部加仓买进。不料事与愿违，中国中车持续阴跌，一路暴跌至14.52元。

中国中车随后超跌反弹出现了三连涨，他以为牛市还将继续，接着贷款30多万元全部补仓。我几次劝阻都没拦住，主要因为当时他已经骑虎难下。悲剧继续上演，股价只是死猫反弹，然后继续下跌，眼看着账户持续缩水，他的心理防线也被一点点击溃。最后他惊魂失措地选择割肉离场，巨亏近25万元。

图1-7为中国中车日线级别K线图，行情时间跨度为2014年9月24日到2015年9月28日。

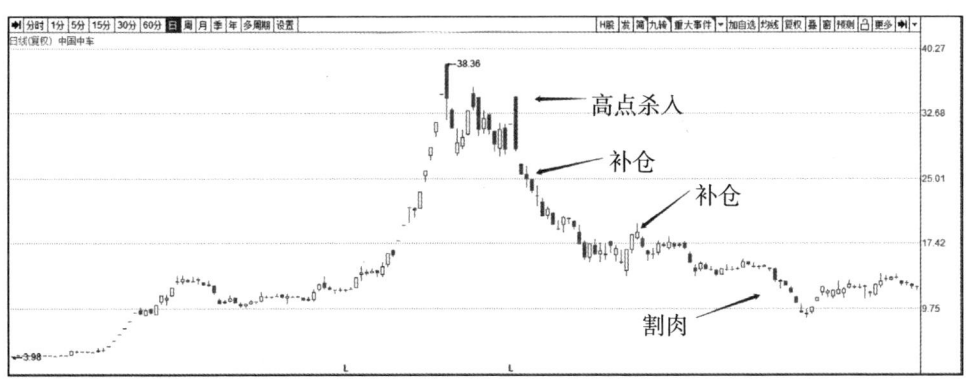

图1-7

## 1.3　小赔暴赚

只在一个价位建仓是错误的，也是非常危险的。相反，你应该先决定到底要交易多少股票。比如，你总共想买1 000股，你可以这样建仓：先在一个关键价位买进200股，如果价格上涨就在关键价位附近再买200股；如果价格还在上涨就继续买200股。然后你看一下市场的反应是怎样的，如果价格继续上涨，或者回调之后继续往上走，那么就放开手把最后的400股买进来。

——利弗莫尔

上面一段话体现的是利弗莫尔"轻仓试仓，浮盈加码"的思想。我运用利弗莫尔"轻仓试仓，浮盈加码"的方法指导同学操作时，在错的时候，由于是轻仓试仓，降低了风险，所以只造成了很小的损失；在对的时候，大力使用浮盈加码的策略，让利润翻了数十倍。

**1. 轻仓试仓**

俗话说，一入股市深似海。自从那次巨亏之后，他便久久不能释怀，在网上学了很多炒股知识，也看了很多炒股视频课件，结果后面自己又兜兜转转亏了几十万元。有一天，他约我出来，明里请我吃饭，却诉苦半天，说自己存款亏完了，房子也卖了，拿出一个50万元的股票账户，暗里叫我帮助他。我说了很多劝退的话，也建议他先学好能力，做一行精一行，确定自己有把握稳定赚钱之后，再来炒股也不迟。但是此时的他，像极了多数大亏的散户，身心俱疲，胆战心惊，心态处于崩溃的边缘，对市场又爱又恨，急于捞回损失，并且极度拒绝退市，没办法我只能再三叮嘱，要求他一定要按照我的交易信号买，途中有任何其他举动，就坚决建议他彻底退市。

我教他买股的方法遵从了利弗莫尔的赚钱思想，即在行情不明确的时候轻仓试仓，盈利之后开始加码。利弗莫尔正是用试仓的方法，试出了1929年美国股市的大崩盘，最终让他成功大赚1亿美元。

"轻仓试仓，盈利加码"也正是本书VLR模型的核心内容，它所体现的是一种以小博大的战术，继承的是利弗莫尔的交易思想。像前言所述，它是将"杠杆"理念巧妙地运用于无杠杆的股票操作之中。该"杠杆"并不是指外加的负债杠杆，而是内部"杠杆"，缩小风险倍数的同时，无限放大利润倍数。也就是错的时候只会损失一点，一旦对则利润会不断翻倍。

第一次尝试是2018年10月15日，当价格触及价值线（详解见第三章）18.6元附近时买入双汇发展，我让他先学利弗莫尔一样试仓买入10万元，止损设为16元（前期最低点16.23元下方），亏损的风险是14%左右，这比直接满仓买入50万元，风险降低了5倍。

图1-8为双汇发展日线级别K线图，行情时间跨度为2018年4月23日到2019年4月23日。

图1-8

试仓之后，股价小幅下探至17.89元，随后连续大涨，盘中最高盈利9 000多元，这时我让他将止损移动到低点17.7元（低点17.89下方），此时的止损风险是4.8%左右，也就是4 800元。股价两日连涨之后，空头再次反扑触发卖单，第一次失败，试仓亏损1 600元，亏损只有总资金50万元的0.96%。这就体现了利弗莫尔试仓的重要性，在错的时候，大大降低了风险。

图1-9为双汇发展日线级别K线图，行情时间跨度为2018年4月23日到2019年4月23日。

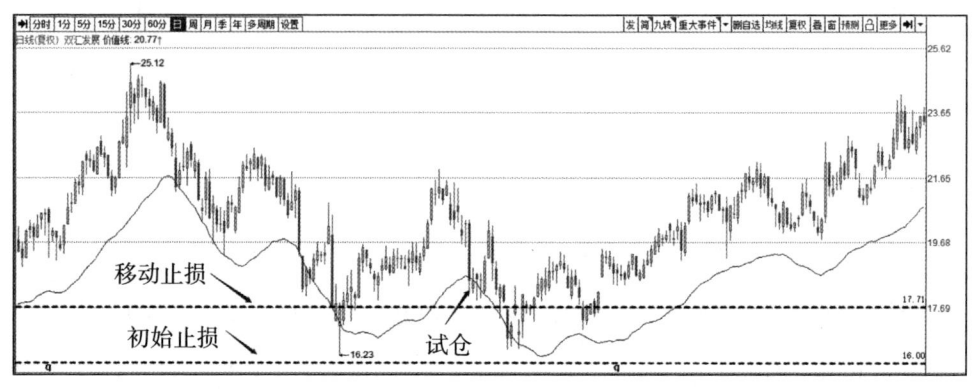

图1-9

### 2. 浮盈加码

第一次试仓失败，虽然小亏，但看得出他有一点失望和着急，更多的是不解，为什么盈利了却不见好就收，反而硬要亏损出场？我看他心里又在作怪，担心他后面会乱操作，就跟他细讲了利弗莫尔投资的底层逻辑，捕捉小规模的日内变动是不对的。大钱从来就不在小波动之中，赚钱不是靠小波动，不是靠运气，也不是全靠概率，赚钱的根本法则只有一条，那就是赚的要比亏得多，大赚靠的是赚的远远比亏得多，赚大赔小绝对是终极真谛，而赚大钱需要借助重大的行情运动，利弗莫尔把赚大赔小发挥到了极致，所以能一笔赚1亿美元，折合现在至少是1 000亿美元。某一次输赢无法定成败，战略高度决定最终的胜利。

虽然他不甚理解，但2018年11月26日，他还是按照我的建议买入了亿纬锂能。

他在价值线6.4元附近先试仓，买入10万元亿纬锂能，止损设置为5.9元（前期振荡低点5.95元下方，且处于价值线下方）。图1-10为亿纬锂能日线级别K线图，行情时间跨度为2018年10月12日到2019年11月6日。

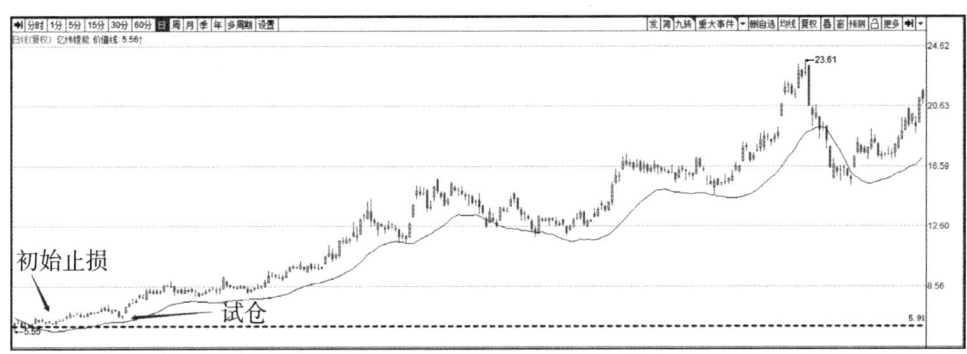

图1-10

第二天行情快速脱离成本，跳空上涨，直逼涨停。此时他就开始坐不住了，频繁地问我要不要卖掉，恐又和双汇发展一样，到手的鸭子飞了。我明确地说："你要是现在出了，建议以后不要再买股票了，不要患得患失，记住利弗莫尔赚大钱的逻辑，赢了要敢于加码放大利润，而不是追逐小利。再说我们的止损也就7.8%左右，折合50万元本金的1.56%，你最多亏7 800元左右而已，相比你之前巨亏大几十万元，这没什么好担心的。我后面会叫你不断加仓，像利弗莫尔一样让利润奔跑，并且风险不会让你扩大分毫。"他抱着将信将疑的态度，收回了几欲平仓的手。

**风险状况**：第一单风险7.8%。

没过多久行情继续强势单边大涨，我建议他移动止损至7.5元（2018年12月5日的大阳线7.57元下方），并告知马上有加仓动作。他此时已是零风险，且已锁定获利近17.1%。

图1-11为亿纬锂能日线级别K线图，行情时间跨度为2018年10月12日到2019年11月6日。

图1-11

**风险状况**：第一单锁定获利17.1%。

2018年12月25日，亿纬锂能股价再次回归价值线附近，我提示他在7.9元处加仓，要求加仓金额和第一次建仓一样，并把止损位设置到7.5元（和第一单止损相同）。叫他加仓之前移动了止损，其目的是为了给加仓腾出风险空间，等额加仓是为了容易控制风险，保证风险始终不扩大（详解见第七章）。

图1-12为亿纬锂能日线级别K线图，行情时间跨度为2018年10月12日到2019年11月6日。

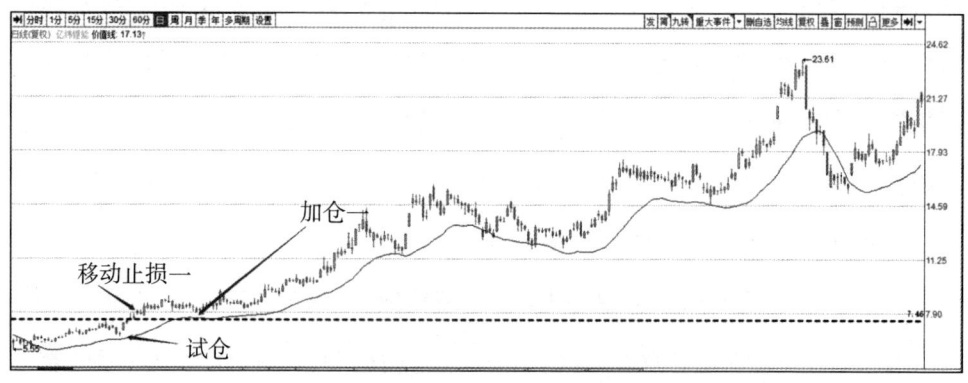

图1-12

**风险状况**：第一单锁定获利17.1%左右，第二单风险是5%左右，整体锁定获利12.1%左右。

加仓之后行情再次快速脱离成本（利弗莫尔关键点的特点也是从一开始就有账面利润，这段利润储备可以帮助其有勇气和耐心度过市场中的小规模波动），突破新高，经过一轮调整之后再次单边大涨，此时利润再次扩大，所以可以开始激进加仓。2019年2月18日行情回落至切点（详解见第四章）9.5元附近再次加仓，且移动止损到8.7元（前一轮低点8.83元下方）。

图1-13为亿纬锂能日线级别K线图，行情时间跨度为2018年10月12日到2019年11月6日。

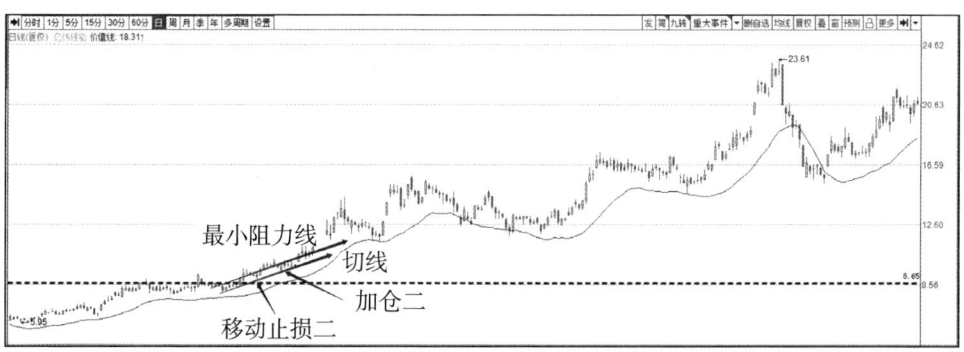

图1-13

**风险状况**：第一单锁定获利35.9%左右，第二单锁定获利10.1%左右，第三单风险8.4%左右，整体锁定获利37.6%左右，风险依然没有扩大。

**注意**：加仓初始阶段止损移动不能过于紧凑，只要保证在风险不扩大的情况下，可以适当宽松，防止被小波动震出局。

加仓之后，行情沿着新的最小阻力线以更强的斜率大幅拉升，最高升至14.38元，此时他已经大幅获利近25万元，总资金已经赚了近50%。这时候他非要撤，我和他说："反正都赚了，也锁定获利了，怎么都是赚，怕什么，万一这一把能把你的损失全部赚回呢。"在我强烈坚持持仓并且提前告诉他下次加仓的位置在下方的价值线的情况下，他稍有明白之后，才没有出局。

行情经过十几个交易日的回撤之后，再次如期到达了我们提前约定的价值线附近，这次还没等我说，他自己就在11.5元附近加了仓，同时我建议他把止损移动到11元（大阳线之后，回撤的低点下方）。毫无疑问又是立买立赚，股价再度快速脱离成本，并且连续涨停，突破新高。中途他一直在提醒我，担心资金不够加仓，我跟他说，你放心去弄资金，此时已是零风险，锁定了获利，必赚无疑，你弄多少钱都不会亏，只会越赚越多。

图1-14为亿纬锂能日线级别K线图，行情时间跨度为2018年10月12日到2019年11月6日。

图1-14

**风险状况**：第一单锁定获利71.8%左右，第二单锁定获利39.2%左右，第三单锁定获利15.7%左右，第四单风险4.3%左右，整体锁定获利122.4%左右，加仓没有导致风险扩大，锁定的获利却进一步扩大。

行情高位盘整，振荡下跌，2019年4月29日股价再度调整至价值线13.5元附近，这时又进行了第四次加仓，且建议他把止损设置到11元（保持不变），加仓之后又是快速上涨。需要注意的是，2019年5月24日股价重新跌回价值线附近，但此时不能继续加仓，因为前次加仓还未获利。

图1-15为亿纬锂能日线级别K线图，行情时间跨度为2018年10月12日到2019年11月6日。

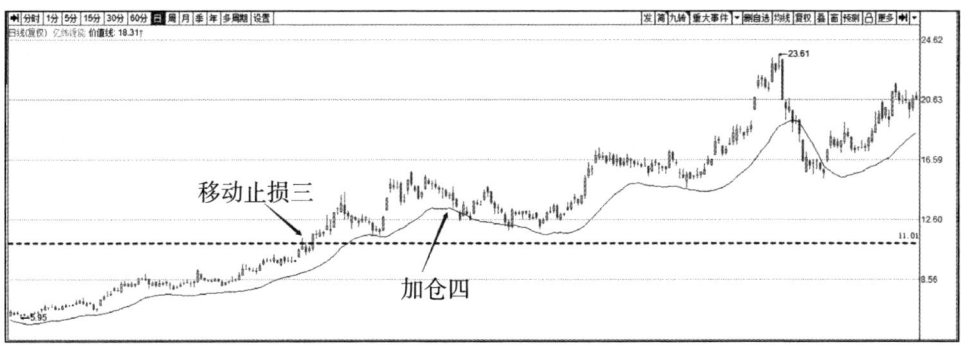

图1-15

**风险状况**：第一单锁定获利71.8%左右，第二单锁定获利39.2%左右，第三单锁定获利15.7%左右，第四单风险4.3%左右，第五单风险18.5%左右，整体锁定获利103.9%左右，利润继续扩大。

经过长时间的振荡之后，行情走出底部，再度创出新高。在接下来的调整中，又迎来了第五次加仓机会。2019年8月6日，股价再度触及价值线14.7元附近，果断提醒加仓，且止损继续维持11元不变，因为绝对低点（详解见第七章）没有变。又一次买在起涨点，股价形成明显的拉升趋势。

图1-16为亿纬锂能日线级别K线图，行情时间跨度为2018年10月12日到2019年11月6日。

图1-16

**风险状况**：此时第一单锁定获利71.8%左右，第二单锁定获利39.2%左右，第三单锁定获利15.7%左右，第四单风险4.3%左右，第五单风险18.5%

左右，第六单风险25.1%，整体锁定获利78.8%左右。

行情再度精准反弹，进场就快速获利，总利润也进一步大幅增加，因此可以激进加仓。在2019年8月23日，价格回撤至切线17.5元附近再度加仓，且移动止损到14.2元（前波低点下方）。加仓之后，股价受到切线支撑作用，立买立赚，无厘头飙升！

图1-17为亿纬锂能日线级别K线图，行情时间跨度为2018年10月12日到2019年11月6日。

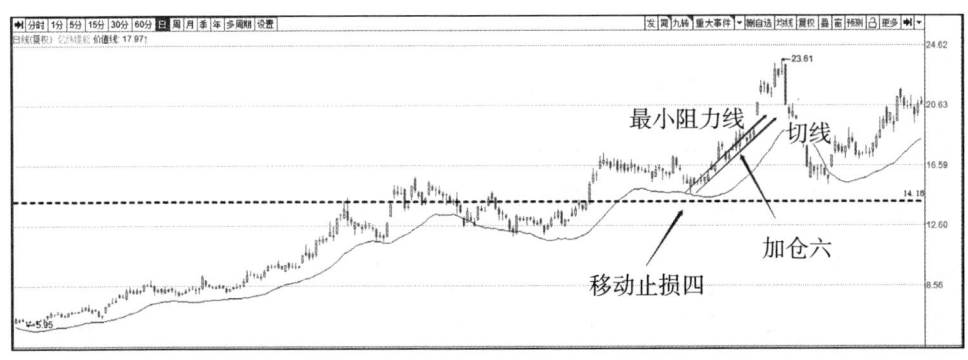

图1-17

**风险状况**：第一单锁定获利121.8%左右，第二单锁定获利79.7%左右，第三单锁定获利49.4%左右，第四单锁定获利23.4%左右，第五单锁定获利5.1%左右，第六单风险3.5%左右，第七单风险18.8%左右，整体锁定获利257.1%左右。

股价大幅暴涨之后，迅速跌至价值线附近，这次下跌有点快，他问我能不能加仓，我计算了一下，风险依旧可控，因此叫他继续在价值线19.3元附近加仓，止损保持在14.2元不变（绝对低点位于8月6日的低点）。

图1-18为亿纬锂能日线级别K线图，行情时间跨度为2018年10月12日到2019年11月6日。

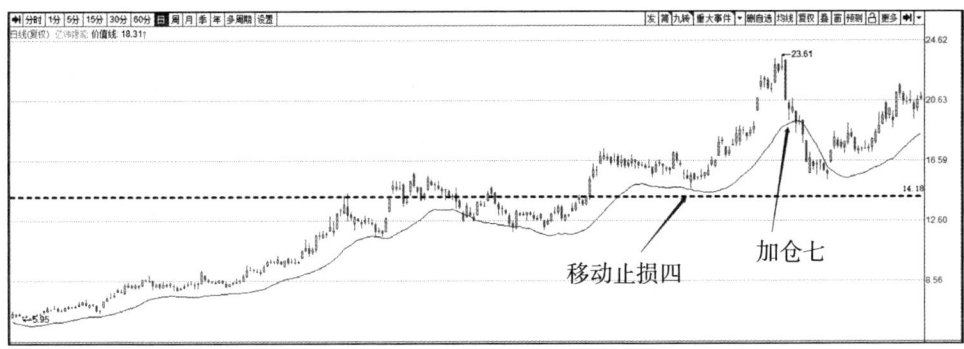

图1-18

**风险状况**：第一单锁定获利121.8%左右，第二单锁定获利79.7%左右，第三单锁定获利49.4%左右，第四单锁定获利23.4%左右，第五单锁定获利5.1%左右，第六单风险3.5%左右，第七单风险18.8%左右，第八单风险26.4%，整体锁定获利230.7%。

之后股价大幅回调，但在绝对低点附近，再次成功支撑住，说明绝对低点对于操作长线的有效性。股价重新回到高点，但在22.5元附近持续受阻。我极力要求他继续拿住，但2019年11月22日，行情下跌回调的时候，他在22元附近全部出场了，过后一脸不好意思地跟我说，连续3天没突破，自己实在拿不住了，况且赚了不少，非常满足了。

图1-19为亿纬锂能日线级别K线图，行情时间跨度为2019年2月22日到2020年3月17日。

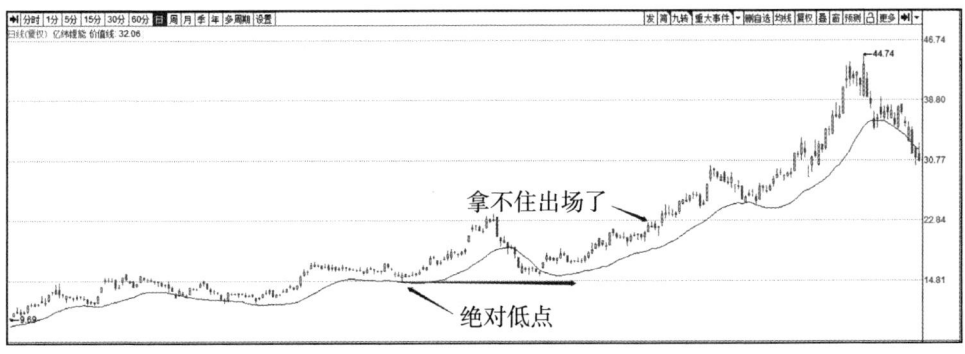

图1-19

**风险状况**：平仓时获利近80万元。

总体这波操作他赚了近80万元，本金直接翻倍。而初始风险不过才7 800元，等于赚了近100倍，也就是用1倍风险换了100多倍利润。在整个加仓过程中，风险始终没有增加，盈利的头寸却在持续增加，越加越赚，如图1-20所示。

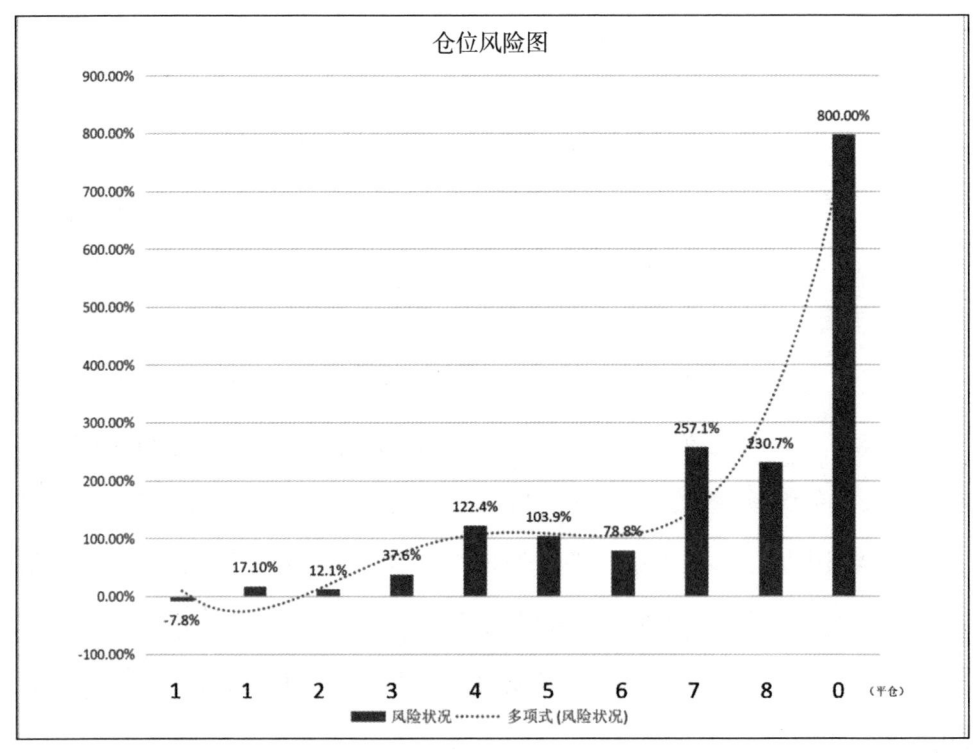

图1-20

这就是"杠杆式"缩小风险，"杠杆式"扩大利润的VLR资本运作模型。根本无须控制仓位，如果行情有条件，仓位可以无限增加，但是风险不会扩大一分，利润弹性却非常大，攻守兼备，行情来临时，非常容易主动进攻，这也是利弗莫尔浮盈加码赚大钱的核心思想。

虽然他赚了100多倍，但还是觉得可惜，我很无奈地和他说："你很可能只赚了个鱼头。"其实这时候价值线一直朝上延伸，极有可能开启另一轮大涨，按照利弗莫尔的思想来说，绝对不要在趋势上涨的时候离场。亿纬锂能果然持续暴涨，在后续上涨过程中，依然有6次加仓机会（读者可以通过学习本书，弄清楚其中的加仓理由），最终应该在跌破2021年1月14日的绝对低点出场，如果他没有着急出场，应该可以赚200多倍利润，而不是100倍。

图1-21为亿纬锂能日线级别K线图，行情时间跨度为2019年3月11日到2020年2月17日。

图1-21

这次操作成功后，他信心倍增，在一次喝茶时拉着我的手说："这太神奇了，完全打开了我的未知领域，这种赚钱方式，感觉是前所未有的轻松，不怕深套，不担心巨亏，风险可以说是几乎忽略不计了。我自己之前的操作习惯是，要么重仓，见利润就跑，生怕被套；要么只敢买一点点，眼看行情翻倍，却无能力赚更多的利润；要么亏了持续加仓，一亏再亏，做的生无可恋了。"

后面他又做了一次泰格医药，同样也是在初次触及价值线68元附近试水建仓，然后浮盈加码，在一路加仓的过程中，也始终遵循不扩大风险的原则。仓位在不断扩大，风险却在步步降低，最终在跌破绝对低点的时候，全部以追踪止损方式出场，同样赚了几十倍。在这个过程中，他的心态极为良好，没有之前的急躁不安，也没有之前的困惑疑虑，因为他已经明白，整个运作模式，无论如何都不会亏多少钱，运气再不好，最多就是一点皮毛的损失而已。

图1-22为泰格医药日线级别K线图，行情时间跨度为2019年8月7日到2021年5月16日。

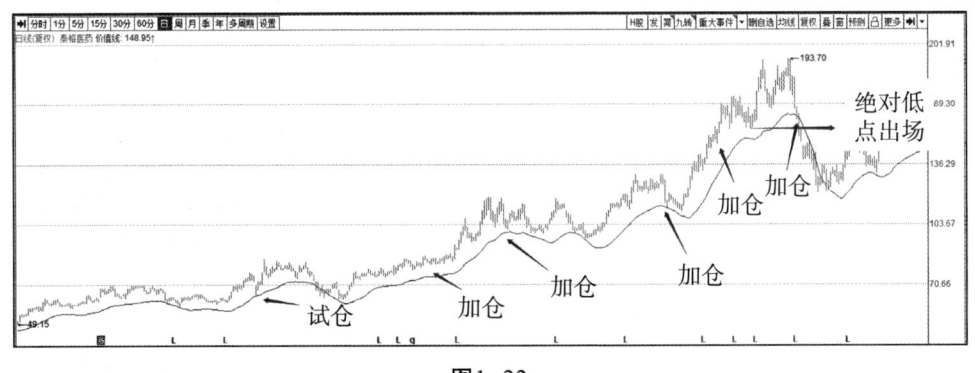

图1-22

通常我们的认知是一分风险一分利润，但是巧妙地运用VLR模型就可以打破利润与风险对等的禁锢，做到利润远远大于风险。就像利弗莫尔所说，当对市场行情摸不清楚的时候，先用小资金试仓，一旦行情试对了，就要勇敢加码，让利润奔跑。在这个过程中，试仓、加仓、止损和移动止损等，这些细节尤为重要，是成败的关键。而选股能力则更加重要，具备慧眼选出优秀股票的能力，能进一步提高交易模型的稳定性和赚钱效应，所以，坚持买优质的股票，遵循价值投资是VLR模型的前提。

# 第二章

# 价值投资

> 我不会去碰疲软板块里面的绩差股,出于同样原理,我会选择强劲板块里面的绩优股。
>
> ——利弗莫尔

从上面这段话我们可以看出,利弗莫尔并不是只看技术面,他也关注基本面,且重点强调买龙头股。利弗莫尔认为拥有经济学和景气状况基本面的知识,这是了解若干事件对市场和股价可能造成什么影响的必要智慧。那么讲基本面就避不开巴菲特的价值投资。

就如前言中我们介绍的一样,本章我们老生常谈巴菲特价值投资的思想,目的并不是强调要以慢为快地进行稳健复利投资,而主旨在于借助价值投资来规避系统性风险,提升盈利能力的稳定性,并引出VLR模型的核心,即价值线工具。因为价值投资的思想是尽可能不冒任何风险做高概率事件,避免中坑,规避不必要的风险是最好的防守型投资策略之一,所以在此前提下,运用利弗莫尔的进攻型交易战略,能在让利润无限奔跑的同时降低系统性风险,这样才可以更长久地保住利润。

我们常说价值投资永不过时,但是很显然这对于专业投资者和机构是比较便利的,而对于资金、信息资源以及能力都短缺的散户来说,很难把价值投资做到完美。因为价值投资要求过于严格,机会甚少,加之价值统计的尺度很多,因此,对于散户而言,无论从时间还是精力方面都难以去实地考察公司。就算散户千辛万苦练就了强大的价值投资选股能力,但价值投资是以做极高概率事件为前提的,因此也不会100%成功,所谓智者千虑,必有一失,即使只出错了一次,也会满盘皆输。

所以对于普通散户来说,最好的投资方式是结合巴菲特风控型思想和利弗莫尔赚大钱的思想，形成以小博大的策略投资模型，就像第一章中的例子一样，用7 800元的风险，赚100多倍的利润，这样既能提高交易的稳定性，又能让小资金有赚大钱的机会。

因此本章我们主要是借用巴菲特价值投资控制风险的思想，对价值投资重点部分进行阐述，略去对价值投资细枝末节的赘述。

## 2.1 价值投资的概念

### 2.1.1 价值投资的定义

价值投资源于教父级人物格雷厄姆，他认为投资是经过深入分析之后，使所提供的本金安全且回报满意的行为，不能满足这些要求的就是投机。根据格雷厄姆的观点，从不同角度，可以给价值投资做出以下两个定义。

第一，本义角度。价值投资的本义是在进行股票投资的时候，投资者并不关注股票价格的波动，而是关心股票代表的企业价值。投资者的投资思维是实业的投资思维，投资者购买股票就意味着投资者是公司的长期股东，将努力帮助公司发展壮大。

第二，数学角度。从价值投资的本义出发，很多人容易产生误解，所以我们从数学上给价值投资下一个本质定义，这样就不容易误解。因为不管是不是关注股价波动，也不管是不是做公司的股东，价值投资的唯一目的是追求利润增长。

价值投资在数学上的本质定义是指以复利为基石，不断追求高概率的情况下，期望收益率最大化的投资活动。

## 2.1.2 价值投资的误解

虽然价值投资从字面上看起来很简单,但市场上对其有很多误解。下面主要介绍三种误解。

**1. 买低价格的股票**

这一误解是从字面理解的,因为价值是围绕价格上下波动的,所以人们想当然地认为价值投资是买低于内在价值的股票,然后持有等待价值回归。这种理解忽略了格雷厄姆强调的本金安全。在实际操作中,很多低价格的股票其价值一直被低估,直到退市。这些股票只是看上去很便宜,但其公司很多是现金流无法增长以及无法增加内在价值的公司。这些根本不是好生意,非但不能带来一分钱收益,还会蒙受巨大损失。

图2-1为金亚退(原为金亚科技)日线级别K线图,行情时间跨度为2018年1月18日到2020年7月31日。股价被持续低估,在价值线的表现是价值线斜率明显朝下,这一点也是设计VLR模型的关键原则之一,即价值线明显朝下时绝对不能建仓。

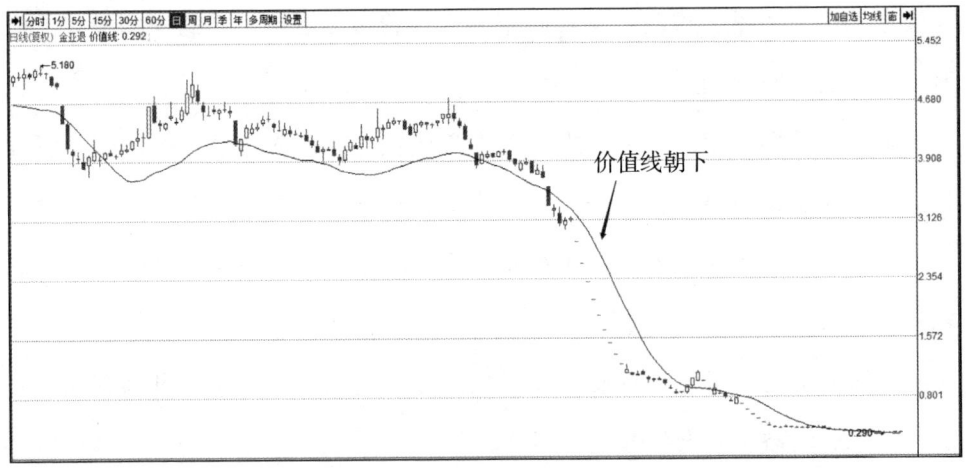

图2-1

金亚退这只股票，在股价跌破价值线之后，一直被低估，虽然途中短暂回归价值线之上，但是价格再度一路下行，直至退市（这里我们用价值线来衡量价值，详解见第三章）。

这个例子告诉我们，虽然尽可能要买被低估的股票，但是也不要碰股价被持续低估的股票。因为金融市场主要由预期主导，一旦一家公司股价被持续低估，只能说明该公司的前景并不被投资者看好，公司的经营状况可能每况愈下，所以公司前景预期的重要性远远大于被低估性。其实公司的前景预期即是现代公司估值中涉及的公司增长率问题，这是至关重要的。

## 2."死扛"长线

第二种误解是过度解读安全边际，认为买好公司然后长期持有就是价值投资。哪怕是再好的公司，其价值也有被过分高估的时候，如果高位进场，那么之后就是漫长的深套之路，纵使最后扛的回来，也亏了巨大的时间价值。而且如果错误地买入一家有问题的企业，一味地"死扛"长线，将会是毁灭性的打击。

图2-2为海天味业日线级别K线图，行情时间跨度为2020年6月29日到2021年3月1日。

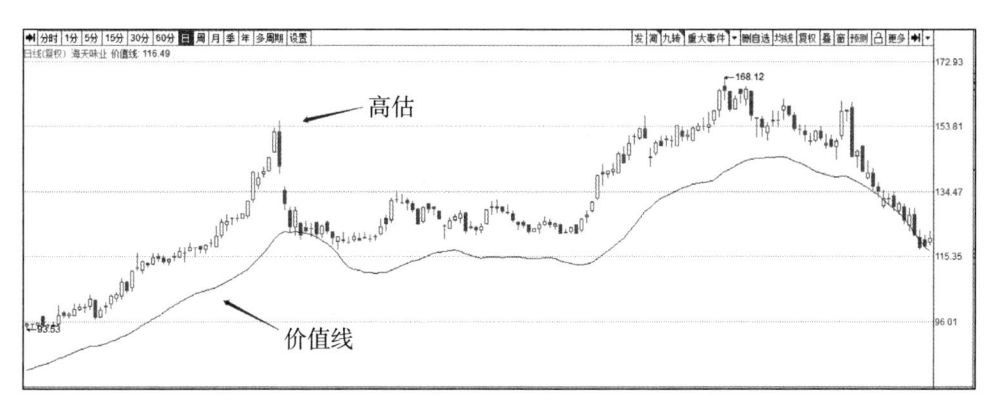

图2-2

被称为"酱茅"的海天味业在2020年9月3日暴涨至155.36元的高位，但是股价此时已经严重偏离价值线，表明价值被严重高估，纵使这是一家极好的公司，但是如果此时冒进入场，一样会被长时间套牢。

另外，通常在大牛市的尾部，也会出现价值被极度高估的情况，这往往是大盘被高估造成的。

图2-3为紫金矿业日线级别K线图，行情时间跨度为2014年10月29日到2015年11月26日。

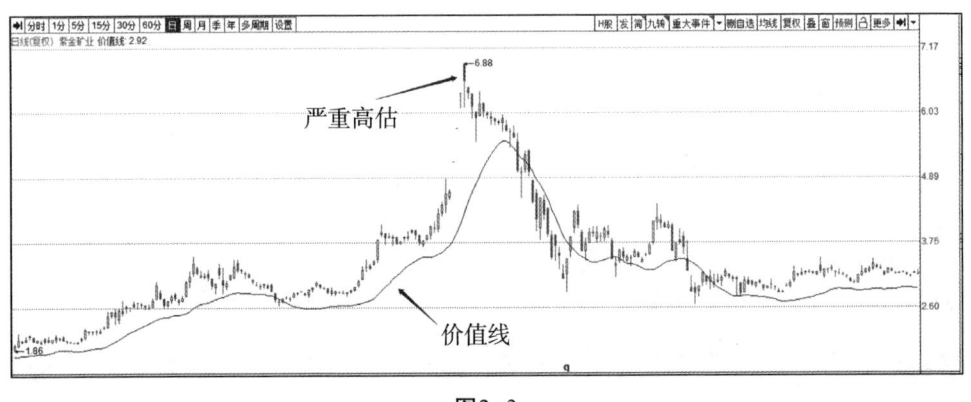

图2-3

在2015年的大牛市中，紫金矿业于6月1日疯狂飙升至最高点6.88元，但此时股价已经大幅偏离价值线，随后股价开始反转下跌，并且伴随着牛市破灭。如果在大牛市结尾时的疯狂中高点重仓杀入，那么即使紫金矿业是一家好公司，也会亏损殆尽。

### 3. 买低市盈率（PE）、低市净率（PB）的股票

第三种误解是买低市盈率、低市净率的股票就是价值投资。

市盈率是指在一个考察期（通常为12个月的时间）内，股票价格和每股收益的比例。市净率是指在一个考察期（通常为12个月的时间）内，股票价格和账面价值的比例。PE和PB都是衡量公司价值的重要指标，二者的计算公

式如下：

$$PE=每股市价/每股盈利$$

$$PB=每股市价/每股净资产$$

由上面的市盈率公式可知，PE的大小取决于股价和每股盈利这两个变量。所以当PE低的时候，可能是股价没有涨很高，每股盈利却很高；也可能是每股盈利很低，且股价暴跌至相对更低的水平。可以说明低PE的股票不一定每股盈利就高，因此低PE的股票不一定具有投资价值。

例如很多周期性行业，实际上在PE低的时候，恰恰应该是卖的时刻；而有些高成长股，PE增长快，但能通过自身的高成长来克服高PE；甚至还有些无法用PE估值的公司，比如亚马逊的PE一直很高，甚至亏损，但用户量和市场份额不断高速增长，所以高PE一样不妨碍它成为一只大牛股。其实适合用PE去衡量的企业是非常有限的，这个指标只适用于有坚固的"护城河"，现金流非常确定、增长非常稳定的弱周期公司。

图2-4为亚马逊日线级别K线图，行情时间跨度为2012年12月12日到2021年11月15日。

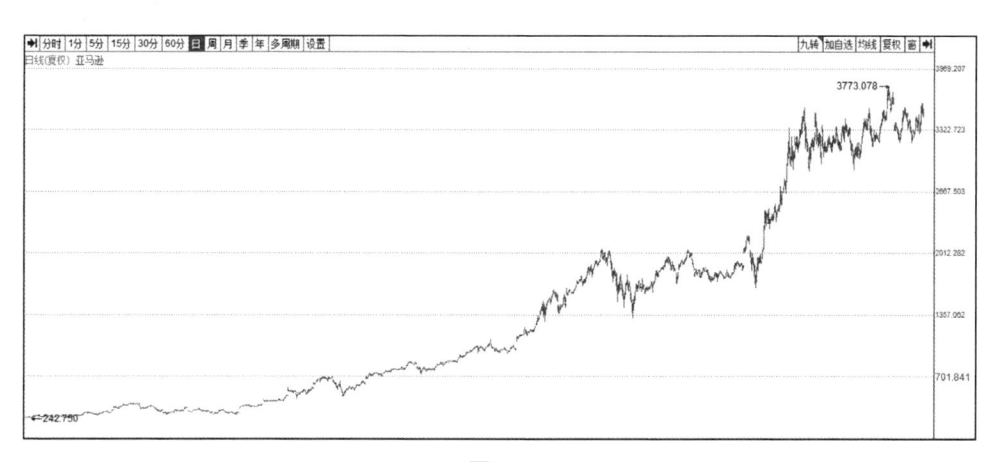

**图2-4**

PB和PE不同，PE的客观性大于PB。因为每股收益是一个客观数字，而净资产的性质具有主观性，所以PB要衡量真实资产的情况。

比如有些公司的PB虽然很低，但是如果资产实际都是垃圾资产，那么即使低PB也不能支撑价格上涨。例如钢铁厂，清算资产都是一些报废的机器，另外还有环保成本以及拆除成本的影响。

再比如有些公司的PB很高，但是可能隐蔽了优质资产，例如土地，公司可能以成本价计账，但是公允价值可能已经增值几十倍了，虽然看起来PB很高，但实际价值被严重低估；此外，还有很多公司很难用PB估值，再高的PB都不能影响其强劲的盈利能力，比如互联网、医药、消费垄断等轻资产公司。

### 2.1.3 公司估值——绝对估值

价值投资最为核心的是对公司内在价值的估算。因为股票价格总是围绕着股票的内在价值上下波动，所以通过公司估值可以发现价格被低估的股票。当股票价格远远低于内在价值时买入股票，在股票价格高于内在价值时卖出。

公司估值可以分为绝对估值和相对估值。

绝对估值是通过对上市公司历史及当前基本面的分析和对未来反映公司经营状况的财务数据的预测，获得上市公司股票内在价值的一种方法。绝对估值没有绝对的统一标准。比如在格雷厄姆时代，美国处于大萧条时期，绝大多数公司都被严重低估，所以他提出了一个极为粗暴的价值估算方法，就是用流动资产扣除所有负债，即净营运资本作为公司最保守估值，每股股价低于每股净营运资本的股票就是真正的廉价超值股。很显然这个方法现在并不适用，一方面，在当下没有这种被严重低估的股票；另一方面，忽略了公司的增长性、非营运资产和负债中可能存在的积极性或消极性因素，没有解决高利率的负面效应等。

## 1. 绝对估值种类

现代企业价值评估方法有市场法、收益法、成本法。

市场法是基于资产应该具有类似价格的理论推断，其理论依据是"替代原则"。市场法实质上就是在市场上找出一个或几个与被评估企业相同或近似的参照企业，在分析、比较两者之间重要指标的基础上，修正、调整企业的市场价值，最后确定被评估企业价值的各种评估方法的总称。

收益法是通过估测被评估资产未来预期收益的现值来判断资产价值的各种评估方法的总称。

成本法是指首先估测被评估资产的重置成本，然后估测被评估资产业已存在的各种贬损因素，并将其从重置成本中予以扣除而得到被评估资产价值的各种评估方法的总称。

## 2. 现金流量贴现模型

在现代投资学教科书中，有一个概念叫作现金流量贴现（DCF）模型，它是把企业未来特定期间的预期现金流量还原为当前现值，属于收益法评估企业价值。由于投资者最关心的是企业未来会给自己带来多少现金流的收益，所以只有当企业具备强劲的未来盈利能力，它的价值才会被市场认可，因此通常会把现金流量贴现模型作为企业价值评估的首选方法。它也是公司财务和投资学领域应用最广泛的定价模型之一。

企业价值的来源一部分是经营活动创造的价值，也就是自由现金流创造的价值；另一部分是金融资产所具有的价值。企业价值由债权人、优先股股东和普通股股东来享有。用现金流量贴现法对公司进行估值，理论上具有一定的科学性。其实任何资产都可以使用现金流量贴现法来估价。

举个例子，假设利率是3%，我们存一笔钱，一年后想得到1 000元，那么应该现在存多少钱？

假设现在应该存$P_0$元，那么可以得到：

$$P_0 \times (1+3\%) = 1000$$

即 $P_0 = 1000/(1+3\%)$。

如果存款时间变成两年，那么可以得到：

$$P_0 = 1000/(1+3\%)^2$$

同理，如果存款时间变成$n$年，那么可以得到：

$$P_0 = 1000/(1+3\%)^n$$

这就是现金流折现，也就是把未来的钱放到现在来衡量。

### 3. 现金流量贴现模型公式

现金流量贴现法认为，资产的内在价值由资产持有人在未来时期接受的现金流所决定的。一项投资或一个企业的当前价值，等于其未来所产生的现金流的现值之和。

现金流量贴现模型的公式可以表述如下：

$$P_0 = \sum_{t=1}^{n} \frac{CF_t}{(1+r)^t} = (E_0 CF_1)/(1+r) + (E_0 CF_2)/(1+r)^2 + \cdots + (E_0 CF_n)/(1+r)^n$$

其中$P_0$代表某一资产的现值，$E_0 CF_n$代表当前预测的未来第$n$期产生的现金流，$r$代表现金流的折现率，即资本成本。

从上述公式中，我们可以看出该模型有未来预期现金流和折现率两个重要的输入变量。因此在使用该方法前，首先要对未来预期现金流做出合理的预测；其次是根据评估人员对企业未来风险的判断，选择合适的折现率，由于企业经营的不确定性是客观存在的，因此对企业未来预期收益风险的判断至关重要，当企业未来收益的风险较高时，折现率也应较高，当企业未来收益的风险较低时，折现率也应较低。

## 4. 现金流量贴现主要模型

现金流量贴现模型主要有股利贴现模型、股权自由现金流模型和公司自由现金流模型等。

（1）股利贴现模型。股利贴现模型（DDM）就是把未来每一期股东获得的股利进行贴现，贴现率是股票投资者要求的必要回报率。

股利贴现模型计算公式：

$$P_0 = \frac{D_1}{(1+r)} + \frac{D_2}{(1+r)^2} + \frac{D_3}{(1+r)^3} + \cdots = \sum_{t=1}^{\infty} \frac{D_t}{(1+r)^t}$$

$P_0$ 代表股票现值，$D_t$ 是第 $t$ 期企业预计支付的股息和红利，$r$ 是股票投资者要求的必要回报率。

如果股利 $D_t$ 按照 $g$ 增速率增长，则符合高登模型：

$$P_0 = \frac{D_0(1+g)}{1+r} + \frac{D_0(1+g)^2}{(1+r)^2} + \cdots + \frac{D_0(1+g)^n}{(1+r)^n} = \frac{D_1}{r-g}$$

现实中一般都不会按照单一固定增长率计算。很多投行在对公司估值的时候，都会将公司分为三个阶段，分别是高增长阶段、过渡阶段和稳定增长阶段。三阶段DDM模型公式如下：

$$P_0 = \sum_{t=1}^{t=n_1} \frac{D_t}{(1+r)^t} + \sum_{t=n_1+1}^{t=n_2} \frac{D_t}{(1+r)^t} + \frac{D_{n_2+1}}{(r-g_n)(1+r)^n}$$

（高增长阶段）（过渡阶段）（稳定增长阶段）

$n_1$ 是高增长期末，$n_2$ 是过渡期末，$g_n$ 是稳定期的增长率。

股利贴现模型的优点是简单、变量少、逻辑清晰。但也有几个主要缺点：第一，股利折现模型适用于分红多且稳定的行业，由于我国国内的股市行业结构以及上市公司资金需求决定了分红比例不高，所以适用性有限；第二，分红的比例和数量不具有稳定性；第三，忽略了资本利得对股票价值的影响；第四，难以对股利增长率做出预测。以上四个缺点导致很少使用股利贴现模型。但它是一种最基础的贴现模型，大多数贴现模型都是由此发展而来。

（2）股权自由现金流模型。股权自由现金流（FCFE）模型是对未来每一期的股权自由现金流进行贴现，贴现率是股票投资者要求的必要回报率。

FCFE是股东对公司现金流量所拥有的权利，是对公司产生的全部现金流量的剩余要求权，即公司在履行包括偿还债务在内的所有财务义务和满足再投资需要之后的全部剩余现金流。

FCFE从净利润出发，计算公式如下：

FCFE=净利润−资本性支出+折旧和摊销−营运资本净增加额−债务偿还+发行的新债务

如果用表示债务融资占净资本支出和营运资本变化的比率，即$\theta$=(发行的新债务−债务偿还)/〔(资本支出−折旧和摊销)+营运资本净增加额〕计算，则有：

FCFE=净利润−(资本性支出折旧和摊销)×$(1-\theta)$−营运资本净增加额×$(1-\theta)$

股权自由现金流模型：

$$P_0 = \frac{\text{FCFE}_1}{1+r} + \frac{\text{FCFE}_2}{(1+r)^2} + \cdots + \frac{\text{FCFE}_t}{(1+r)^t}$$

$P_0$是股权的内在价值，FCFE是未来$t$年的股权现金流量，$r$是股票投资者要求的必要回报率，那么三阶段的模型为：

$$P_0 = \sum_{t=1}^{t=n_1} \frac{\text{FCFE}_t}{(1+r)^t} + \sum_{t=n_1+1}^{t=n_2} \frac{\text{FCFE}_t}{(1+r)^t} + \frac{\text{FCFE}_{n_2+1}}{(r-g_n)(1+r)^n}$$

（高增长阶段）（过渡阶段）（稳定增长阶段）

$n_1$是高增长期末，$n_2$是过渡期末，$g_n$是稳定期的增长率。

当FCFE=$D$（DDM模型的股利）时，DDM模型与FCFE模型的估计结果相同。当FCFE>$D$时，如果超额部分被投入到净现值为零的项目中，DDM模型与FCFE模型的估计结果也会相同。股权自由现金流模型的缺点主要有三点：第一，高速成长型企业可能由于连续几年的资本支出较大而导致FCFE持续几年为负，这会影响到FCFE模型的应用；第二，权益资本成本容易受到公司资本结构的影响；第三，难以对多元化公司进行估值。

（3）公司自由现金流模型。公司自由现金流（FCFF）模型是对未来每一期的FCFF进行贴现，其中FCFF是公司在经营过程中产生，在满足了再投资需求之后剩余的、不影响公司持续发展前提下的可供企业资本供应者和各种利益要求人（股东、债权人）分配的现金。

FCFF的计算有两种方法。

第一种是加总各种索取权持有者的现金流，即

FCFF=股权资本的自由现金流量+利息费用×(1−税率)+本金偿还
−新发行债务+优先股股东

第二种是从公司的盈利出发，即

FCFF=息税前利润×(1−税率)−资本性支出+折旧和摊销−营运资本净增加额
=净利润−资本性支出+折旧和摊销−营运资本净增加−债务偿还
+发行的新债务

公司自由现金流模型计算公式：

$$P_0 = \sum_{t=1}^{\infty} \frac{\text{FCFF}_t}{(1+\text{WACC})^t}$$

$P_0$是公司投入资本的现值，FCFF是未来第$t$年的公司自由现金流量，WACC是加权平均资本成本。

WACC=(债务/总资本)×债务成本×(1−企业所得税税率)
+(资产净值/总资本)×股权成本

那么三阶段的模型为：

$$P_0 = \sum_{t=1}^{t=n_1} \frac{FCFF_t}{(1+WACC)^t} + \sum_{t=n_1+1}^{t=n_2} \frac{FCFF_t}{(1+WACC)^t} + \frac{FCFF_{n_2+1}}{(WACC-g_n)(1+WACC)^n}$$

（高增长阶段）　　（过渡阶段）　　（稳定增长阶段）

$n_1$ 是高增长期末，$n_2$ 是过渡期末，$g_n$ 是稳定期的增长率。

自由现金流模型一般计算企业前10年的自由现金流总和价值和永续经营价值，即

企业价值＝前10年的自由现金流总和价值＋永续经营价值

FCFF估值步骤如下。

步骤一：运用WACC将公司经营性资产产生的现金流折现。

步骤二：确定并估值非经营性资产，包括剩余现金、市场化证券、其他权益投资等。将经营性资产和非经营性资产价值加总得到公司价值。

步骤三：确定并估值负债及其他非权益类资产，如固定利率或浮动利率负债、员工期权、优先股等。

步骤四：将公司价值减去负债及其他非权益类资产价值后，即得到公司普通股权益价值。

【案例分析】

假设A公司情况如表2-1所示。

表2-1

| 股票市价（元） | 30 |
| --- | --- |
| 发行在外股份（百万股） | 300 |
| 下一年度公司自由现金流（百万元） | 200 |
| 永续年金增长率（%） | 3 |
| 折现率（%） | 7 |

第一步：使用三阶段FCFF模型，预测下一个10年的公司自由现金流，并进行贴现计算。假如通过A公司财务报表（基础财务分析见附录A），发现A

公司在过去几年里自由现金流都是以12%的速度增长，那么预期未来第一阶段2到6年还是以12%的速度增长；第二阶段7到8年以8%的速度增长；第三阶段以5%的速度增长。

通过计算可以得出，该公司在未来10年可以产出22.027亿元的自由现金流，如表2-2所示。

表2-2

| 年数 | 1 | 2 | 3 | 4 | 5 | 6 | 7 | 8 | 9 | 10 | 合计 |
|---|---|---|---|---|---|---|---|---|---|---|---|
| 自由现金流（百万元） | 200 | 224 | 250.9 | 281 | 314.7 | 352.5 | 380.7 | 411.1 | 431.7 | 453.3 | 3 299.9 |
| 折现系数 | 1.07 | $1.07^2$ | $1.07^3$ | $1.07^4$ | $1.07^5$ | $1.07^6$ | $1.07^7$ | $1.07^8$ | $1.07^9$ | $1.07^{10}$ | |
| 现值（百万元） | 186.9 | 195.7 | 204.8 | 214.4 | 224.4 | 234.9 | 237.1 | 239.3 | 234.8 | 230.4 | 2 202.7 |

第二步：计算永续年金，并进行贴现计算。

永续年金价值（PV）=$ECFF_{10}$×(1+g)/(r−g)=453.3×(1+3%)/(7%−3%)

=11672.5

其中$ECFF_{10}$为第10年的自由现金流数额。

永续年金现值=11672.5/1.0710=5933.7

第三步：计算所有者权益。

所有者权益=10年现金流现值综合+永续年金现值

=2202.7+5933.7=8136.4

第四步：计算每股价值。

每股价值=所有者权益/发行在外股份=8136.4/300=27.1元

由于每股价值27.1元小于股票市价，所以该公司的股票被高估。

公司自由现金流模型的缺点主要有三个：第一，无法彻底解决FCFF可能为负的问题；第二，无法评判公司每年的经营绩效；第三，难以解决WACC剧烈波动时的估值。

在股权投资中，对目标公司进行估值时，由于股权成本受资本结构的影响较大，估算起来比较复杂，所以一般都会使用FCFF估值。其好处是不需要明确考虑与债务相关的现金流，因为当债务增加时，风险上升，股权成本上升，但上升幅度不容易测定，而加权平均资本成本受资本结构的影响较小，比较容易估计。

从理论上讲，现金流量贴现法最符合价值理论，能通过各种假设，反映企业管理层的管理水平和经验，并且具有实践操作性，但仍有很多缺陷。

第一，从折现率的角度看，不能反映企业灵活性所带来的收益，决定了它不适用于企业的战略领域。

第二，没有考虑企业项目之间的相互依赖性，也没有考虑企业投资项目之间的时间依赖性。

第三，当遇到企业未来现金流量很不稳定、亏损等情况，现金流量贴现法就无法使用了。

第四，也是最重要的一点，模型中充满了假设和猜想，结果的正确性完全取决于所使用的假设条件的正确性，各个参数都处于一种被质疑的动荡之中，以至于有人称其为"数学与财会伪装下的玄学"。

所以通过估值模型测算出来的公司价值只能作为对一个公司出价的参考值，并不能完全准确地反映一个公司的实际价值。所以在实务中，一般会将几种估值方法结合使用，多方评估公司价值。

## 2.1.4 公司估值——相对估值

相对估值是使用市盈率、市净率、市售率、企业估值倍数和市盈率相对盈利增长比率等价格指标，与其他多只股票（对比系）进行对比，如果低于对比系相应指标值的平均值，则股票价格被低估，股价有很大概率上涨，使得指标回归对比系的平均值。

**1. 相对估值的种类**

相对估值有市盈率、市净率、市售率、企业价值倍数和市盈率相对盈利增长比率这五种方法。

（1）市盈率。市价盈利比率简称市盈率（PE），也称本益比、股价收益比率。市盈率指的是每股市价与每股收益的比率，或公司市值除以年度股东应占溢利。通常用来比较不同价格的股票是否被高估或者低估的指标。

$$市盈率（PE）=每股市价/每股盈利$$

市盈率反映股票投资者对每一元的利润所愿支付的代价。一般而言，市盈率越低越好，市盈率越低，表示公司股票的投资价值越高；反之，则投资价值越低。

市盈率估值法相对稳定，适用于具备持续盈利且拥有稳定净利润的成熟行业，比如消费行业。不适用于周期性行业，也不适用于高杠杆行业，如银行经常调节利润，净利润不能反映公司真实情况。也不适合净利润为负的公司，当公司亏损时，市盈率就没有意义了。

（2）市净率。市净率（PB）指的是每股市价与每股净资产的比率。是一种衡量投资风险高低的指标。

$$市净率（PB）=每股市价/每股净资产$$

市净率能够较好地反映出"有所付出，即有回报"，它能够帮助投资者寻找那些以较低的投入得到较高产出的上市公司。对于大的投资机构，它能帮助其辨别投资风险，比值越低意味着风险越低，万一上市公司倒闭，清偿的时候可以收回更多成本。一般而言，上市公司每股内含净资产值高而每股市价不高的股票，即市净率越低的股票，其投资价值越高；反之，则其投资价值越低。

这种估值方法适用于净资产规模大且比较稳定的企业，比如钢铁、煤炭及建筑等传统企业。银行不适用市净率法估值。市净率估值法的缺点是如果公司出现股份回购或者再融资，则会改变公司的净资产，使得历史比较意义丧失。

（3）市售率。市售率（PS）指每股市价与每股销售收入的比率，或公司市值除以主营业务收入。市售率是评价公司股票价值的重要指标之一。

$$市售率（PS）=每股市价/（每股）销售收入 \times 100\%$$

以市售率为评分依据，评分在0到100之间，一般来说，市售率评分越高，相应的股票价值也越高。用每股价格与每股销售额计算出来的市售率可以明显反映出新兴市场公司的潜在价值，因为在竞争日益激烈的环境中，公司的市场份额在决定公司生存能力和盈利水平方面的作用越来越大，该指标对成长性股票的估值很有用。

市售率的缺点是销售收入没有考虑负债的成本和费用的控制能力。很多企业在成本上升，利润下降时，并不影响销售收入，这样的话，市售率和变化之前是一样的。

（4）企业价值倍数。企业价值倍数和市盈率一样，同属于可比估值法，使用的方法大同小异，也是一种衡量股价是否被高估的指标。

$$企业价值倍数=企业价值（EV）/息税折旧摊销前利润（EBITDA）$$

$$EV=市值+总负债-总现金=市值+净负债$$

$$EBITDA=息税前利润（EBIT）+折旧摊销$$

$$EBIT=净利润+所得税+利息$$

计算倍数相对于行业平均水平或历史平均水平较高，通常说明高估，较低则说明低估，不同行业或板块有不同的估值（倍数）水平。它反映的是从投资人角度出发的企业价值和收益的直接比值，这一点不同于PE的从股东角度出发。企业价值倍数更适用于单一业务或者子公司比较少的公司。分子需要加负债减去现金，分母采用真实绩效，所以有利于排除各种干扰，能更准确地把握核心业务带来的真正价值。

企业价值倍数的缺点是没有考虑到不同公司的税收政策差异非常大。

（5）市盈率相对盈利增长比率。市盈率相对盈利增长比率（PEG）是由上市公司的市盈率除以盈利增长速度得到的数值。该指标既可以通过市盈率考察公司目前的财务状况，又能通过盈利增长速度考察未来一段时期内公司的增长预期，因此是一个比较完美的选股参考指标。

市盈率相对盈利增长比率（PEG）=市盈率/盈利增长速度

如果PEG=1，此类股票估值合理；如果PEG<1，此类股票具有较高投资价值；如果PEG>1，此类股票现阶段被高估。成长型股票的PEG通常都会高于1，而成熟型企业股票的PEG通常低于1。

从PEG也可以看出，彼得·林奇在关注公司PE的同时，也关注公司业绩的增长，有增长预期的公司才能支撑更高的PE。

约翰·涅夫的总回报率与市盈率之间的关系是，他认为（预期的增长率+股息回报率）/市盈率>0.7时，开始符合他的低市盈率选股法的入选标准。

像其他估值指标一样，PEG也需要和其他财务指标配合使用，减少被单个指标误导。

### 2. 相对估值用法

在使用相对估值时，一般采用纵向比较法和横向比较法。以市盈率为例，纵向比较法是指用当前市盈率和该公司的历史市盈率相比较，判断当前市盈率处在什么位置。横向比较法是指用当前市盈利率和该公司同行业指数市盈率及相关公司的市盈率相比较，判断当前市盈率处在什么位置。

需要注意的是，低市盈率有可能代表的是惨淡的经营状态，所以在使用相对估值的时候，要先分析好公司的基本面。

图2-5所示的云南白药的当期动态市盈率是34.38，而该公司的历史市盈率在20.4到68.43之间波动，通过纵向比较，发现该公司的市盈率处在相对低位。

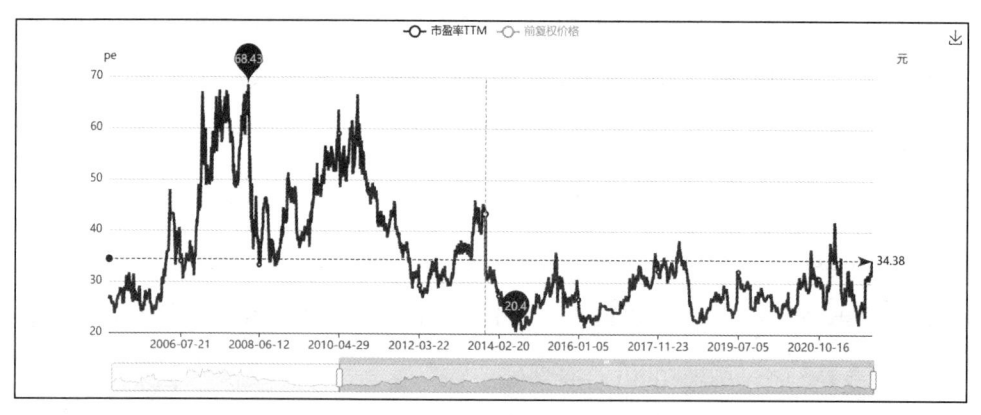

图2-5

进一步通过横向比较，发现该行业当期平均市盈率是84.62，云南白药与同行业企业相比市盈率也偏低，如图2-6所示。此时股价处于相对低估状态，当前价格为88元，可以考虑买入。

图2-6

虽然绝对估值评估的是公司价值，而非股票价格，具有绝对的客观优势，但是对于准确估值公司价值这个繁杂且专业度很高的工作，并没有统一标准，机构和专业投资者可能有更强的优势来做好这份工作，以此来获取长期投资的稳定获利，但对于能力和时间都有限的散户来说，这份工作具有非常大的难度，容易出错，且可能消耗了巨大的精力而收效甚微。因此散户应该去繁就简，省去繁难的估值计算，而从股票估值的角度去衡量一个公司的相对价值。

相对估值法都以价格为基础，比较的是投资者为这只股票支付的价格和为另一只股票支付的价格有什么不同。相对估值法反映的是公司股票目前的价格处于相对较高还是相对较低的水平。通过行业内不同公司的比较，可以找出在市场上相对低估的公司。

虽然相对估值具有一定的科学性，但是也有缺陷，没有哪种方法能完全适用所有情况（见表2-3）。当一家公司的市盈率较高时，也可能说明市场对公司的前景较为看好，愿意赋予行业内的优势公司一定的溢价。而且不同行业公司的指标值不能直接比较，其差异可能会很大。所以相对估值不能绝对衡量一只股票实际上值多少钱，并且还可能存在净利润被管理层操控的情况，因此相对估值也只能作为参考。

表2-3

| 方法 | 适用 | 不适用 |
| --- | --- | --- |
| 市盈率（PE） | 周期性较弱公司、一般制造业和服务业公司 | 亏损公司、周期性较强的公司 |
| 市净率（PB） | 周期性公司、重组型公司 | 重置成本变动较大的公司、固定资产较少的服务行业公司 |
| 市售率（PS） | 销售收入和利润率较稳定的公司 | 销售不稳定的公司 |
| 企业估值倍数（EV/EBIDA） | 资本密集、准垄断或具有巨额商誉的收购型公司 | 固定资产更新变化较快的公司 |
| 市盈率相对盈利增长比率（PEG） | IT等成长性行业公司 | 成熟行业公司 |

万变不离其宗，价值投资的真理永不过时，因为具有投资价值的公司，无一例外是好公司。因此，我们在使用相对估值法去判断一家公司是否被高

估时，还需要从公司分析着手，寻找优秀的公司，进一步提高价值投资选股的准确性。

## 2.2 公司分析

公司分析主要指上市公司的资料分析，多数投资者只能从炒股软件或者网上看到个股的资料，很少有投资者会像巴菲特那样去实体企业调研，对于一般投资者来说，无论是时间还是人力、物力都不允许，但光靠个股资料不足以完全了解一个上市公司的具体情况。市场有句话说得非常有道理：上市公司发出来的资料，都是想让投资者看到的一面。也就是说，在炒股软件或者网上能查到的基本面，都是经过审计"粉饰"过的，不能全信，尤其是财务报表。一家优秀的上市公司，自然可以产生好的财务数据，而有好的财务数据不一定就是优秀的上市公司。

因此，在选股中我们除了要对基础的财务数据、业务结构、消费场景和行业轮动（详解见附录A）等进行分析以外，还要重点研究以下八个方面。

### 2.2.1 宏观经济

宏观经济是衡量国民经济发展情况的重要指标，其中包括国民经济总量、构成，产业发展阶段与产业结构，经济发展程度（人类发展指数、社会发展指数、社会福利指数、幸福指数）。具体有国民经济或国民经济总体及其经济活动和运行状态，如总供给与总需求；国民经济的总值及其增长速度；国民经济中的主要比例关系；物价的总水平；劳动就业的总水平与失业率；货币发行的总规模与增长速度；进出口贸易的总规模及其变动等。

"股市是宏观经济的晴雨表，宏观经济是股市的风向标"，这是股市中流传最广的一句话，宏观经济的运行状况决定股市的基本走势。因此我们在选股前，首先要分析当前的宏观经济。这是市场所有价值的前提，在大洪流之下，如果逆势而为，再强的选股能力，也很难有所作为。

宏观经济主要从以下几个方面影响股票市场的基本走势。

### 1. 经济政策

经济政策是指政府为了达到充分就业、稳定价格水平、经济快速增长、国际收支平衡等宏观经济政策的目标，为了增进经济福利而制定的解决经济问题的指导原则和措施。经济政策分为财政政策和货币政策。

（1）财政政策。财政政策主要分为政府支出和政府收入。比如大基建时代政府通过扩大支出，刺激总需求，能有效刺激企业生产活动，进而提高居民以及企业的收入，市场资金充沛，流入股市的资金就会增加，这样有助于整个股票市场的上涨。

当国家政策的支持倾斜于某一个行业时，国家会对其进行大力投资，这个时候这个行业的股票一般会被看好。比如国家要发展新能源，那么新能源类型的股票上涨概率就比较大。当国家调控某一个行业时，就会降低对该行业的预期以及增加运营成本，这容易导致该行业的股票下跌。比如政府增加房产税，那么就会压制整个楼市的上涨，地产板块的股票自然也会受到压制而下跌。再比如"双减政策"，使得教育股集体下跌。

（2）货币政策。货币政策是指中央银行为实现其特定的经济目标而采用的各种控制和调节货币供应量和信用量的方针、政策和措施的总称。货币政策的实质是国家对货币的供应根据不同时期的经济发展情况而采取"紧""松"或"适度"等不同的政策趋向。运用各种工具调节货币供应量来调节市场利率，通过市场利率的变化来影响民间的资本投资，通过总需求来影响宏观经济运行的各种方针措施。

当采取宽松性货币政策时，市场货币量会增加，促进利率下降，融资贷款成本降低，预期通货膨胀增加，持有现金成本增加，就会促进居民和企业进行投资活动，市场赚钱效应增强，那么股市就容易上涨。相反，当采取紧缩性货币政策时，市场货币量被抽走，利率升高，融资成本增加，预期通货膨胀降低，市场在流动性不足的情况下，股市就容易下跌。当采取适度性货币政策时，那就是平稳调整，对市场影响不大。所以每当央行降准或降息的时候，都是市场关注的焦点。因为货币政策是一个长期传导过程，往往能决定市场的中期甚至长期走向。

另外，股市政策也很重要，股市政策通常用于平衡和稳定股市发展，股市政策能让市场更完善、公平、公正、公开，让市场更值得投资，比如科创板的设立、北交所的设立、调低印花税等都有助于市场良好发展。

**2. 宏观经济周期的影响**

无论从长期看还是从短期看，宏观经济环境是影响企业生存发展最基本的因素。企业的经济效益会因为宏观经济运行周期、宏观经济政策、利率水平和物价水平等宏观经济因素的变动而受到影响。

美林时钟将经济周期分为四个阶段，分别为衰退阶段、危机阶段、复苏阶段和繁荣阶段。一般经济衰退就是熊市的开始，经济危机是熊市的主跌段，经济复苏就是熊牛转换阶段，也可以理解为吸筹阶段，经济繁荣就是牛市拉升阶段。很多商学院的教科书《投资学》中都会把宏观经济周期作为资产配置的底层逻辑。

在经济繁荣期，经济发展景气，热钱多、消费高、需求旺盛、企业销售量增加，公司效益上升，就业扩大，居民收入增加，资金流入股市也会变多，流动性增加，股市容易水涨船高。

在经济衰退的时候，市场需求降低，企业销售量减少，企业的投资和经营会受到影响，盈利下降，公司市值就可能缩水。

在经济复苏期，各行各业加大投资，货币量化宽松支持经济复苏，市场经济扩张，会带动股票市场上升。

在经济危机期，市场需求大幅下降，企业库存过剩，入不敷出，纷纷缩小规模，就业水平下降，居民收入降低，市场流动性紧缺，容易导致股市大跌。

图2-7为上证指数月线级别K线图，行情时间跨度为2004年10月29日到2021年11月15日。其中，2007年因为中国经济处于磅礴发展期而引发了A股超级大牛市。

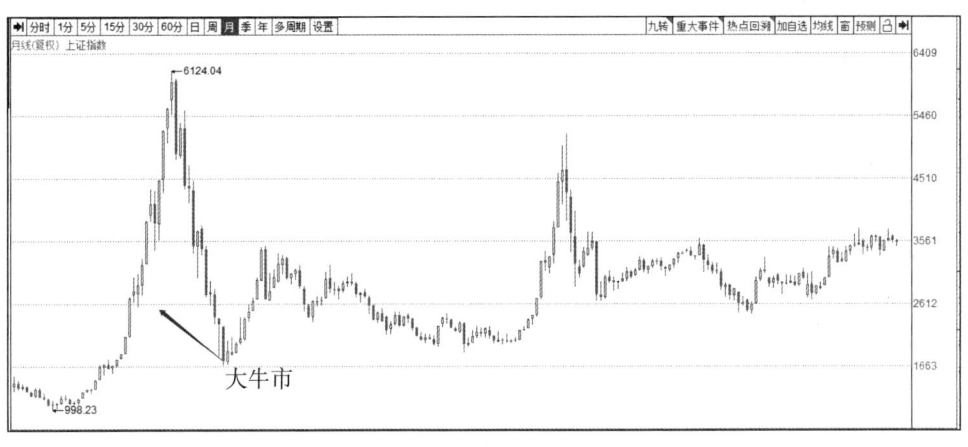

图2-7

2008年世界金融危机导致很多企业订单减少，利润降低，不得不通过裁员降低成本，还有很多企业停产、整顿或倒闭，其中不乏一些发达国家的百年品牌企业。因欧美国家受金融风暴影响，导致需求锐减，拖累我国出口，因此外贸受到的影响最大，比如玩具、服装、加工等行业，江浙、福建、广东的企业受到的冲击较大。

图2-8为辽宁成大月线级别K线图，行情时间跨度为1996年9月27到2021

年12月16日。受2008年金融危机影响，业务受挫，公司订单急剧减少，外贸概念龙头辽宁成大暴跌近90%。

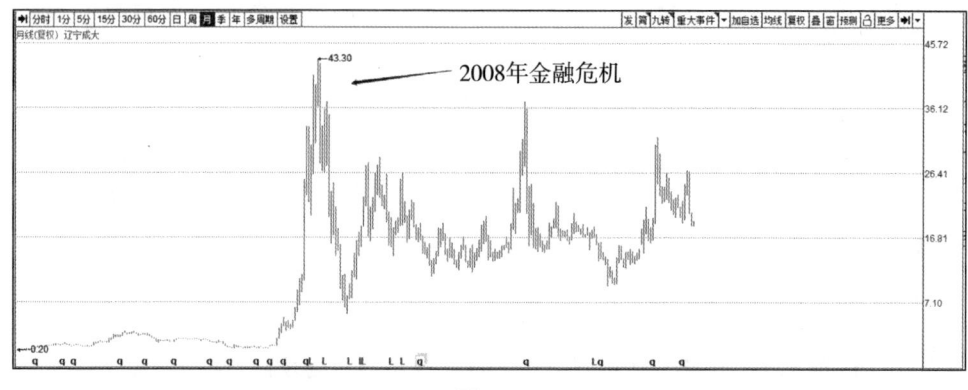

图2-8

《投资学》中认为最好在经济复苏的时候配置股票资产，这样会得到比较好的回报。一方面，在经历经济危机的大跌之后，股票的泡沫减少，很多甚至被低估；另一方面，经济复苏的时候介入可以享受经济增长周期带来的市场长期回报，这就好比买成长性的股票一样，因为复苏期经济具有成长性。

### 3. 国民收入

国民收入是指物质生产部门劳动者在一定时期所创造的价值，是一国生产要素（包括土地、劳动、资本、企业家才能等）所有者在一定时期内提供生产要素所得的报酬，即工资、利息、租金和利润等的总和。

国民收入变动是一国经济成就的根本反映。一般而言，国民收入与股市有同向变动关系。当一国的国民收入持续上升，表明国民经济良性发展，企业扩大生产，销售增加，居民的收入增长，消费能力增强，可投资可消费的资金更多，经济增长更快，人们对未来经济的预期良好，容易推动股市上涨。相反，当一国的国民收入持续下降，表明国民经济发展受阻，企业缩小规模，销售降低，居民的收入降低，消费能力降低，可投资可消费的资金减少，经济增长缓慢，人们对未来经济的预期悲观，股市容易下跌。

**4. 利率水平**

利率是指一定时期内利息额与借贷资金额（本金）的比率。利率是决定企业资金成本高低的主要因素，同时也是企业筹资、投资的决定性因素，对金融环境的研究必须注意利率现状及其变动趋势。

利率是货币政策三大工具之一，所有国家都把利率作为宏观经济调控的重要工具之一。当经济过热时，便提高利率，收紧银根，减少货币供应量，从而抑制经济的恶性发展；在经济萧条期，放宽银根，扩大货币供应量，从而刺激经济发展。

一般来说，利率下降时，股票市场就会上涨；利率上升时，股票市场就会下跌。利率水平与股票市场呈反向变动关系的原因主要有以下四点。

第一，利率水平上升时，储蓄和债券的收益增加，资金从股市转向银行储蓄和债券市场，从而减少市场上的股票需求，导致股价下跌。

第二，利率水平上升时，会导致贷款利率提高，企业的借款成本上升，利润就会下降，股票容易下跌。

第三，利率水平上升时，导致借款成本增加，会减少市场上的资金，流动性减少，股市也会下跌。

第四，利率水平上升时，投资者用以评估股票价格的折现率也会上升，股票价值因此会下降。

理论上，利率上升对股市肯定是利空，但是也有极少数例外的现象，比如20世纪80年代初期，美国的股市已经低到了地板上，跌无可跌，股价远远低于它本来的价值，严重被低估，当大量资金涌入时，造成了利率和股市同时上升的罕见现象。

### 5. 通货膨胀

通货膨胀是指在信用货币制度下，流通中的货币数量超过经济实际需要而引起的货币贬值和物价水平全面而持续的上涨。通货膨胀的表现为货币购买力持续下降。衡量通货膨胀的物价指数有CPI（消费者物价指数）和PPI（生产者物价指数）。

当市场上货币流通量增加，人民的货币所得增加，现实购买力大于产出供给，就会导致物价上涨，造成通货膨胀。所以通货膨胀是货币量供应过量造成的。通货膨胀对股票市场的影响是具有双面性的，对股市既有积极作用，又有抑制作用。

（1）温和通货膨胀（一般指2%左右）对股市起着积极作用。

第一，温和通货膨胀会刺激经济发展，从而推动股市上行。

第二，通货膨胀意味着流通中货币量增多，股市中的增量资金数额也会加大，需求上升，必然导致股价上涨。

第三，温和通货膨胀会引起商品价格上涨，公司的销售收入及利润相应增加，从而股票价格也相应上涨。

第四，通货膨胀的另一个表现就是物价上涨，这对上市公司的资产来说起到了增值的作用，所以可以推动股价上行。

（2）恶性通货膨胀（一般指高于5%）对股市起着抑制作用。

第一，通货膨胀恶性上升的时候，物价上涨以及工资上涨会导致企业经营成本快速增加，降低企业利润，导致公司股价下跌。

第二，通货膨胀恶性上升的时候，往往预示着经济过热，在这种情况下，央行往往会收紧银根，提升利率，为经济降温，这会减少市场的流动性，导致股价下跌。

第三，通货膨胀恶性上升的时候，货币贬值，市场会囤积商品，倾向于购买贵金属、不动产、债券等低风险资产进行保值，从而导致股价下跌。

第四，通货膨胀恶性上升的时候，会导致利率下降，引起资金外流，导致股市下行。

第五，对公司估值时，通货膨胀会影响折现率，通货膨胀率上升，折现率也会提升，公司的估值就会下降。

第六，通货膨胀恶性上升的时候，会削弱投资者对经济前景的预期，这也会导致股价下跌。

**6. 汇率水平**

汇率指的是两种货币之间兑换的比率，或一种货币对另一种货币的价值。汇率水平的变动对一国进出口贸易有着直接的调节作用。当一种货币的汇率水平下降时，即本货币对外贬值，会起到促进出口，抑制进口的作用；当一种货币的汇率水平上升时，即本货币对外升值，会起到抑制出口，促进进口的作用。

汇率水平对股价的影响主要有以下几点。

第一，汇率变动可以促进或者限制上市公司的进出口状况，从而影响上市公司的经营业绩和二级市场公司的股价变化，特别是外贸企业。

第二，汇率变动影响物价和国际收支，从而间接影响股市。一方面，当一种货币汇率下跌，刺激出口，削弱进口产品的购买力，会增加国际收支，刺激股市上涨，反之，则抑制股市上涨；另一方面，汇率水平的变动，会导致物价变动，从而影响股市。

第三，汇率剧烈变动还会通过资本流动影响股市。当一种货币大幅贬值时，会引起资本外流，抑制股价下跌；当一种货币大幅升值时，会引起资本内流，促进股价上涨。

另外，影响股票市场的宏观经济因素还有就业水平、货币供应量以及政府发债规模等。就业水平直接影响的是国民总收入，其对股市的影响和国民收入对股市的影响同理。货币供应量直接导致的就是通货膨胀，所以其对股市的影响和通货膨胀对股市的影响同理。而国债是财政信用工具，用来调节财政信用，是一种低风险资产，国债和股市是相互竞争关系，国债在发行少的时候，并且国债利率低的时候，利好股市；反之，利空股市。

## 2.2.2 行业前景

### 1. 行业前景的意义

俗语说：男怕入错行，女怕嫁错郎。炒股也是一样，选对了行业，那么盈利就容易事半功倍。行情前景是行业整体经营能力的决定性因素。比如面向的客户群体不同，企业的收款行为也会有明显差异，toC（面向个人用户）好于toB（面向企业用户）和toG（面向政府用户）；非周期性行业整体好于周期性行业；新兴行业好于夕阳行业；轻资产行业好于重资产行业；集中度高的行业好于集中度低的行业等。

比如，IT行业工资就是高，而有的行业既辛苦工资又低。因此有很多人说，选股就是选行业。一个公司所处的行业如果处在风口，就很容易得到蓬勃发展的机会。一个风口行业代表了市场未来的发展方向，也可能代表国家政策的发展方向，甚至是人类社会进步的方向。如新能源行业中的比亚迪、宁德时代、隆基股份、天齐锂业等都是巨涨，有些公司甚至没怎么盈利，股价就已经飞上天，这就是风口效应。一个市场前景好的行业，盈利能力会非常强，股价也容易不断上涨，如果选对了，这种时候就是直接送钱给你。再比如白酒行业，像贵州茅台、五粮液、洋河股份、山西汾酒等都涨得非常好。这个行业不但毛利高，而且存货不贬值还会升值，加之消费者又是长期购买，堪比得天独厚的优越条件，是牛股的发源地。

图2-9为比亚迪周线级别K线图,行情时间跨度为2018年8月3日到2021年11月15日。比亚迪作为国内新能源龙头,从2018年开始仅3年时间就大涨了近10倍。

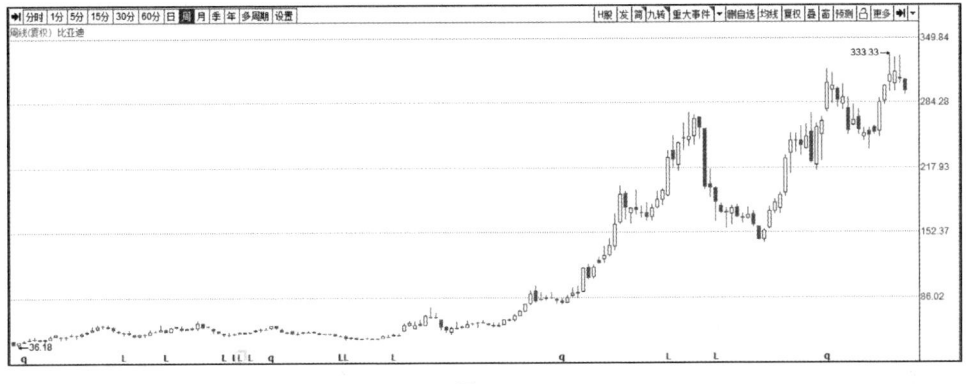

图2-9

反之,有些行业,比如服装行业,像开开实业、棒杰股份、美邦服饰等都是一直下跌,这些行业经常被库存所累,精细化管理要求又非常高,大量公司赚了库存没赚钱;再比如中游加工业,对上游原料没有议价权,对下游品牌商没有定价权,应收账款一大把,活得相当辛苦。

图2-10为美邦服饰月线级别K线图,行情时间跨度为2008年8月29日到2021年11月15日。美邦服饰从2015年开始就一直跌跌不休。

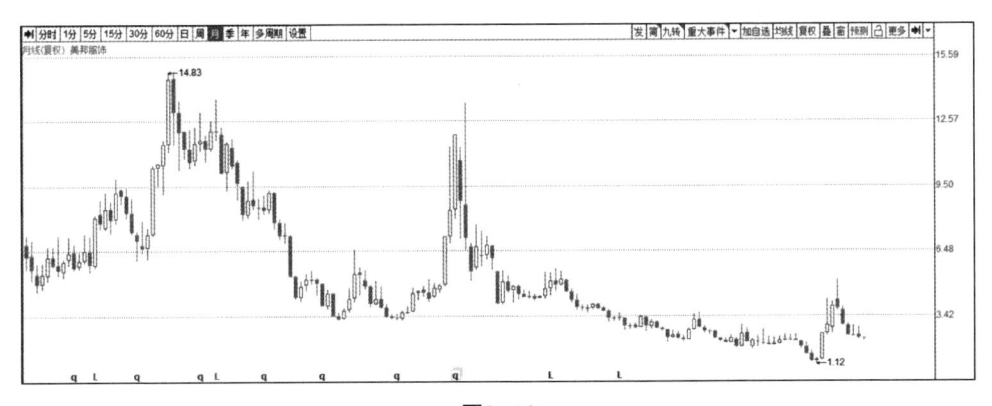

图2-10

所以在选股的时候，首选具有发展前景的高成长型行业。一个处在衰退期的产业和一个朝阳产业是不可比拟的，朝阳产业一般是新兴产业，其成长性相对较高，具有强大的生命力，在技术突破方面的创新将带动企业发展，市场前景广阔，代表着未来的发展趋势，一定条件下可演变为主导产业甚至支柱产业。夕阳产业是对趋向衰落的传统工业部门的一种形象称呼，其成长性相对一般，甚至负增长，产品销售总量在持续时间内绝对下降或增长出现有规则的减速，其基本特征是需求增长减速或停滞，产业收益率低于各产业的平均值且呈下降趋势。夕阳产业的股票大部分可以一直不涨，甚至下跌，而朝阳产业的股票可以普涨，甚至连年大涨。比如钢铁等传统夕阳行业，发展比较成熟，一般来说，很难拥有高成长性，而像人工智能、大数据、医疗、光伏、碳中和这些朝阳产业，则正处在发展阶段，未来一段时间的成长性很高。

**2. 分析行业前景**

从上面的内容我们知道，选择行业前景好的公司非常重要，那么如何判断一个行业是否有前景呢？主要有以下三点。

（1）政策导向。企业发展与国家宏观政策息息相关，国家政策的制定和出台是一个复杂和长期的过程，政策制定的周期往往滞后于企业和行业发展的现状。所以必须把握宏观经济规律，了解国家经济政策方向，及时调整选股方向，才能把握更大的机遇。

政策是企业赖以发展壮大的重要资源，它可以决定行业的外部环境，预测产业的需求和供给以及预测产业趋势的发展。当然政策有鼓励性的，也有抑制性的。比如房地产调控就是抑制性的；环保政策对于传统行业是抑制性的，但对于新能源行业是鼓励性的。

这里需要强调一点，政策重点是从供给侧影响一个行业，政策的门槛越高，往往越有利于龙头企业的发展。当市场处于早期的时候，政策比较松弛，往往会呈现遍地开花、全面迸发的状态，在巨大的竞争环境下，很难有公司能脱颖而出。而当政策门槛开始提高时，往往会淘汰大量竞争者，这就间接帮助龙头企业扫清道路，提高了龙头企业的竞争力。比如"环保禁养"政策，促进牧原股份过去5年市值增长10倍，成为养殖业龙头。再比如，美国的"禁酒令"对可口可乐的加速崛起功不可没。政策的门槛越高，往往龙头的护城河越深。因此在分析行业前景的时候，如果政策门槛提得越高，那么越要关注龙头企业的表现。

（2）市场需求。分析行业的前景，要分析行业的市场需求有多大，也就是行业未来的天花板有多高。不能只看当下，要看行业的成长性，比如影响行业需求增长的因素有哪些、这些因素能够持续多久、有无威胁等。比如白酒市场，影响需求空间的因素主要有人口增量、商品价格、人均消费能力、其他酒类、政策事件等。比如新能源汽车，之所以越来越火主要有以下四个方面。

第一，政策支持。像碳中和、碳达峰都有利于新能源汽车的发展。

第二，能源替代。众所周知，现在使用的能源主要是不可再生资源，例如石油、煤炭等。我们知道石油是工业化的基础，被称为"工业的血液"，我国又是高度依赖原油进口的国家，想要摆脱能源现状，就必须做出改变，而新能源汽车是形成能源体系变化的一个产业。

第三，环保问题。环境问题是人类社会发展的重点。我国想实现经济更平稳地发展，就不能忽视环境问题，而且我国一直在努力承担着环境问题中的大国责任。所以新能源汽车潜在需求巨大。

第四，终端应用市场引导。2021年，我国新能源汽车产销双双突破350万辆，分别达到了354.5万辆和352.1万辆，实现了大幅增长。

根据国信证券预测，全球新能源乘用车销量有望从2020年的324万辆增至2025年的近1 600万辆，年复合增长率（CAGR）将达到38%，全球新能源乘用车渗透率有望达到18%左右。国内新能源车有望从2020年的135万辆增至2025年的628万辆，CAGR达到36%，国内新能源汽车渗透率有望达到23%左右。

新能源汽车需求总体走在一个上升通道中，2022年重点车企销量预测，比亚迪2022年销量将突破百万辆，特斯拉上海工厂的产能估计在70万辆到75万辆之间，新崛起的品牌销量预期突破50万辆，分别为蔚来约18万辆，理想约15万辆，小鹏约20万辆。

研究一个行业的市场需求空间，关键要找到行业的需求动力。一般来说，需求动力来自政策扶持和消费升级等。除此之外，还要考察行业整体产能是否已满足当下、当前产能利用率、总体产能规划在未来几年会不会造成过剩等。

（3）竞争格局。分析完政策导向和市场需求之后，还要研究行业的竞争格局。

通常对于一个刚开始起步的行业来说，集中度较低，整个行业都处于一个跑马圈地的状态，比如外卖、共享单车、短视频等。谁能率先占领市场，谁就有可能在竞争中成为龙头企业。

当行业进入成熟阶段，集中度不断提升，这个时候大部分行业巨头干的事情就是并购整合，比如房地产、水泥、重工等。谁能利用资本市场，快速整合市场，谁就有可能成为最后的王者。

比如新能源汽车行业，目前的主要竞争者是国产传统车企和外资车企等，包括比亚迪、特斯拉中国、上汽乘用车、广汽埃安、长城汽车、蔚来汽车、理想汽车等。

比亚迪作为中国新能源汽车的龙头企业成立于1995年，1998年在欧洲创立了第一个海外子公司；2002年比亚迪于香港主板上市，2011年比亚迪在上交所A股上市；2020年比亚迪发布了自主研发的刀片电池，刀片电池的问世对我国本土新能源汽车续航能力的发展有着至关重要的作用。2020年比亚迪新能源汽车在全球实现了17.92万辆的销量，进入全球新能源汽车企业销量三甲。在国内，2020年比亚迪新能源汽车以18.32万辆的销量打败了国际新能源汽车巨头特斯拉，名列第一位，所以比亚迪很有可能在未来的新能源行业竞争格局中成为市场龙头。

## 2.2.3　产业逻辑

产业逻辑是产业图谱中各个环节在产业链中不同位置上的利润传导规律的表现。下游直接针对消费者环节的厂商，根据消费者需求的变化做出的调整，会直接影响到上游产业链中的其他企业。产业链中的每一个环节的技术突破或者其他方面的突破也会引起产业链上下游的变化和振荡。

微笑曲线理论是施振荣提出的产业发展方向的一种策略，也是揭示部分产业链特点和竞争形态的一种理论。微笑曲线指的是产业链中的利润曲线像微笑一样两端朝上。其揭示的是，在产业链中附加值更多体现在两端，如设计和销售，处在中间的制造环节附加值最低，所以中间制造环节的企业应该努力向两端去延伸。这会推动行业不断发展，利润薄的企业向产业链利润厚的一端去发展，利润厚的一端又不断加深自己的护城河，防止受到产业链上下游企业的冲击侵蚀。苹果公司就是一个很好的例子，它牢牢把握了研发和品牌两端，根据2012年加州大学欧文分校信息技术和组织研究中心贾森·戴德里克（Jason Dedrick）团队的分析，在100元的苹果手机利润里，苹果公司能够赚取75元。因此，明白了价值链，就读懂了行业的纵向格局。

### 1. 上游

上下游是相对的。一般上游由原材料和零部件供应商组成，比如钢铁、有色金属、煤炭、石油、基础化工、建材、半导体元器件等都是上游原材料和零部件。而这些企业又有上游原材料或者加工器械供应商。上游供应商是决定成本的关键环节，在市场竞争中，大多数产品都是同质化产品，都遵循价格规律。所以成本决定了大多数企业的生死线。

### 2. 下游

企业产品或者服务的下游是决定利润的关键环节。一般根据下游消费者属性把企业分为toB类企业和toC类企业（产品是消费品，非平台模式）。其中的差别在于下游消费者在消费该产品时的理智程度。

对于toB类企业来说，下游消费者是政府、企业或经销商，他们采购的时候会非常理智，其对公司产品及相关竞品的情况会做综合了解和测评。对于toC类企业来说，下游消费者是个人消费者。在二级市场，我们可以看到非常多的toC类企业，毛利润高，溢价能力强。

## 2.2.4　市场占有率和护城河

行业前景好的企业，也并非都能赚取超额利润，如果说行业前景是先天因素，那么经营能力就是后天因素。先天因素加上后天因素才能成就伟大的公司。市场占有率决定了上市公司是否具备市场支配地位，即是否是行业龙头。

市场占有率也被称为市场份额，是企业的市场销售额或销售量占行业的市场销售额或销售量的比例。不同于行业集中度，市场占有率从更微观的角度去计算，用来与其他竞争对手进行比较，从而探究其市场占有率和其他公司不同的原因所在，找到企业的核心竞争力。

市场没有常胜将军，当年诺基亚一度占据全球手机市场40%的份额，照样瞬间崩塌。企业必须在行业竞争中建立护城河，不断挖深拓宽，才能始终占据主导地位。

往往具备核心竞争力的企业，能持续保持较高的市场占有率，核心竞争力好比护城河，使得公司具备了竞争壁垒，一旦企业具有某种竞争壁垒，往往很难被同行业其他企业超越。因此我们也可以通过判断企业是否具有竞争壁垒，进而间接分析预测该企业的市场占有率，从而保证企业在行业中占有主导地位和领导优势。

### 1. 行业壁垒

行业壁垒是阻止或限制其他企业进入这一行业的屏障，有很多行业具有天然的垄断性、排他性。比如中国中免，免税店的牌照垄断带来了长期丰厚的利润；比如长江电力，水电站建成后就会带来源源不断的现金流。

### 2. 规模壁垒

西方经济学中有规模经济优势这个概念，就是根据产业内企业规模经济，要求新进入市场的企业必须具有与原有企业一样的规模经济产量或市场销售份额，才能在行业中立足，才能与原有企业竞争。比如万华化学的MDI胶，全球只有几家供应商，具有显著的规模壁垒。

### 3. 品牌壁垒

品牌壁垒是利用品牌形成对产品的保护，想到品牌就首先想到该品牌的产品，而不是同类其他产品。比如格力给消费者的印象就是质量好，所以其产品卖得贵，获得了超额利润。再比如片仔癀，一粒药炒到了2 000多元，也是因为品牌效应获取了超高溢价。

### 4. 成本壁垒

当企业运营成本远低于竞争对手时，就容易形成成本壁垒。比如中国神华，在煤炭行业不景气的时候，也可以通过极低的成本优势，保持很好的盈利，从而直接挤掉了其他竞争对手；再比如海螺水泥，也是靠低成本，在行业巨亏时，仍能保持不错的盈利，击败对手后，故而能在行业复苏时享受最大的利润。

### 5. 生态壁垒

生态壁垒在互联网公司尤为突出。比如阿里巴巴的电商生态、腾讯的社交生态、滴滴平台的海量司机、美团外卖的数十万送货骑手，都是生态壁垒优势。

### 6. 专利壁垒

专利壁垒是利用技术优势，筑起由专利权构成的技术性贸易壁垒，这也是排他性壁垒。比如新药专利、食品独家配方等。市场完全由一家占有，具有绝对定价权，因此容易获取高额利润。甚至有些公司可以终身拥有专利壁垒，比如云南白药、片仔癀等。

拥有绝对性壁垒，可以持久获取超额利润，股价自然也会稳步上升。

### 7. 技术壁垒

技术壁垒是指行业生产对技术要求标准高，一般不能轻易进入。比如太阳能光伏组件自动化生产线成套装备技术含量较高，集机械、电子、控制等多学科于一体，涉及温度自动控制技术、精密传动技术、计算机控制技术、系统集成技术和工艺集成技术等多个前沿技术，对技术要求标准高。像通威股份、福莱特等都具有很强的技术壁垒。

### 8. 转换成本

如果顾客从一个企业的产品转向另一个企业的产品，可能会损失大量的时间、精力、金钱和关系，那么他们就没有动力去更换产品。对于企业来说，就能长期获得稳定的客户资源。这样就容易形成壁垒效应，建起护城河，比如电话卡、信用卡、无线网络通信技术等。

除此之外，还有很多竞争壁垒，比如速度壁垒、产品壁垒、渠道壁垒、价值链控制壁垒、客户关系壁垒、资源壁垒、人才壁垒、资金壁垒等。只要所选的股票具有某种竞争壁垒，那么就容易被市场看好，股价上涨前景就大，因此认真分析出该公司的竞争壁垒非常重要。

## 2.2.5　分红能力

前面我们介绍过，每股收益越高越好，但如果公司不分红，那就是空头支票，要赚钱只能等股价上涨才有机会，这样会削弱股价的吸引力。如果公司每年分红，哪怕股价不涨，投资者也能得到公司发展带来的红利，如果股价也上涨，那就是双笔利润，这无疑会提升股票的吸引力。

判断分红能力主要看上市公司的分红比例，一般分红比例越高，对投资者的吸引力越大，投资者争相购买，股价自然容易被抬高。

分红比例即股息支付率，每个公司不一样，有的公司分红比例很高，如伊利股份，连续几年都在50%以上，也就是把所赚的净利润拿出五成以上来分给投资者，常年大比例分红的还有贵州茅台、大商股份、洋河股份等，这些高分红的股票都容易得到投资者的正面反馈，股价快速上涨。而有的公司分红比例很低，如银行普遍不超过30%，甚至更低。长期不分红或从来没分过红的公司不在少数，从价值投资角度来看，这些公司是没有投资意义的，这些"铁公鸡"公司，对于保障投资者应有的权益没有太大的积极性。这些公司的股票大多人气不足，很难有良好的表现。除了要看分红比例，还要看分红率，即股息率，就是公司每年付给你的利息，如果公司的分红率低于银行的定期存款利率，那投资价值也不大，所以高股息率也会提升股票的吸引力。

图2-11为江铃汽车日线级别K线图，行情时间跨度为2017年4月27日到2018年4月20日。2018年1月，江铃汽车公布每股未分配利润高达12.05元，消息一出，江铃汽车股价立马一字涨停，受到市场投资者的热捧，从而推动股价，扭转了跌势。

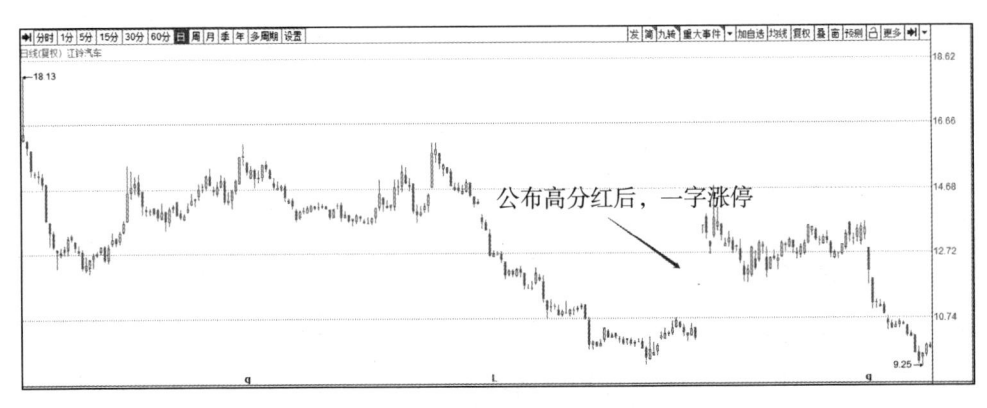

图2-11

一个公司分红派息的稳定性，体现了公司在市场竞争中的格局和行业地位，能够持续多年高比例派息且派息绝对数量越来越高的公司，往往是行业中具有很高竞争壁垒的行业龙头。比如，贵州茅台就是出了名的大气，常年位居分红榜首，持续多年的高分红，聚集了大量人气，市场投资者争先恐后地大量购买，自然容易推动股价上涨。图2-12所示是贵州茅台历年分红记录。

分红与经营息息相关，经营良好的企业，利润也会高，愿意分红的企业在A股一直都很受投资者青睐，因此股价更容易上涨。

### 2.2.6 盈利能力

盈利能力是分析公司的重要指标，本书第三章要介绍的价值线，就是用盈利能力来衡量公司的价值，是VLR模型的核心。上市公司经常采用每股收益、每股股利、市盈率、每股净资产等指标评价其获利能力。

| 分红记录 | | |
|---|---|---|
| 除权除息日 | 2021-06-25 | 每10股派息192.93元 |
| 分红年度 | 2020-12-31 | |
| 除权除息日 | 2020-06-24 | 每10股派息170.25元 |
| 分红年度 | 2019-12-31 | |
| 除权除息日 | 2019-06-28 | 每10股派息145.39元 |
| 分红年度 | 2018-12-31 | |
| 除权除息日 | 2018-06-15 | 每10股派息109.99元 |
| 分红年度 | 2017-12-31 | |
| 除权除息日 | 2017-07-07 | 每10股派息67.87元 |
| 分红年度 | 2016-12-31 | |
| 除权除息日 | 2016-07-01 | 每10股派息61.71元 |
| 分红年度 | 2015-12-31 | |
| 除权除息日 | 2015-07-17 | 每10股送1股每10股派息43.74元 |
| 分红年度 | 2014-12-31 | |
| 除权除息日 | 2014-06-25 | 每10股送1股每10股派息43.74元 |
| 分红年度 | 2013-12-31 | |
| 除权除息日 | 2013-06-07 | 每10股派息64.19元 |
| 分红年度 | 2012-12-31 | |
| 除权除息日 | 2012-07-05 | 每10股派息39.97元 |
| 分红年度 | 2011-12-31 | |
| 除权除息日 | 2011-07-01 | 每10股送1股每10股派息23.0元 |
| 分红年度 | 2010-12-31 | |
| 除权除息日 | 2010-07-05 | 每10股派息11.85元 |
| 分红年度 | 2009-12-31 | |
| 除权除息日 | 2009-07-01 | 每10股派息11.56元 |
| 分红年度 | 2008-12-31 | |
| 除权除息日 | 2008-06-16 | 每10股派息8.36元 |
| 分红年度 | 2007-12-31 | |

图2-12

每股收益用来判断公司的盈利能力具有简单、高效、快速的特点，所以VLR模型也是主要采用每股收益作为价值线的依据。

每股收益是税后利润与股本总数的比值，指股东每持有一股普通股所能享有的企业净利润或需承担的企业净亏损。每股收益通常被用来综合反映公司的获利能力、判断和评价管理层的经营业绩、衡量普通股的获利水平及投资风险，是投资者等信息使用者据以评价企业盈利能力、预测企业成长潜力进而做出相关经济决策的重要的财务指标之一。其计算公式为：

每股收益=（净利润−优先股股利）/发行在外的普通股平均股数

对投资者来说，每股收益是一个综合性的盈利概念，能比较恰当地说明收益的增长或减少。一般来说，每股收益被视为公司能否成功地达到其利润目标的计量标志，也可以将其看成一家公司管理效率、盈利能力和股利来源的标志。此指标越大，盈利能力越好，股利分配来源越充足，资产增值能力越强。

除次新股外，盈利能力与股价走势呈正相关性，即每股收益越高，股价越容易上涨，每股收益越低，股价越容易下跌或振荡低迷。截至2020年12月22日，每股收益大于1元的有374家，大于0.5元的有1 052家，在判断公司盈利能力时，可以用每股收益排名的方式，把排名靠前的上市公司筛选出来。截至2020年12月22日，每股收益排名前40位的上市公司如图2-13所示。

盈利能力是投资者衡量股票价格是否值得购买的重要依据，尽管企业盈利也是会计师事务所公布的，有可能也是"粉饰"过的数据，但是从统计角度看，对于盈利优秀的上市公司，股价大概率要比盈利差的公司表现好得多，因此盈利能力是有一定可取性的。

每股收益是最简单的判断盈利能力的指标之一。其他判断公司盈利能力的指标可以参阅"附录A"中的盈利能力分析的其他方法，如资本金利润率、销售利润率、权益收益率等。

## 2.2.7　企业管理层

人是企业之根本，如果管理层人品有问题，那么这样的企业是需要怀疑的。伟大企业的背后一定有一个德才兼备的管理团队。

所谓"道不同，不相为谋"，一支好的管理团队能使公司的业绩稳步上升，只有考察了企业管理层才能知道你与谁同行。管理层是巴菲特考察股票的四大要素之一。专业的风险投资机构在考察所投项目时，创始人以及

| | 代码 | 名称 | | 涨幅% | 现价 | 涨跌 | 买价 | 卖价 | 总量 | AB股总市值 | 流通市值 | 每股收益↓ |
|---|---|---|---|---|---|---|---|---|---|---|---|---|
| 1 | 600519 | 贵州茅台 | R | 2.09 | 1881.00 | 38.50 | 1881.00 | 1881.32 | 40651 | 23629.08亿 | 23629.08亿 | 26.930(三) |
| 2 | 688169 | 石头科技 | K | -2.39 | 1011.49 | -24.76 | — | — | 4170 | 674.33亿 | 164.85亿 | 14.280(三) |
| 3 | 300677 | 英科医疗 | | 1.63 | 169.21 | 2.71 | 169.21 | — | 101129 | 595.29亿 | 550.75亿 | 13.110(三) |
| 4 | 603444 | 吉比特 | R | -0.47 | 430.16 | -2.01 | 430.15 | 430.16 | 9922 | 309.13亿 | 309.13亿 | 11.070(三) |
| 5 | 603301 | 振德医疗 | | 8.45 | 68.53 | 5.34 | 68.53 | 68.54 | 177988 | 155.70亿 | 73.68亿 | 10.530(三) |
| 6 | 688399 | 硕世生物 | K | 11.36 | 203.05 | 20.72 | — | — | 33910 | 119.03亿 | 65.20亿 | 9.930(三) |
| 7 | 300888 | 稳健医疗 | Z | 9.19 | 178.51 | 15.02 | 178.51 | — | 68001 | 761.33亿 | 78.33亿 | 8.370(三) |
| 8 | 300841 | 康华生物 | N | -3.28 | 469.39 | -15.91 | — | — | 7579 | 281.63亿 | 70.41亿 | 6.870(三) |
| 9 | 300676 | 华大基因 | R | 4.05 | 135.86 | 5.29 | — | — | 111925 | 543.58亿 | 338.67亿 | 6.790(三) |
| 10 | 605009 | 豪悦护理 | N | 1.28 | 232.77 | 2.95 | 232.76 | 232.77 | 36537 | 248.30亿 | 62.08亿 | 6.150(三) |
| 11 | 601318 | 中国平安 | R | -3.33 | 84.15 | -2.90 | 84.15 | 84.16 | 985960 | 9115.69亿 | 9115.69亿 | 5.830(三) |
| 12 | 002714 | 牧原股份 | R | -3.58 | 71.35 | -2.65 | 71.35 | 71.36 | 193151 | 2674.08亿 | 1780.16亿 | 5.700(三) |
| 13 | 000661 | 长春高新 | R | -0.94 | 440.90 | -4.20 | 440.90 | 441.00 | 52235 | 1784.41亿 | 1569.57亿 | 5.580(三) |
| 14 | 688298 | 东方生物 | K | 3.37 | 185.25 | 6.04 | — | — | 29218 | 222.30亿 | 52.80亿 | 5.540(三) |
| 15 | 688289 | 圣湘生物 | K | 3.21 | 113.74 | 3.54 | 113.74 | — | 30364 | 454.96亿 | 37.80亿 | 5.520(三) |
| 16 | 002932 | 明德生物 | | 6.46 | 67.72 | 4.11 | 67.72 | 67.73 | 36470 | 46.73亿 | 20.33亿 | 5.350(三) |
| 17 | 300751 | 迈为股份 | | -0.57 | 691.00 | -3.96 | — | — | 5901 | 359.32亿 | 199.83亿 | 5.280(三) |
| 18 | 002304 | 洋河股份 | R | 3.90 | 223.38 | 8.38 | 223.37 | 223.38 | 82654 | 3366.31亿 | 2789.88亿 | 4.780(三) |
| 19 | 600585 | 海螺水泥 | R | -2.39 | 51.53 | -1.26 | 51.53 | 51.54 | 323721 | 2061.05亿 | 2061.05亿 | 4.660(三) |
| 20 | 002582 | 好想你 | | -1.24 | 13.59 | -0.17 | 13.59 | 13.60 | 190599 | 70.08亿 | 56.03亿 | 4.460(三) |
| 21 | 300760 | 迈瑞医疗 | R | -2.14 | 387.51 | -8.49 | 387.51 | — | 35368 | 4710.93亿 | 1934.20亿 | 4.412(三) |
| 22 | 300782 | 卓胜微 | R | -3.57 | 568.00 | -21.00 | — | 568.00 | 19973 | 1022.40亿 | 600.87亿 | 3.986(三) |
| 23 | 300815 | 玉禾田 | N | -4.38 | 85.58 | -3.92 | — | — | 13162 | 118.44亿 | 29.61亿 | 3.920(三) |
| 24 | 000858 | 五粮液 | R | 0.17 | 282.38 | 0.47 | 282.37 | 282.38 | 187064 | 10960.88亿 | 10718.61亿 | 3.747(三) |
| 25 | 300860 | 锋尚文化 | Z | -0.94 | 137.30 | -1.30 | 137.30 | — | 4382 | 98.96亿 | 23.47亿 | 3.640(三) |
| 26 | 300418 | 昆仑万维 | | -4.28 | 19.91 | -0.89 | — | 19.91 | 248444 | 233.62亿 | 199.83亿 | 3.590(三) |
| 27 | 601336 | 新华保险 | R | -3.90 | 57.85 | -2.35 | 57.85 | 57.86 | 146272 | 1206.43亿 | 1206.43亿 | 3.560(三) |
| 28 | 000538 | 云南白药 | R | -0.49 | 109.56 | -0.54 | 109.55 | 109.56 | 117934 | 1399.52亿 | 659.73亿 | 3.330(三) |
| 29 | 600486 | 扬农化工 | R | -4.47 | 120.02 | -5.61 | 120.01 | 120.02 | 21573 | 371.94亿 | 371.94亿 | 3.302(三) |
| 30 | 000568 | 泸州老窖 | R | 0.70 | 215.10 | 1.50 | 215.09 | 215.10 | 123978 | 3150.68亿 | 3149.72亿 | 3.290(三) |
| 31 | 605266 | 健之佳 | N | -3.61 | 123.26 | -4.62 | 123.25 | 123.26 | 17294 | 65.33亿 | 16.33亿 | 3.228(三) |
| 32 | 300702 | 天宇股份 | | -3.15 | 90.37 | -2.94 | — | — | 16056 | 164.68亿 | 93.08亿 | 3.210(三) |
| 33 | 300896 | 爱美客 | Z | -2.34 | 634.00 | -15.20 | 634.00 | — | 10487 | 762.07亿 | 164.88亿 | 3.200(三) |
| 34 | 000333 | 美的集团 | R | 1.06 | 89.75 | 0.94 | 89.74 | 89.75 | 310715 | 6302.06亿 | 6137.96亿 | 3.180(三) |
| 35 | 605168 | 三人行 | N | -4.26 | 180.60 | -8.03 | 180.60 | 180.64 | 5131 | 124.73亿 | 31.18亿 | 3.070(三) |
| 36 | 000596 | 古井贡酒 | R | 1.16 | 269.60 | 3.10 | 269.07 | 269.60 | 29360 | 1357.71亿 | 1034.19亿 | 3.050(三) |
| 37 | 603661 | 恒林股份 | | -2.72 | 54.04 | -1.52 | 54.03 | 54.04 | 10419 | 54.04亿 | 15.54亿 | 3.040(三) |
| 38 | 300850 | 新强联 | N | -1.01 | 163.34 | -1.66 | 163.34 | — | 31548 | 173.14亿 | 43.29亿 | 3.030(三) |
| 39 | 600036 | 招商银行 | R | -2.28 | 41.91 | -0.98 | 41.91 | 41.92 | 784686 | 8645.59亿 | 8645.59亿 | 3.020(三) |
| 40 | 688390 | 固德威 | K | -3.51 | 206.00 | -7.50 | — | — | 13591 | 181.28亿 | 41.28亿 | 2.980(三) |

图2-13

团队占很重要的地位，即所谓的投公司就是投人。上市公司的管理层能力强，眼光好，公司的发展一般情况下都不错。考察管理层主要看以下三个方面。

第一，看管理层是否理性。

第二，看管理层对股东是否坦诚。

第三，看管理层能否抗拒惯性的驱使。

其实清楚地了解一家公司的管理层,对于普通投资者来说是一件很困难的事情。一方面,普通投资者大多缺乏识人的能力;另一方面,普通投资者和管理层接触少,信息单薄,多数只能通过网上搜索资料或者采访片面来了解,没有办法提前判断一个管理层的好坏。当普通投资者看到一个被优秀业绩证明的管理层后,就已经滞后了,股价早就涨上去了,此时很有可能赶上的是这个周期的顶部,成为被机构派发高价股票的接盘人。而且大多数管理层会变动,可能你刚一入手,管理层就换人了。

不过普通投资者可以选择利益和我们一致的管理层。因为管理层利益与我们一致,可以在一定程度上提高安全性。比如管理层本身就是大股东,对管理层有股权激励等,这样个人利益与公司利益直接挂钩,他们会保持创业精神,推陈出新,并会关心股价,进行市值管理。

### 2.2.8 跟随领导者

寻找优秀公司最简便、最高效的方法就是跟随市场的领导者。

**1. 跟随领头羊**

如果你不能在领头羊的股票上赢得利润,也就不能在整个股票市场赢得利润。

——利弗莫尔

利弗莫尔认为应该交易龙头板块中的龙头股,绝对不要碰绩差股,而应该选择绩优股。跟随龙头股主要有以下三种优势。

(1)赚钱效应。买弹性低的股票是一个常见的错误,应关注当天的热点,把精力放在最有潜力的股票上。如果你不能在龙头股上赚钱,那么你的交易就不大可能赚钱。龙头股虽然价位很高,但是不代表它们不能继续上涨，应该摆脱买便宜股票的心理，便宜的股票往往代表着业绩差，一般不会有好的表现。应该顺势而为，市场告诉你怎么做，你就跟随着怎么做。跟随龙头股往往能获得超额收益。

（2）引领板块。龙头股有引领板块的作用，当龙头股上涨的时候，板块中的其他股票或迟或早都会跟随上涨。相反，当龙头股下跌的时候，板块中的其他股票或迟或早都会跟随下跌。

（3）预测转势。在大盘转向的时候，往往都是龙头板块中的龙头股先发生转折。但龙头板块和龙头股往往都会发生变化，引领上一次大行情的龙头板块和龙头股往往不会是下一次大行情的领头羊。

在1929年的大萧条中，利弗莫尔就是因为发现龙头股开始上涨乏力，持续调整，他判断市场可能有一场大的暴跌，因此持续布局空头，在黑色风暴之中，破产者比比皆是，而他却斩获1亿美元。

**2. 跟随机构**

散户如果时间和精力不够，可以投资机构选中的股票，或者投资市场知名度高的股票。机构选中的股票一般都是市场的风向标，主要有以下三个原因。

（1）需求效应。因为机构作为能影响甚至决定个股走势的大户投资者，他们的交易量巨大，往往占据市场的主要份额，根据供需原理，容易促使股价上涨。

（2）跟风效应。跟随机构选中的股票，容易跟对市场情绪，因为股票认同程度越高，越能形成跟风效应，更容易助推股价上涨。

（3）龙头效应。机构一般选的都是优质龙头股，上涨潜力大，一般会远超市场平均值，容易赚取超额收益。

所以散户要做的事情很简单，跟随市场公认具有价值的股票，然后等其回归价值的时候买入，再配合VLR模型进一步缩小风险，抓住机会放大利润。这比非专业的散户以自己欠佳的能力去判断公司是否有价值要容易得多，并且更节省时间和精力，也更容易获得利润。像贵州茅台、比亚迪、宁德时代等极具价值投资的股票，已经经过了机构、专业人士、高级会计师的筛选，比自己判断更准确。散户可以将精力集中放在风控以及建立自己的操作体系上。

## 2.3 价值投资的优势

机会是永远留给有准备的人的，我们做任何事情都要提前准备，就像战场的将军一样，永远不打无把握的仗。投资更是如此，永远不要做没有把握的事情。选择大于努力，多数投资者把股票投资做成了赌博，在盲目无知中就开始急于入市，由于对股市完全不了解，以致交了不少"学费"。无论你能力有多强，技术有多高超，买有价值的公司一定比买垃圾公司甚至普通公司的股票容易赚钱。

### 2.3.1 选择大于努力

雷军说过："站在风口上，猪都能飞起来。"这个风口就是强大的外力，借助强大外力的助推作用，哪怕是普通人，也可以花很小的力气获得更大的收益。一般极具投资价值的股票，大多属于前景较好的朝阳行业，市场资金大量涌入，极容易出现大牛股。比如比亚迪，该公司以锂电池技术优势形成竞争壁垒，这是一个极具投资价值的股票，而且恰好站在新能源风口，因此快速引爆百倍上涨行情；再比如爱尔眼科，以几乎垄断了所有眼科医生的优势形成竞争壁垒，而且处在医美行业的风口，所以股票一度快速上涨。

如果以价值投资角度买入这些股票，很容易让自己站在风口。很多技术控的股民总是抱怨买什么套什么，苦不堪言，就是没有尝到投资价值的甜头，价值投资很多时候是市场推着你赚钱，强大的外力直接送给你巨大的利润，因此选择远远大于努力。

图2-14为爱尔眼科月线级别K线图，行情时间跨度为2009年10月31日到2021年11月16日。有一位朋友是眼科医生，非常看好爱尔眼科，在医美行业大爆发的时候赚了十几倍利润。

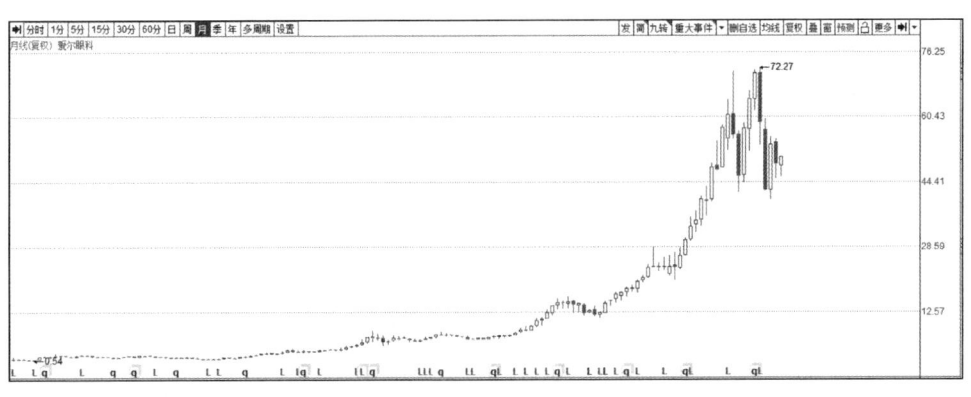

图2-14

## 2.3.2 不惧市场波动

价值投资能够不惧市场波动，准确判断企业的价值，因此坚持买有价值的股票，可以降低系统性风险，避免踩雷。

图2-15为仁东控股日线级别K线图，行情时间跨度为2020年6月5日到2021年6月9日。如果在2020年11月24日买入仁东控股，那么哪怕你知道会暴跌，想减少亏损，但面对后面连续14个跌停板，也无能为力。即使风险控制能力很好，在股价连续跌停的时候，还是想逃也逃不掉。所以这种情况经历一次就玩完了，与赌博没什么两样。因此只有坚持买有价值的公司，才能真正把投资与投机区分开来。

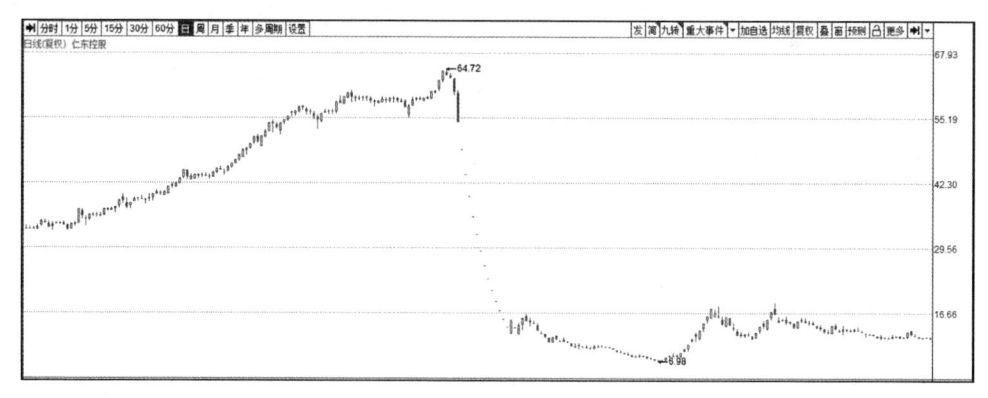

图2-15

有人说技术上仁东控股在高位早就显示出了下跌迹象，并不能套住我。但是技术毕竟是概率，常在河边走，哪有不湿鞋，只要踩中一次，就是巨亏，所以在运用技术投资的时候，必须要有降低系统性风险的方法。

有一位做珠宝的朋友很喜欢炒股。每次与我谈论股票的时候，总是会说，不管好股烂股，赚到钱就是好股，好比"不管白猫黑猫，抓到老鼠才是好猫"。她特别抵触高价股，见到高价股就怕，哪怕买了也拿不住。一天到晚琢磨几块钱的低价股，基本是买什么套什么，所以买了好几年一直都在亏损。7元买银亿股份，结果变成了ST股；6元买嘉凯城，结果阴跌半年；14元买科新发展，却跌跌不休。

2019年她给我打电话，说自己炒股亏了很多，希望我给她推荐一只牛股。我再三推却，因为我知道我看好的股票她一定不会买。最后跟我磨了两个小时，我叫她买贵州茅台，可是话没说完就被她打断了，惊讶地说："贵州茅台太高了，我不敢买啊。"

结果眼睁睁看着贵州茅台在一年多的时间就涨到了2 600元。这主要是因为她不懂茅台的内在价值，所以非常"恐高"。也正是这个原因，导致她见到涨得高的股票就拿不住，心态非常不好。总是赚一点就跑，但是亏着的时候就死抗。

图2-16为贵州茅台周线级别K线图，行情时间跨度为2018年8月3日到2021年11月16日。

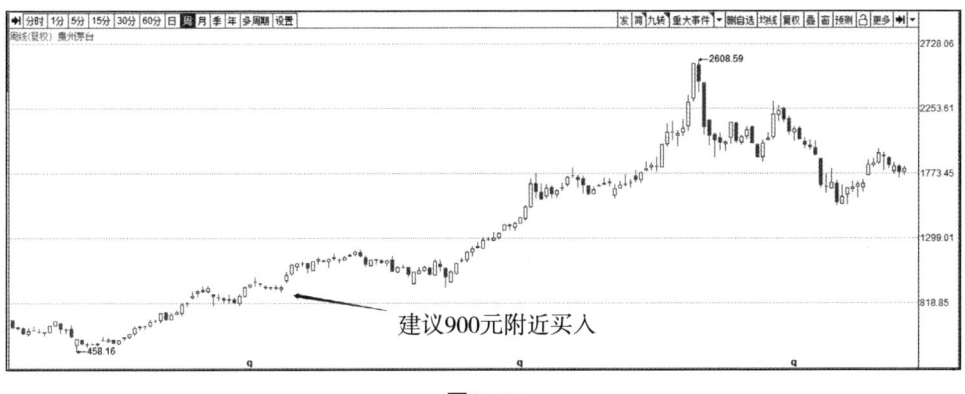

图2-16

今年她又来找我，我以为她买了贵州茅台大赚了，不料贵州茅台不买不说，还被韵达股份深深套牢。从30多元开始套，尽管一路加仓近300多万元，成本还是摊到了19元以上。当时正是极兔百亿资金烧钱抢占市场份额的时候，对于整个快递行业影响都非常大，整个板块都大幅下跌。她一直担心韵达股份会被挤退市，因此天天关注新闻、评论，心急如焚。

图2-17为韵达股份周线级别K线图，行情时间跨度为2017年4月7日到2021年11月16日。

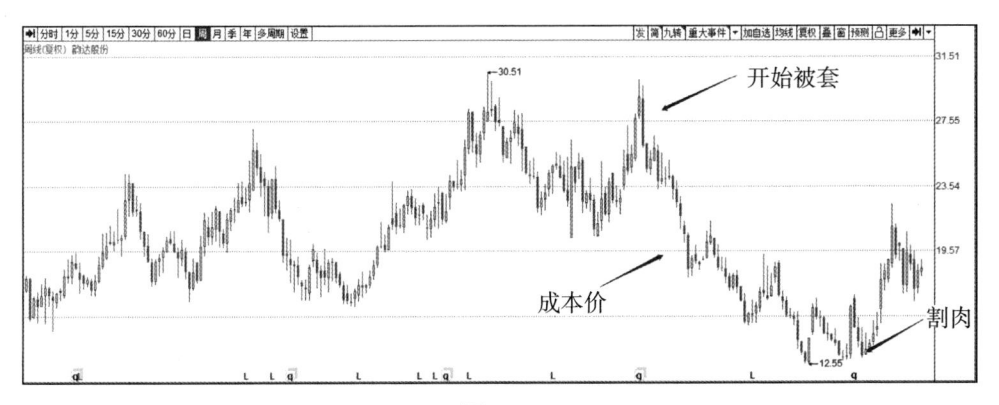

图2-17

韵达股份在2021年4到8月之间，股价在低位来回宽幅振荡，每次上涨给点希望，立马就被打回去，最后她扛不住心理压力，在最低点全部割肉，大亏近100万元，戏剧的是砍完之后，股价立马强势拉升，令她后悔不已，一直抱怨时运太差，愤愤不平了几个月。

众所周知，心态对于炒股来说至关重要，心态不好，经常会赚的不敢拿，错过大牛股，亏得的时候心里又害怕，容易在最低点割肉。所以如果不懂公司价值，一有风吹草动，就容易心惊胆战，白白亏损。

其实好公司一般股价都不会太低的原因是其赚钱能力强，有前景，市场赋予其高价值，股价自然会不断上涨。相反一直处于低价的股票，恰恰说明公司潜在风险大，盈利一般。再者，买低价股本身就是逆势而为，所以容易一买就上套，其实不是时运不好，而是自己选的就是盈利低的交易模式。

其实股票的风险高低与其本身股价数字大小无关。比如，一只3元的股票，它一样可以跌到3毛，巨亏90%。而一只300元的股票，哪怕跌100元，也只亏三分之一。所以低价股从数学上看，亏钱效应并不会低于高价股，反而是低价股更容易下跌。

另一位朋友在2021年2月买入宁德时代，此时股价在385元附近，本以为会上涨，却不料宁德时代大幅回调，最多时跌了超100元。图2-18为宁德时代日线级别K线图，行情时间跨度为2020年3月30日到2021年11月16日。

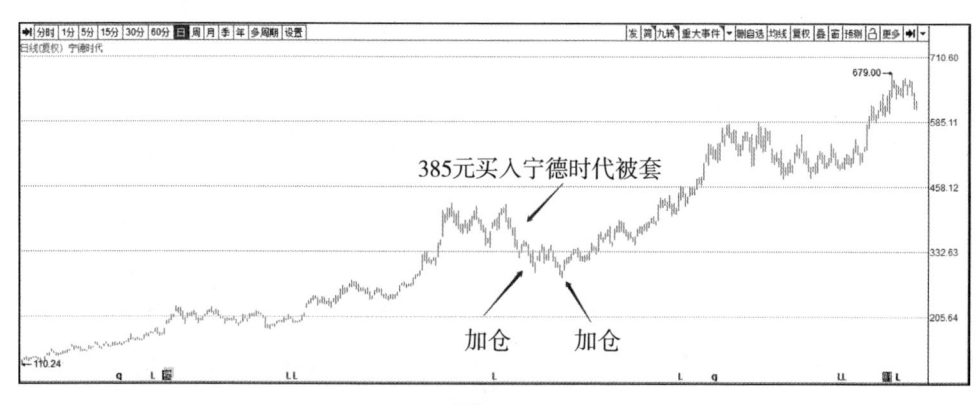

图2-18

宁德时代在电池方面独领风骚，是全球规划七大产能基地，为大众、宝马、戴姆勒、PSA、现代、特斯拉等全球一线车企供货，具有一定的规模壁垒，并且该公司拥有先进的技术优势和成本优势。三大壁垒可帮助宁德时代持续巩固龙头地位。正是认知到该股强大的价值性，他从来没慌过，反而在跌至285元的时候大幅加仓，不但一分钱没亏，反而大赚了近一倍。

### 2.3.3 提升技术效果

所有交易技术都是建立在假设的基础之上，由于理论的不确定性，所以很容易弱化投资者的心态。一旦出现任何不对的苗头，就会开始怀疑技术的可靠性。坚持买优秀的公司可以提升技术效果，主要体现在以下三个方面。

**1. 减少技术踩雷**

技术分析只关心股价，不关心公司的本身价值，所以无法规避雷区，如果长期在垃圾股中游走，任凭你技术分析能力再强，还是很容易被拉下水。而价值投资关心公司的本身价值，如果二者结合就可以降低技术分析大亏的概率。

**2. 帮助技术获取更高回报**

技术工具一般很难抓到超级大行情，因为它是以历史数据作为分析标的，具有短视化特点，其参照物最多是历史高点，技术超卖的时候，会持续提示卖出，但是很多大涨的股票持续超卖。所以大多数技术派很难赚到几倍甚至几十倍的收益。如果和价值投资相结合，以技术分析入场，以价值逻辑出场，更容易利润最大化。

有一个关系很好的老股民，买股票无论对错都很快，所以被称为"一刀斩"。他是典型的技术派，而且偏技术控。2020年年底的时候，科大讯飞经过振荡调整之后，周线大阳拉升，直接吞没前五周的K线，走出了技术性看涨吞没形态，现强势上涨信号。他在40.5元附近重仓买进该股，随后快速盈利，但是他认为前三次股价都是在43元被压制下来，所以43元有很大的压力，因此在盈利还不到10%时就快刀斩了。但是股价一路上升到68.5元，他卖出的价格成了后市的低点。

图2-19为科大讯飞周线级别K线图，行情时间跨度为2019年8月16日到2021年11月16日。

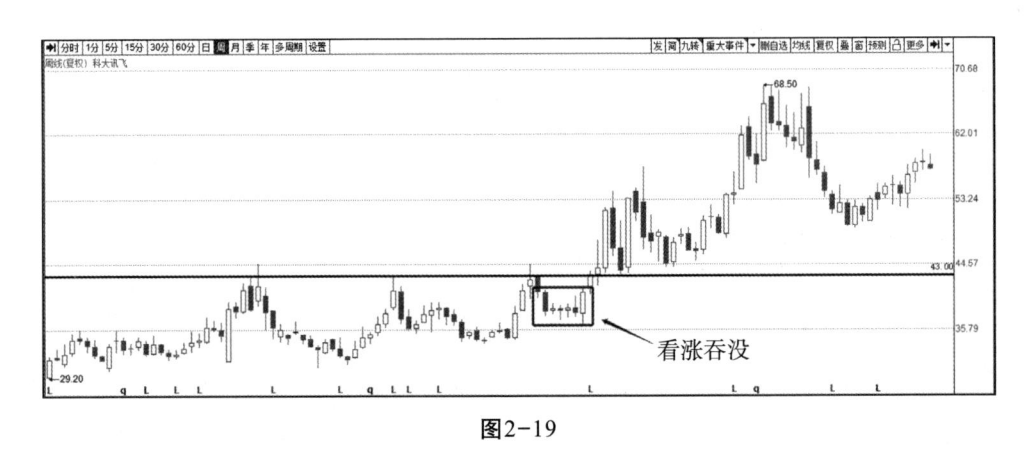

图2-19

他一直认为是自己心态不好，其实心态不好主要也是因为信心不足导致的。

第一，他对股票本身一无所知，眼里只有技术图表涨涨跌跌的印象，但支撑股价史诗级别的暴涨是股票内在的价值，技术上的看涨只是内在价值的外在体现罢了。也就是说，价值是本质，技术是现象。一只股票技术上哪怕再看涨，如果公司经营一塌糊涂，负债累累，那么还是会崩盘大跌的。

第二，他的建仓依据是周线看涨吞没技术形态，技术理论是建立在三大假设基础之上的，所以看涨吞没也是假设，因此不能给他严密的底层逻辑增加信心，中途股价稍做回撤，立马就会对形态产生怀疑，所以心态很容易不好。并且以技术为建仓依据，那么在上方具有技术压力的时候，自然就没有理由继续坚守。

后来我告诉他可以关注中国中免这只股票。中国中免这家公司具有行业壁垒效应，极具赚钱能力，股价容易持续上涨。我让他依据技术信号建仓，但是不用管止盈，上涨了就提高止损位，这样就可以摆脱每次只能赚一点的烦恼了。

图2-20为中国中免日线级别K线图，行情时间跨度为2020年3月30日到2021年11月16日。

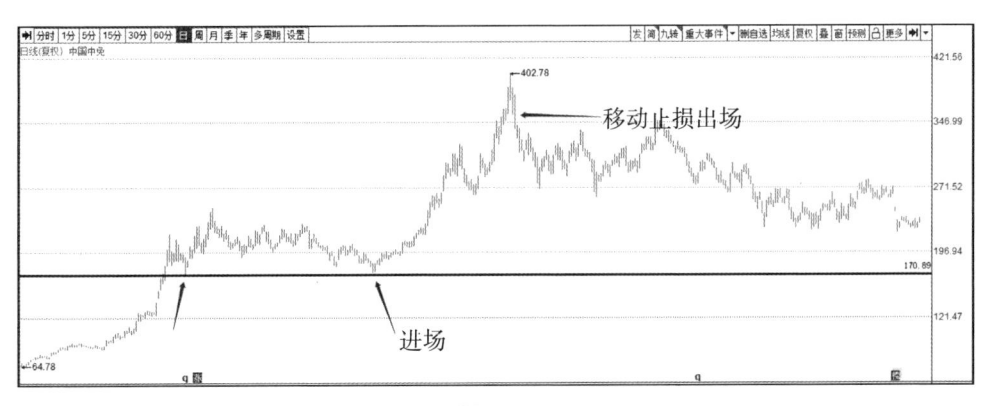

图2-20

他利用技术理论，在中国中免二次回撤前期低位的时候进场，这次买点一样很好，进去就开始盈利，但是上涨途中他数次都想斩掉。最后我给他打气，提示他移动止损，最终在350元附近离场，这次操作利润轻松翻倍。后来他非常认可价值投资的确能帮技术分析赚更多的利润。

### 3. 提高技术的成功率

在一波上涨行情中，往往上涨的次数多于下跌的次数，上涨的级别大于下跌的级别，所以技术分析提倡顺势为王。对于价值投资来说，买的是优秀公司，投资的是市场价值，代表的是市场趋势，属于市场阻力最小的方向（利弗莫尔的观点），所以其本身就是在买强势股。

比如猪瘟之后，买养猪；四万亿的时候，买重工；塑化剂的时候，买茅台；"5.31"之后，买光伏。在大洪流之下，顺流而下，必定是频频获利。

图2-21是牧原股份日线级别K线图，行情时间跨度为2018年9月11日到2019年9月6日。在非洲猪瘟爆发之后，用技术工具买牧原股份，赚钱概率会比买其他股票更高。

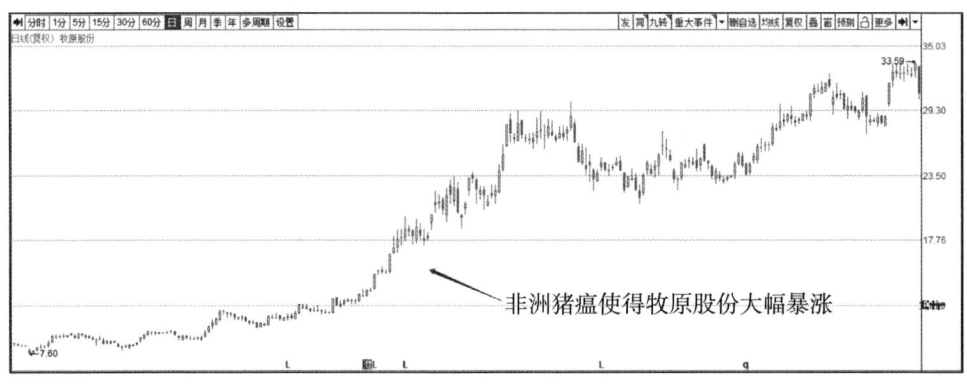

图2-21

### 4. 增加技术的稳定性

技术派投资者容易陷入技术控的境地。这个时候他们的视野会非常狭窄，而且心态很容易崩，尤其在短线操盘过程中，很容易被机构反复收割。机构经常会利用假突破、上下洗盘等凶残的手段欺骗散户，最终散户辛苦学到的技术，反而变成了机构挖陷阱的工具，这在垃圾股中更常见。

对于优质股票，一方面，筹码非常珍贵，机构不能因小失大轻易放弃好不容易抢来的筹码；另一方面，这些公司一般市值都比较大，机构的影响力有限。所以，往往在优质股票上使用技术分析炒股，盈利会更加稳定。

图2-22为海洋王周线级别K线图，行情时间跨度为2014年11月7日到2021年11月16日。机构在底部反复振荡洗盘，不断利用虚假信号把散户清理出去，之后才强势拉升。

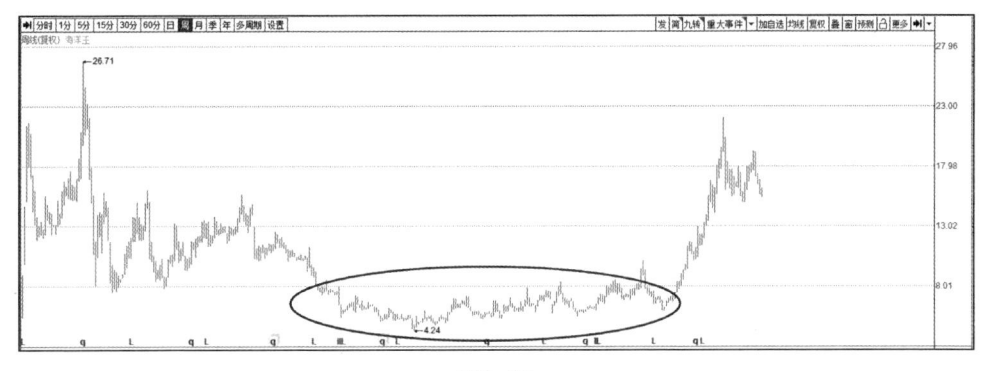

图2-22

## 2.3.4 节省时间精力

一方面，技术派投资者，尤其是短线操作者，大多数会在盯盘上消耗大量时间，全天盯盘，晚上又要复盘。不止辛苦，收获也甚微。而以中长线风格为主的价值投资者并不需要时刻盯盘，不需要进行频繁的买卖，获利却更容易。就像利弗莫尔所说，交易应该是一件快乐的事情，交易应该是坐着游艇，开着派对，在唱着歌中完成的事情，如果你的交易方式过于劳苦，那大概率是不赚钱的买卖。时间和金钱一样，也是一种很大的成本，成功的价值投资者，往往既能收获金钱，又能收获人生。

另一方面，A股有几千只股票，技术派需要从几千家公司中挑选适合购买的股票，这个工作量太大，往往会让人眼花缭乱。最后费了九牛二虎之力，选出了多个技术上符合入场的股票，但并不是每一只都能上涨，很多散户偏偏买了不涨的股票。前段时间有一个粉丝就跟我讲了这样的困扰，他用W底选出了利民股份和汇洁股份两只股票，但是买的利民股份偏偏是失败的W底。亏了钱不说，还浪费了大量时间，最关键的是每每做这样的选择题时，他都会鬼使神差地买亏的那个。

图2-23为利民股份和汇洁股份日线级别K线图，行情时间跨度为2021年3月8日到2021年11月16日。

图2-23

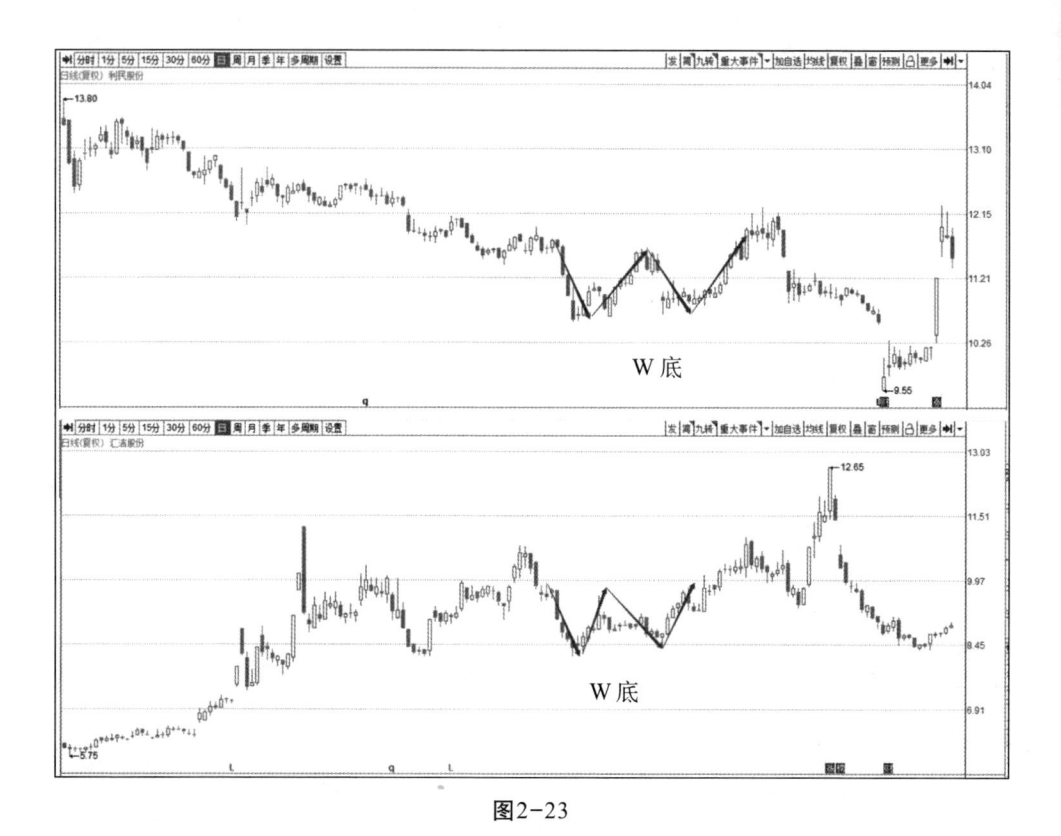

价值投资只买优秀的公司，这一步已经把绝大多数股票排除在外了。能买的股票可能只有几百只，从中再挑选符合自己买卖逻辑的标的，这样就大大节省了时间，提高了效率，还不会让自己陷入两难的境地，因为都是优质公司，大不了分散资金购买即可。

## 2.4 股票池

### 2.4.1 股票池定义

股票池是指从A股上市公司几千只股票中，运用各种选股标准，比如按行业、板块、热点、政策、个股特性、K线技术或者公司基本面，甄选出来股票，集中放入一个池中，供投资者结合情况、时机盘面变化，再从中选出符合自己特定交易信号的股票。

## 2.4.2 股票池原则

股票池中的每一只股票的选择都要非常慎重。因为它是你实施下一步买卖实际操作的前提，可以说一个好的股票池，基本决定了投资成功的一半。需要注意的是，股票池并非自选股，很多人都是弄一堆股票扔在自选股里面，杂乱无章，这样不叫股票池。

构建一个优质的股票池，需要遵循以下六个原则。

### 1. 价值投资

构建股票池首先就是要遵循价值投资原则，也就是说，每只股票的选择都要根据2.2节公司分析中的宏观经济、行业前景、市场占有率、分红能力、盈利能力、企业管理层等依次排查，层层过滤，以确保股票池的股票是从价值投资的角度选出的。

### 2. 分散风险

股票池要遵守分散风险原则，也就是不要将鸡蛋放在一个篮子里。将一笔钱分散投资到几只不同的股票中，有利于降低投资风险。所以构建股票池时，要不同行业搭配、不同区域搭配、不同概念搭配、高成长性与高稳定性搭配，等等。一方面，如果买的全是同一行业股票，万一整个行业突然出现转折，很容易全军覆没；另一方面，市场行情经常会轮动，如果遇到行业不涨时，所买的股都不赚钱，资金效率降低，还会消磨你的信心，怀疑自己的交易体系。所以股票池中应该包含不同行业。

比如，2021年7月的"双减政策"规定上市公司不得通过股票市场融资投资学科类培训机构资产，已违规的要进行清理整治。消息一出，整个行业前景堪忧，引发教育板块持续下跌。如果自选股中恰恰全是教育股，那么任凭你选股技巧再强，也很难赚到钱。

图2-24为教育板块日线级别K线图，行情时间跨度为2020年7月2日到2021年11月16日。

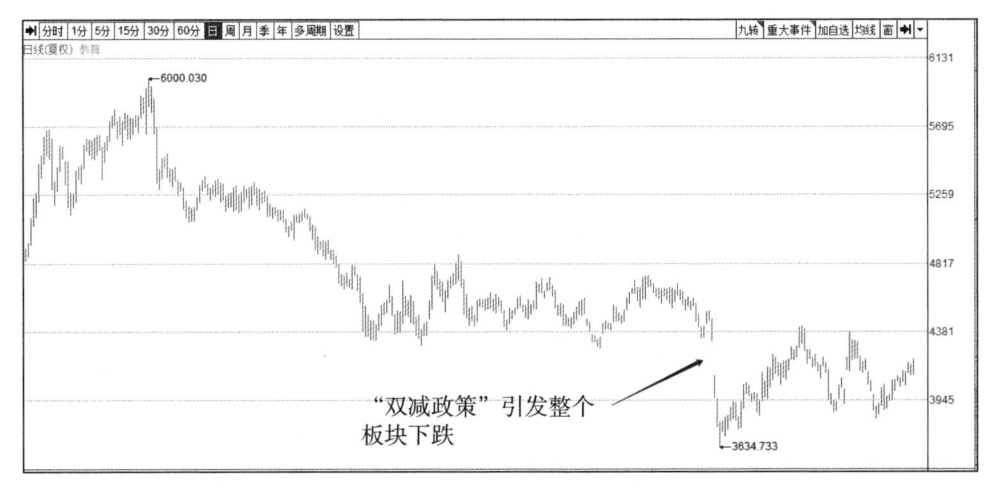

图2-24

### 3. 去弱留强

去弱留强是指利用技术面，进一步删除弱势股，只保留趋势明显向上的强势股，这样可以提升资金的利用率。趋势是有惯性的，一旦某只股票形成上涨趋势，那么它将继续向上运行的可能性很大。如果我们买了一只下跌趋势明显的个股，那么即使该公司价值属性再强，也大概率难以获利。这一点也刚好印证了价值线的原则之一，即只买价值线明显向上的股票（见第三章）。

比如，作为畜牧业龙头的温氏股份，其股票自2019年初开始见顶，持续下跌两年多，走出了明显的下跌趋势，如果这个时候去抄底，很容易被套，哪怕抄到了底部，上涨也会很吃力。图2-25为温氏股份周线级别K线图，行情时间跨度为2018年8月3日到2021年11月16日。

图2-25

再比如先导智能，作为锂电设备的龙头，该股连年上涨，走出强势的上行趋势，不管哪个位置，顺势逢低买进，都容易快速获利。2021年7月，短短一周暴涨30%，赚钱效应远远大于处于下跌趋势的温氏股份。图2-26为先导智能周线级别K线图，行情时间跨度为2018年8月3日到2021年11月16日。

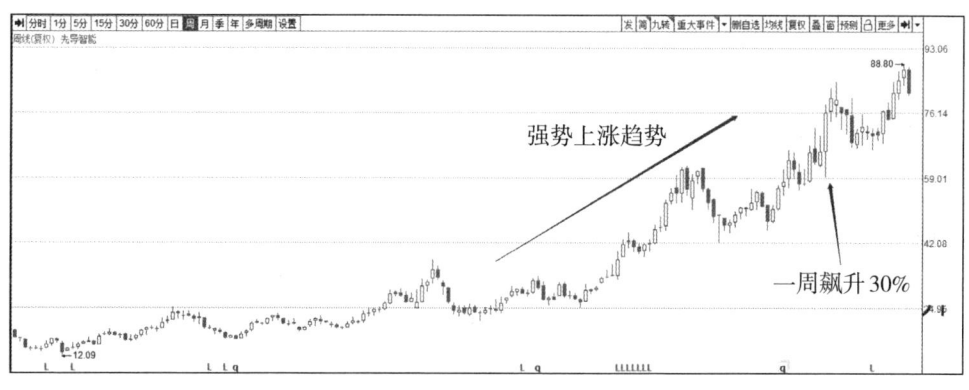

图2-26

### 4. 控制数量

还要牢记，在股票市场上摊子铺得太大、四处出击也很危险。我的意思是，不要同时在许多股票上建立头寸。同时照顾几只股票尚能胜任，同时照顾许多股票就不胜负荷了。我在几年前曾犯过此类错误，付出了沉重代价。

——利弗莫尔

一个人的时间和精力是有限的，因此股票池的个股不宜太多，50个左右即可，这样基本能涵盖所有行业所有板块中的最强股。如果股票池中个股太多，要么就是同质重复了，要么就是强弱都有，这样就削弱了股票池的功能，不但增加了复盘和精算的工作量，当精力过度消耗时，还可能影响分析的准确度。所以要精益求精，当股票池个股太多的时候，就要不断删减，保留绝对龙头。

### 5. 灵活增减

股票池中的股票不能一成不变，需要灵活地进行增减，以保证里面的股票都有比较好的质量。因为趋势不是固定的，业绩好坏也不是永远的，政策可能随时调控，风口也会随时变换。

第一，趋势会变化。前期上涨趋势很好的股票，如果短期大幅下跌，且严重破坏上行趋势，那么就要换掉。

第二，业绩会改变。一个公司的业绩不可能永远好下去，如果发现公司的业绩有开始松动的迹象，就要随时警惕，必要时剔出股票池。

第三，政策倾向会改变。为了发展的需要，国家政策会变换，当政策不再倾向的时候，就要果断剔除，比如国家对房地产的调控、对教育的监管都是不利于地产股和教育股的，那么这些板块的个股尽量避开。

第四，风口会变换。一个行业不可能永远是春天，所以当行业落幕的时候，尽量不要与股票"谈恋爱"，果断删掉，更换朝阳行业的强势个股。

### 6. 制定买卖原则

股票池构建好之后，就要确立买卖依据，这是实际操作之前最重要的一步。买卖股票不能随心所欲，要有固定的原则，形成系统。

首先应设计一个交易模式，主要包括以下四个方面。

第一，明确的进场依据。

第二，明确的出场依据。

第三，良好的风控体系。比如止损设置、仓位布局等。

第四、放大利润的体系。

一般价值投资都强调坚持持仓，不能半途而废，但这只是被动获利的策略，我们可以在压低风险的前提下，采取进攻型的放大利润的资本运作手段。

总的来说，制定股票池的买卖原则，有助于计划你的交易，交易你的计划。之后耐心地等待股票池中的个股出现特定买卖信号，严格执行，重复这个简单的操作，规避主观思维，让整个交易系统自行运转。

## 2.4.3 股票池的好处

股票池好比一口"鱼塘"，真正的高手都有自己的"鱼塘"，相比于大海捞鱼，在自己的小鱼塘中抓鱼，肯定事半功倍，能节省大量时间和精力。除此之外，构建股票池还有以下三大好处。

### 1. 避免乱买

当你坚持只买股票池里的股票时，往往风险容易掌控，因为股票池里的股票是经过层层筛选的，暴雷的可能性会低很多。

### 2. 避免冲动

很多人容易受市场消息影响，见风就是雨，和无头苍蝇一样，把股市当超市，一通采购，把投资做成消费，最后发现本金都消费完了。如果有股票池作为参考，心中就始终有标的，一定程度上能减少受市场干扰而冲动交易的次数。

### 3. 避免错失机会

当我们发现某只股票的确非常好时，但未必是买入的好时机。因为市场的股票实在太多，过一段时间我们就可能把它忘了，等真正的机会来临时，我们却错过了。所以如果把这些被我们发现的"新大陆"放进股票池，坐等机会来临，守株待兔，岂不美哉！

## 2.5 价值投资的步骤

价值投资主要有8个步骤，如图2-27所示。

### 1. 粗选

根据粗选标准和能力圈因素排除一些不能买的股票。根据粗选标准，一般会排除像ST股、亏损股和暴雷股等股票。能力圈是巴菲特提出的一个投资原则，就是不要做没有把握的事情，坚持在自己的能力范围内寻找优秀的投资标的，只投自己熟悉的股票。因为如果你不知道自己为什么买了这只股票，那么也不会明白什么时候应该卖出，一旦这只股票发生变动，你就会恐慌性地卖出，而此时可能正是买入的最好时机。所以为了让交易变得更好，应该多学习，提升自己的能力圈。

买入一只股票前，投资者应该从不同方面对股票有一个较为全面的了解，并在此基础上制订投资策略。

### 2. 精选

根据公司分析的逻辑（见2.2节），对粗选后的股票进行精挑细选，建立价值投资股票池。重点是分析行业前景，考察公司是否具备长期稳定增长的

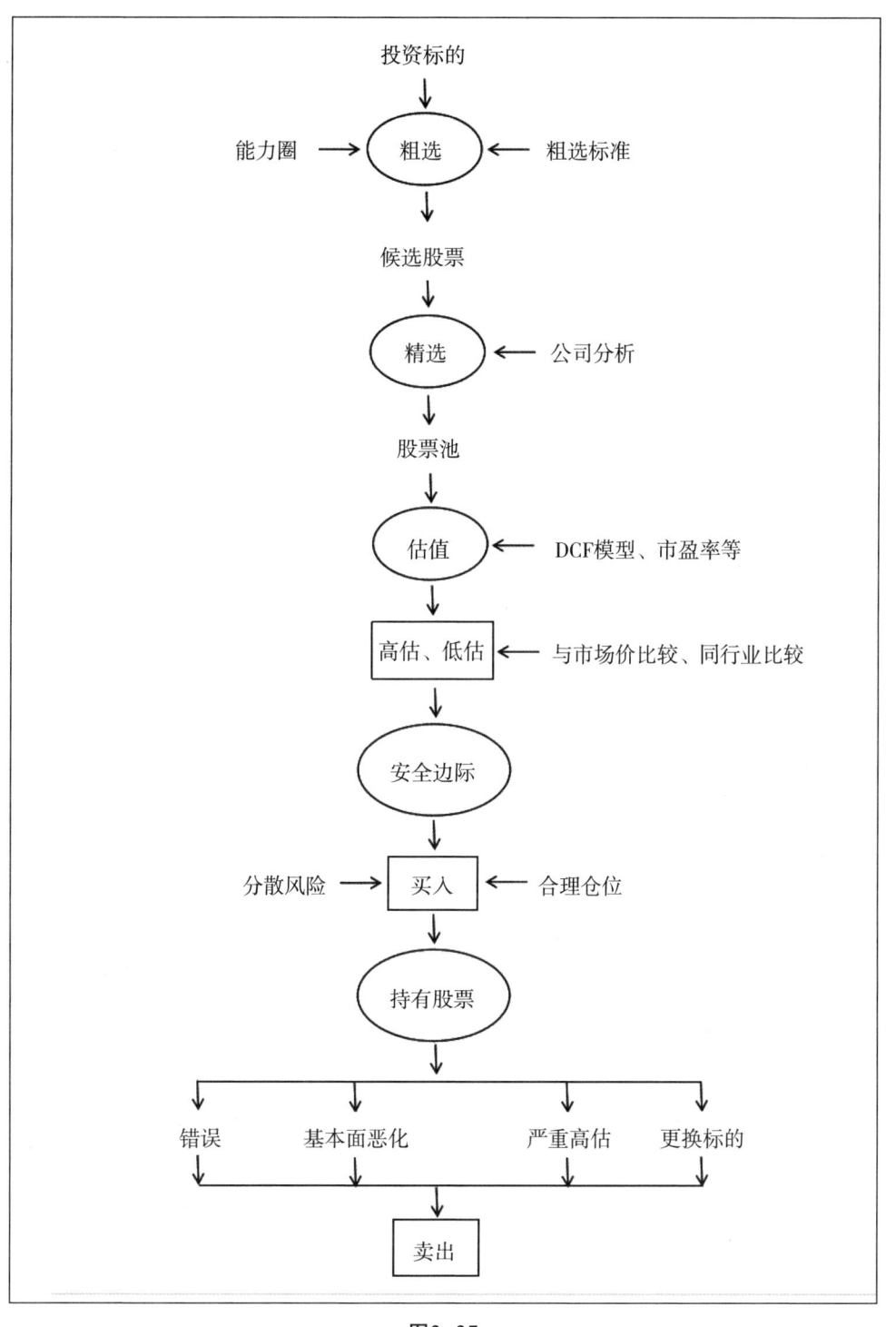

图2-27

潜力，以及找出公司的核心竞争力，判断是否能够形成"护城河"。

### 3. 估值

结合基本面和技术面，判断股票是否具备买入机会，确定后可选用恰当的估值模型（现金流贴现模型或相对估值模型等）估算出其内在价值。

企业的商业模式决定了估值模式，主要有以下几种情况。

第一，重资产型企业，比如传统制造业，以净资产估值方式为主，盈利估值方式为辅。

第二，轻资产型企业，比如服务业，以盈利估值方式为主，净资产估值方式为辅。

第三，互联网企业，以用户数、点击数和市场份额为远景考量，以市销率为主。

第四，新兴行业和高科技企业，以市场份额为远景考量，以市销率为主。

### 4. 高估还是低估

将估算得到的普通股权益价值与当前市场价比较，判断是高估还是低估。如果高估，则放弃购买；如果低估，则关注买入机会。

需要注意的是，估算得到的普通股权益价值不但要与自身市值相比较，还要与其他相似企业进行比较（跨行业没有意义）。估值本身具有实战意义（包括绝对值），还有一个重要作用就是比较。也可以利用市场心理特点挖掘低估值的股票，保持投资理性，利用市场的错误以及市场短期无效性，抓住低于其内在价值的股票。一般在市场大恐慌、股票被过度抛售、所有人都"谈股色变"时，会形成市场的价值洼地。

## 5. 安全边际

安全边际的意义是宁可在初始估值时由于谨慎错失一些稳定的投资机会，也不要因为买入价格太高而遭受重创，因为亏钱比失去某些机会更糟糕。

任何估值和分析都会发生错误，所以应该在估值的公司内在价值的折扣价位上买入，这个折扣就叫作安全边际。一般来说，按等于或低于股票内在价值的2/3的价格购入股票是比较合适的。

当然安全边际最重要的是远离高负债的公司。高负债的公司往往都是高质押，股价一旦下跌，大股东就会卖出股票维持质押比例。公司如果缺钱，在公司股票大跌时也没钱回购，负重前行造成发展困难，有的甚至会资不抵债。高额的财务费用也会让公司吃不消，看似快速发展，实际上隐患巨大，比如ST康得。

## 6. 确定仓位

确定每一种证券的购买数量，包括证券组合的构造和投资者对多元化程度的选择，以分散风险。其中购买数量可以运用凯利公式来计算最优仓位。巴菲特和比尔·格罗斯等大佬都使用凯利公式管理资金。

## 7. 长期持有

价值投资一般都会长线持有，但要注意的是，长线投资与价值投资其实没有什么必然的关系，价值投资的重点是安全边际，长期持有是其经常存在的形式。

（1）价值需要时间修复。价值投资往往是在大众恐慌性抛售优质股的时候，逆势买入，就像巴菲特说的"别人恐惧我贪婪，别人贪婪我恐惧"，此时市场缺乏热情，投资者情绪修复需要很长的一段时间，因此股票立马就启动的情况比较少，绝大部分情况下都需要投资者具有极大的耐心，长期持有股票，才可以获得不错的投资收益。

（2）抚平市场小波动。价格的大幅上涨往往是不可预期的，经常会出现在市场最后的疯狂阶段，短短几个星期或几个月你就能赚取丰厚利润，可能远超你多年的蛰伏阶段。而且市场总会有波动，只有长线持有才会抚平小周期的波动，小周期被套往往是无法避免的，但只要是从价值投资角度看好的股票，确定好安全边际，就应当勇敢持有，忽视市场的短期小波动。

那些全年无休，整天都在炒股的人往往是赚不到钱的，投资者一定不要让自己陷入这样狭小的格局之中。

（3）价值增长需要时间。价值投资是根据股票的价值进行投资的，一只股票的价格最终取决于上市公司的价值，而公司做大实业需要长期经营才行，这往往需要几年，甚至十几年的时间。哪怕公司采用并购的方式进行扩大再生产，也需要时间来整合。因此，企业的价值往往需要很长一段时间才能体现出来，所以买入了优秀公司的股票，就不要着急卖出，耐心等公司把它的价值创造出来。

（4）复利增长需要时间。复利被金融界称为世界第八大奇迹，是非常有效的赚钱方式之一。价值投资是靠复利获胜的，巴菲特的投资年化收益率平均为20%左右，这看起来并不起眼，但把这个时间放长到几十年，就是恐怖的几万倍。时间往往是获得巨大财富最有效的武器。比如，可口可乐公司的股票已经实现数万倍的增幅，腾讯控股也实现了数百倍的增幅，这就是复利的魅力。如果你找到了一家能够保持长期增长的优质企业，那么一定不要过快地下车，在没有任何意外变动的情况下，应该一直持有它，时间会让你越来越富有。

### 8. 出售证券

价值投资的最后一步是确定何时出售证券，通常有四种情况。

（1）错误。投资中存在大量不确定性因素，错误无法避免，在觉察出错的时候，要马上止损，避免损失扩大。比如，当我们头脑一热买错了股票，就连巴菲特也坦承自己做错了很多错误的决策；再比如，各种估值模型中存在大量的假设参数，也很容易错误地估计某项参数的数值，导致投资亏损。

（2）股票严重高估。严重高估是卖出股票的条件之一。理论上没有问题，但严重高估的界限非常模糊，往往容易过早地卖出股票，所以可以结合运用反身性理论，在市场情绪极度高涨的时候卖出，也就是说，在大多数人抢购股票的时候抛出。比如，2015年上证指数暴涨至5 000点附近的时候，我去工商银行办理业务，银行门口排了两条长长的队伍，他们全部都在开股票账户，而且老姑父在一旁也劝我要多买点股票，我当时二话没说就果断清仓了，不久便开始暴跌。因此一旦出现这样的情况，就是卖出股票的最佳时机。永远要记住华尔街的一句名言：当马路边擦皮鞋的都知道买股票能发大财时，就是要逃的时候。

（3）企业基本面发生改变。公司经营面发生了变化，不符合你设定的买入和持有条件。不过现实中，当公司经营面发生变化时，股价可能早就暴跌了。

（4）有其他更优的选择。当你找到了另一只更好的股票时，就是卖出的时候。按照邓普顿（Templeton）的原则，只有当你找到一只比原来的股票好50%的股票时，才可以替换原来的股票。

### 9. 价值投资结合技术投资

总的来说，价值投资有优点，也有缺陷。最大的缺陷在于难以得出准确的估值，对于同一个公司，一千个人可能得出一千个估值。这是因为：第一，财务数据的真实性不可考；第二，对公司的增长率无法准确预测；第三，对于复杂的计算，一般投资者很容易出错。所以巴菲特说，用估值模型对公司进行估值，只能作为参考。

市场上太多伪价值投资者，打着巴菲特的幌子，大肆吹嘘，如果买了牛股，就要长期持有，就能大赚爆赚。以上帝的视角来看待价值投资，不谈任何风险，一旦被套就往死里抗，假借价值投资之名，忽略亏损的风险。有多少人开口闭口都是看长线，无非就是长线硬抗，亏损超过50%、70%，甚至更多，无非就是大多数情况下，可以用长线来掩盖自己当下对估值、对市场情绪、市场逻辑判断所犯的错误，总认为一切浮亏都是账面亏损，并不是真实亏损，这样的伪价值投资者一旦彻底出错就会遭遇灭顶之灾。伪价值投资者总是把逻辑正确的前提看作100%正确，还好得益于买入的多是优秀的公司，彻底出错的概率小，但是并不代表不会出现。正确的处理方式应该是永远别重仓，永远保持敬畏之心，并且一定要有一个可以承受的、认赔的合理额度和合理逻辑，不可钻牛角尖，死不认输。

首先要明白的是，世上没有100%的事情，包括价值投资，连巴菲特都不能100%确定一家公司的价值（1975年投资的纺织厂，让其身受其害；新冠疫情暴发时，抄底航空股，亏损出局等。这样的错误情况对于价值投资者一样无法避免，如果是伪价值投资者，买入亏损后就躺平，会输的更加惨烈），何况一般性投资者。所以那些以价值投资逻辑出发，买入之后，如果亏损，就无限死扛的投资者，就算连续几年赚到钱了，也还是靠运气。换个角度讲，如果是采用技术投资买股，亏损的时候坚持死扛，运气好的话，照样可以做到在较长的一段时间里连年赚钱。所以把价值投资当作100%概率的人，本身就是一种投机，而且是错误的认知，往往最后亏得更惨，因为扛到最后可能抗退市了。即使不退市，当你发现投资逻辑改变时，股价早已经快跌没了，比如去年风头无两的教育股，突然变成了烫手山芋。

技术投资往往是有滞后性的，至少对于很多一般投资者来说是具有滞后性的，而巴菲特买入的股票多是在市场初期价格非常低的位置购入，比如比亚迪、可口可乐。价值投资在某种程度上，一样也无法避开滞后性。除非始终都有上帝眼光。否则作为一个凡人，犯错是人的本性，要求自己永不犯错，显然根本不是价值投资，因为人作为价值的判断者、承载者，本身就具有不确定性。

另外，价值投资的本质是买便宜货（物美价廉），绝不会在股票大幅高估的时候入场，多数是买大幅下跌、价值回归的股票，甚至跌破内在价值的股票，正是这样的操作逻辑，因此对于价值投资的专业性要求非常高。如果买对了便宜股，自然可以等公司价值成长，行情反转大幅赚钱，但价值投资某个环节中，一旦出现了错误，那就可能是加强亏损。因为强者恒强，弱者恒弱，越便宜的股，往往越容易跌。

其实能否在低估的时候买入股票，这是一个概率事件，任何人都不能保证永远在价值洼地买入股票，是人总会出错，千万不要假设怎么样，这是伪价值投资者犯的最大的错误，其实价值投资体系里面，本身假设就够多了，并不比技术投资的假设少多少，如果再进行主观性投资，更会让自己的交易体系与价值投资风马牛不相及。

但有一点是具有相对确定性、概率相对较高的，那就是对公司的定性分析。一个行业的发展前景、一个公司的发展前景，往往都具有趋势性和相对明确性。所以如果对于估值专业性不强的投资者（各种估值模型中本就存在大量的假设变量），可以采用"基本面选股，技术面买入"的方法。即把价值投资进行到第二步，先精选出符合价值投资逻辑的股票，然后跳过繁杂的估值过程（当然也可以结合估值，作为一个参考数据，就像巴菲特所说的一样，任何估值都是一个参考），采用利弗莫尔强悍的技术优势运作资金，操作股票，这样就发挥了价值投资和技术投资二者的优势，技术投资严格的止损机制会提高价值投资判断的容错率，价值投资较高概率的选对优质股，又会助推技术投资获得更高的胜率。这样哪怕估值出错，价值逻辑出错，或者行业格局突然变换，也不会因为错选了股票而导致破产，甚至陷入债台高筑的绝境。

因此无论是价值投资还是技术投资，都不应该把其当作100%的概率，没有止损机制的价值投资，一样等于猜涨猜跌。而系统性的技术投资也并非纯粹地猜测股价的涨跌。二者各有利弊，重要的是不要站在上帝的视角去看待市场。投资终极且100%正确的目的只有一个，那就是永远要保持赚的时候赚得多，而亏的时候亏的少，也就是赚大钱，赔小钱。所以，如果发挥价值投资和技术投资二者的优势，产生互补效应，那么就会让投资变得更轻松，获利更简单。

# 第三章

# 价值线

从本章开始将为大家详细介绍利弗莫尔的交易技术，并且重点阐述建立在利弗莫尔思想基础上的以小博大的VLR模型。VLR模型的两大工具是价值线和最小阻力线。本章先对价值线进行详细讲解。

价值线，顾名思义是代表公司价值的一条曲线。在VLR模型中起着核心的作用。要想得到价值线，重点是先确定公司的价值。前面我们讲过，判断公司的价值有绝对估值法和相对估值法，但绝对估值法过于复杂，所以可以采用相对估值法来确定价值线。相对估值法有很多种，VLR模型中的价值线选用市盈率作为估值方法。

## 3.1 市盈率

本节将对市盈率指标进行介绍，并重点说明市盈率作为相对估值法的优越性。

### 3.1.1 市盈率的定义

市价盈利比率，简称市盈率（PE），也称本益比、股价收益比率。市盈率指每股市价与每股收益的比率，或公司市值除以年度股东应占溢利。市盈率计算公式如下：

$$市盈率（PE）=每股市价/每股税后利润=市值/净利润$$
$$=每股市价/每股收益$$

计算时股价通常取最新收盘价，而根据每股收益选择的不同，市盈率可以分为三种：静态市盈率、动态市盈率（TM）和滚动市盈率（TTM）。

- 如果公式中分母采用已公布的上年度净利润，则称为静态市盈率。
- 如果公式中分母采用下一个年度预测净利润，则称为动态市盈率。
- 如果公式中分母采用最近四个季度的净利润，则称为滚动市盈率。

不同市盈率的优缺点如下。

（1）静态市盈率优缺点：这个净利润不会变，PE大小会跟着市值的变化而变化。所以变量小，参考意义更强。但是如果到了年底，公司已经发展了一年，还是用去年的净利润就会有滞后性。市场广泛谈及市盈率通常指的是静态市盈率。

（2）动态市盈率优缺点：由于这个净利润是由机构预测，而不同机构之间预测差异很大，所以这个数值变动也比较大，一般取中间值。优点是针对盈利非常稳定的公司，可以提前知道超前的估值到底是贵还是便宜。缺点是机构一般预测都不大准确，变脸的程度很高。动态市盈率一般都比静态市盈率小很多，代表了一个业绩增长或发展的动态变化。

（3）滚动市盈率优缺点：由于在计算中加入了3个重合的季度，使这种比较在一定程度上过滤掉小波动，进而能更加客观地反映上市公司的真实情况。这个市盈率既克服了静态市盈率的滞后性缺点，也能和静态市盈率一样都用准确的利润，还具备了一定的动态市盈率的与时俱进，同时克服了动态市盈率的预测不确定性。

图3-1为截至2020年12月A股各板块市盈率数据。图中我们可以发现金融、房地产、建筑等行业市盈率比较低，教育、卫生和社会工作业等行业市盈率较高。

## 3.1.2 市盈率的意义

市盈率通常被用来衡量一只股票的投资价值，它是当前股票市场价格与每股收益的比值，反映投资者对每1元净利润所愿意支付的价格，可以用来

| 行业代码 | 行业名称 | 最新市盈率 | 股票家数 | 亏损家数 | 平均市盈率 近一个月 | 平均市盈率 近三个月 | 平均市盈率 近六个月 | 平均市盈率 近一年 |
|---|---|---|---|---|---|---|---|---|
| A | 农、林、牧、渔业 | 19.16 | 38 | 9 | 18.5 | 19.25 | 20.39 | 33.65 |
| B | 采矿业 | 14.82 | 74 | 4 | 14.26 | 13.87 | 13.79 | 13.65 |
| C | 制造业 | 37.62 | 2471 | 195 | 37.89 | 36.86 | 35.38 | 31.03 |
| D | 电力、热力、燃气及水的生产和供应业 | 18.81 | 106 | 3 | 18.58 | 18.53 | 18.25 | 17.95 |
| E | 建筑业 | 8.32 | 96 | 9 | 8.17 | 8.15 | 8.19 | 8.54 |
| F | 批发和零售业 | 19.22 | 154 | 8 | 19.59 | 19.85 | 20.13 | 18.45 |
| G | 交通运输、仓储和邮政业 | 19.67 | 104 | 3 | 19.31 | 19.19 | 18.73 | 18.4 |
| H | 住宿和餐饮业 | 34.22 | 9 | 1 | 33.54 | 31.24 | 30.02 | 27.63 |
| I | 信息传输、软件和信息技术服务业 | 51.03 | 313 | 40 | 51.65 | 53.63 | 55.49 | 53.42 |
| J | 金融业 | 9.69 | 118 | 4 | 9.32 | 9.21 | 9.03 | 9.24 |
| K | 房地产业 | 8.37 | 115 | 8 | 8.26 | 8.41 | 8.55 | 8.9 |
| L | 租赁和商务服务业 | 37.72 | 54 | 4 | 37.91 | 38.96 | 37.56 | 30.28 |
| M | 科学研究和技术服务业 | 59.32 | 57 | 0 | 62.68 | 62.4 | 61.16 | 53.46 |
| N | 水利、环境和公共设施管理业 | 26.3 | 67 | 4 | 26.71 | 27.49 | 27.16 | 25.52 |
| O | 居民服务、修理和其他服务业 | — | 1 | 1 | — | — | — | — |
| P | 教育 | 111.37 | 8 | 2 | 122.29 | 113.55 | 106.41 | 101.83 |
| Q | 卫生和社会工作 | 121.08 | 12 | 6 | 129.28 | 120.07 | 110.58 | 86.46 |
| R | 文化、体育和娱乐业 | 25.47 | 55 | 10 | 25.29 | 25.85 | 26.29 | 24.48 |
| S | 综合 | 29.44 | 14 | 0 | 29.54 | 30.3 | 30.34 | 31.68 |

图 3-1

估计公司股票的投资报酬和风险，通常作为比较不同价格的股票被高估或者低估的指标。一般而言，市盈率越低越好，市盈率越低，表示公司股票的投资价值越高；反之，则投资价值越低。

利用市盈率比较不同股票的投资价值时，这些股票必须属于同一个行业，因为此时公司的每股收益比较接近，相互比较才有效。市盈率估值法相对稳定，比较适用于周期性较弱的企业，不适用于每股收益为负的企业和银行。

比如，小C打算收购一家小店，预算是20万元，而这家小店每年能带来5万元的利润。如果小C将它买下来，需要4年收回成本。也就是说，这家小店的"市盈率"为4倍。

再比如，截止2020年11月19日，盘中贵州茅台的股价是1 722元，2019年每股收益为32.8元，那么其市盈率为52.5倍（1722/32.8=52.5）。也就是说，在不考虑其他因素的情况下，理论上约需要52年才能收回股价成本。

一般而言，市盈率越低，收回成本的期限越短，股票的投资价值则越高。

### 3.1.3 市盈率的优势

价值线选择市盈率估值法具有以下四点优势。

第一，由于市盈率可以清楚地表明以当前的价格买入，未来的预期收益会有多少，所以每股收益作为衡量盈利能力的指标，在投资者中被广泛认同。又因为盈利能力是判断一家公司是否具有投资价值的重要因素，所以用市盈率来评估公司是否具有投资价值是具有一定合理性的。

第二，因为价值投资的基本原则是买价值被低估的股票，而市盈率是衡量股票是否被高估或者低估的指标，所以契合价值投资的基本原则。

第三，市盈率具有简单、高效、快速的优点。在国际金融市场上，知名交易大师彼得·林奇和约翰·涅夫，他们在对公司进行估值时用的也是市盈率。

彼得·林奇用的是PEG指标，PEG是用市盈率除以公司未来3到5年的每股收益复合增长率。当PEG=1时，大体能够说明公司未来的增长是能覆盖公司现有估值的；当PEG>1时，公司可能被高估，或者表明市场投资者对公司未来的增长非常乐观；当PEG<1，则公司可能被低估，或者市场投资者认为业绩比预期的还要差。价值线不选择PEG是因为PEG需要预估，没有办法量化，相对来说市盈率更直观。约翰·涅夫用的是总回报率，他认为（预期增长率+股息回报率）/市盈率>0.7 时，符合他的低市盈率选股法的入选标准。

可以看到，彼得·林奇和约翰·涅夫在关注公司PE的同时，也关注公司业绩的增长，有增长预期的公司，才能支撑更高的PE。所以通过分析公司挑选优秀的股票是选股的前提，然后再用市盈率对其进行估值，稳定性会更好。

第四，实证研究表明，市盈率差异和长期平均股票回报差异具有很大的关联关系。市盈率存在局限性，它不能反映公司的长期增长前景，不适用于亏损公司、高科技公司、现金流不稳定的公司和收入不稳定的周期性公司。从市盈率计算公式中我们可以判断出，理论上市盈率低，代表企业盈利能力强。但市盈率大小取决于股价和每股收益两个变量，所以很多时候哪怕市盈率低，股价也不一定会出现趋势大涨；而在每股收益很小或亏损时，由于股价不至于降为零，公司的市盈率又会很高。

但是我们在对公司进行分析的时候，其实早已经弥补了市盈率存在的缺陷。在筛选优秀公司的时候，亏损公司我们不会买，前景不好的公司也排除在外，分红能力差的公司也不会入我们的法眼，所以在价值投资的前提下，采用市盈率估值，可以满足合理性和科学性。

## 3.2 市盈率曲线

根据市盈率公式，即市盈率=每股收益/每股市价，使用编程工具将市盈率曲线写成代码，导入行情分析软件，市盈率曲线就可以显示在盘面中。在许多股票软件中，本身就有市盈率这个指标，可以直接使用。

图3-2为格力电器日线级别K线图，行情时间跨度为2021年3月29日到2021年12月7日。图中箭头所指的曲线就是市盈率曲线，与K线图走势基本一致，这是因为市盈率是股价与每股收益的比值，它们之间成倍数关系，所以只是位置不同，波动一模一样。

图3-2

## 3.3 价值线

### 3.3.1 价值线的定义

我们知道价格是围绕价值上下波动的，因此价值波动的趋势方向决定着价格运行的趋势方向。如果把价值波动绘制成一条曲线，那么该曲线就是价值线，如图3-3所示。价值线不但能直观地判断出股价是否被高估，而且能形象而具体地指明价格的趋势，具有很强的分析指导意义。

根据价值投资原理，在股价低于内在价值的时候买入，等股价远高于内在价值的时候卖出。从这句话中可以判断出一个结论，那就是股价对于价值线一定有上下穿越的动作。

前面讲过市盈率是一种优良的估值方法，因此可以选择市盈率曲线作为股票价值线的依据。但是我们不能直接使用市盈率曲线作为价值线，因为市盈率与价格是倍数关系，也即是说，市盈率曲线其实相当于把价格向下或向上平移，即使把市盈率曲线放在主图上，它们也是完全不相交的两条"平行曲线"。所以股价不可能与市盈率曲线发生穿越动作，也就不能提供低买高卖的交易信号，因此直接用市盈率曲线作为价值线是毫无意义的。

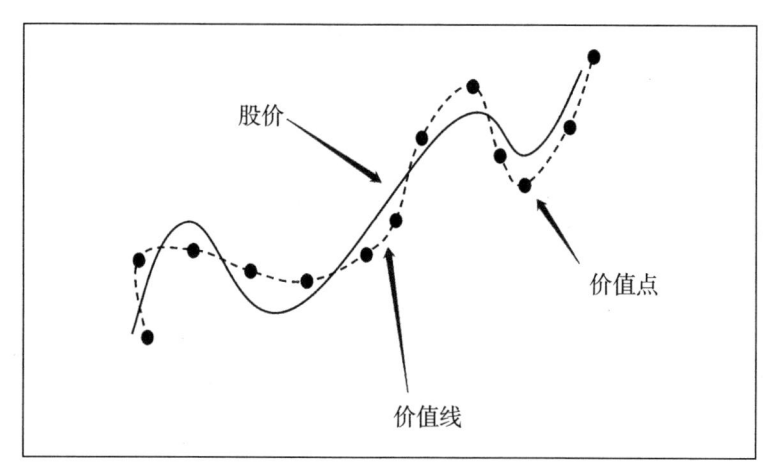

图3-3

所以需要通过调整市盈率曲线参数，让它变成能保证价值本身属性的同时又能与股价相交的曲线，从而相对判断股票高估与低估的状态，进而为交易提供买卖信号，这条曲线就称为价值线。

### 3.3.2 价值线的设定

市盈率曲线转化成价值线主要分以下两个步骤。

**1. 市盈率曲线参数调整**

对市盈率曲线进行特定的参数调整时，需要保证其本身性质不变，且能与股价发生交错。因此用"均线偏移"的方法进行参数调整，使它能像均线一样，定性、定量地对价格形成趋势指示作用以及买卖信号。在行情分析软件中需输入的市盈率曲线参数调整代码如下。

市盈率：=IF(FINANCE(33)>0,MA(C,13)/FINANCE(33)*0.35,0)；

每股收益：=IF(FINANCE(33)>0,FINANCE(33)*0.65,0)；

价值线：每股收益*市盈率*4；

以上代码的含义如下。

市盈率：=如果每股收益（全年折算）>0，返回收盘价的13日简单移动平均/每股收益（全年折算）×0.35，否则返回0。

每股收益：=如果每股收益（全年折算）>0，返回每股收益（全年折算）×0.65，否则返回0。

13日均线的意义在于周期既不太长，也不太短，能够真实反映出最接近K线的趋势。在周期组合上，13日均线被认为是一个综合周期，13日均线是"进出生命线"，所以选择13日均线进行偏移。

当收益率>0时，价值线是市盈率曲线用移动平均MA（C,13）偏移得来的；若收益率<0，那么不显示价值线，价值线取0。也就是说，若企业处于亏损状态，是不会显示价值线的。

图3-4为贵州茅台日线级别K线图，行情时间跨度为2021年3月11日到2021年11月20日。

图3-4

经过特定值的计算，并将曲线变得平滑，就可以得到图3-4中K线图形上的一条曲线，也就是市盈率价值线，以后简称价值线。对比市盈率曲线，价值线明显变得平滑，因为价值线的公式里，还包含了移动平均线的计算，我们称之为"均线偏移"。

### 2. 导入代码生成主图指标

将市盈率调整代码导入行情分析软件，就可以在主图上出现一条直线，即价值线，这样就可以形象具体地借助价值线来分析行情，抓住买卖机会。

在行情分析软件中导入、生成价值线的步骤如下：

（1）打开同花顺行情分析软件（不同软件有不同的方法），选择"工具"→"公式管理"命令，如图3-5所示。

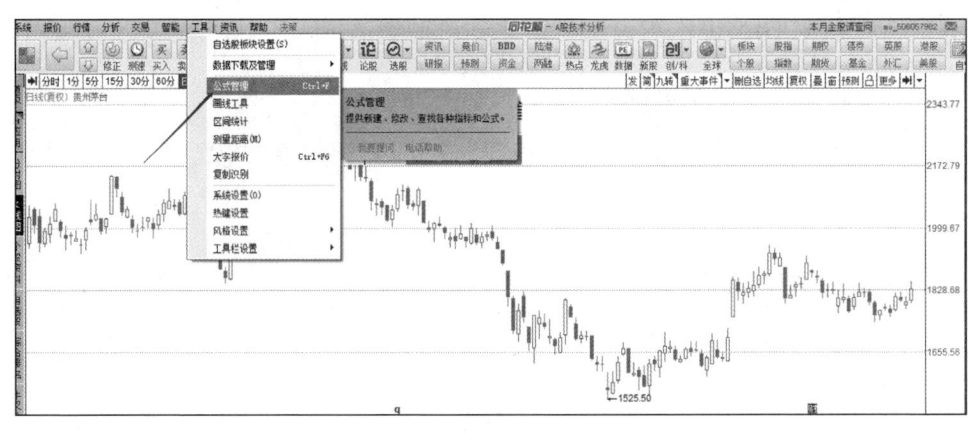

图3-5

（2）在打开的"公式管理"对话框中单击"新建"按钮，如图3-6所示。

（3）选择"技术指标"，单击"确定"按钮，如图3-7所示。

（4）在打开的窗口中的"名称"和"描述"框中输入"价值线"；在"周期"和"画线方式"中分别选择"日线""技术分析"和"主图

坐标"；在"编辑区"输入源代码，完成后单击"确定"按钮，如图3-8所示。

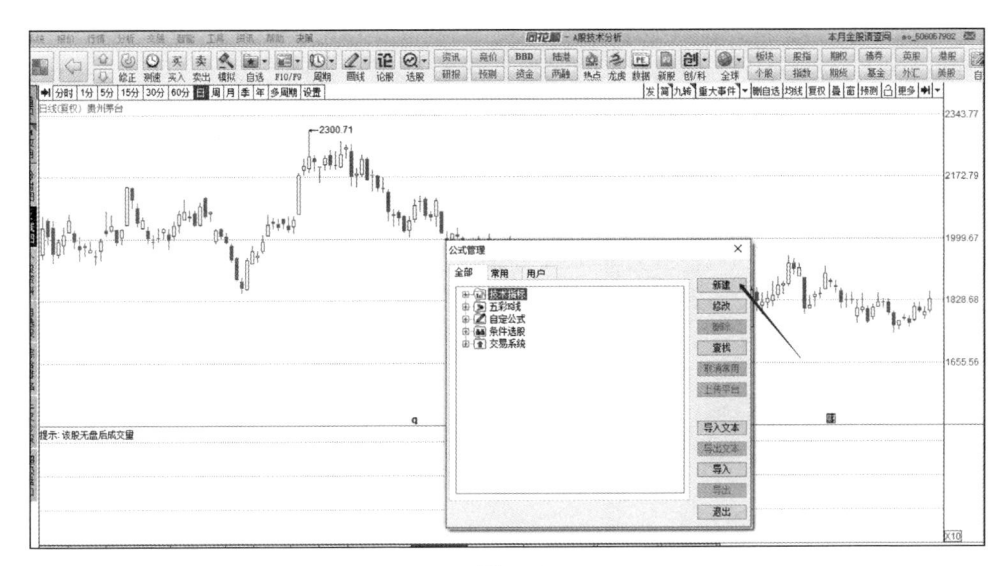

图3-6

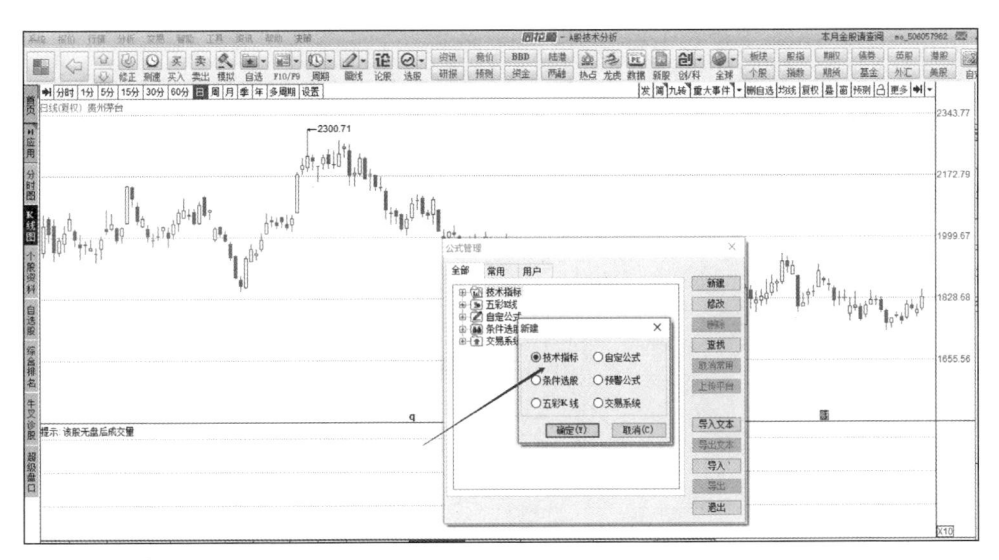

图3-7

（5）回到K线图中，在空白处右击，选择"常用线型与指标"→"价值线"命令，如图3-9所示，这样价值线就出现在K线图中了。

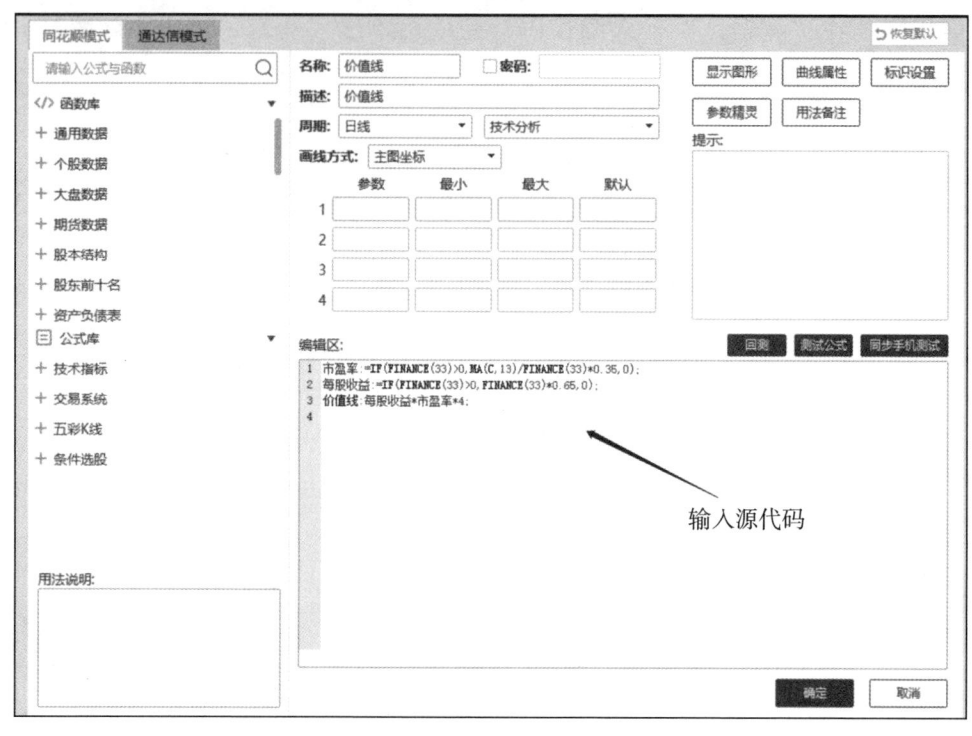

图3-8

图3-9

图3-10为贵州茅台日线级别K线图，行情时间跨度为2021年3月11日到2021年11月20日。箭头所指为价值线。

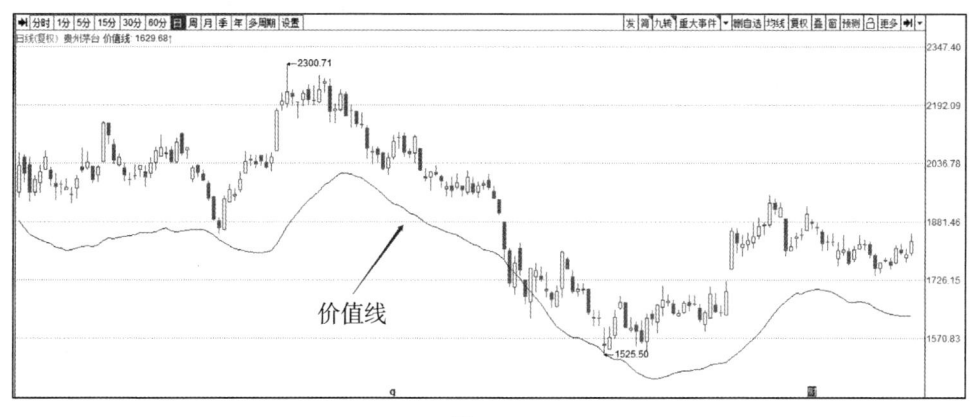

图3-10

## 3.3.3 价值线的作用

### 1. 判断是否高估

价值线能直观地比较当前价格与公司估值之间的关系。能相对判断出当前价格是不是高估，相当于是一个低估高估指标。

根据价值线公式可以得出，当0<每股收益<1时，价值线的位置会低于股价，此时为低估，如图3-11所示。

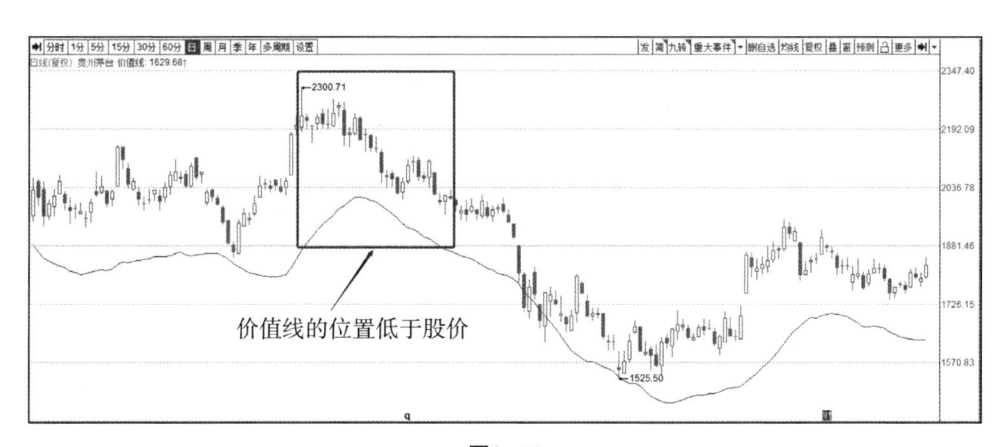

图3-11

当每股收益＞1时，价值线的位置会高于股价，此时为高估，如图3-12所示。

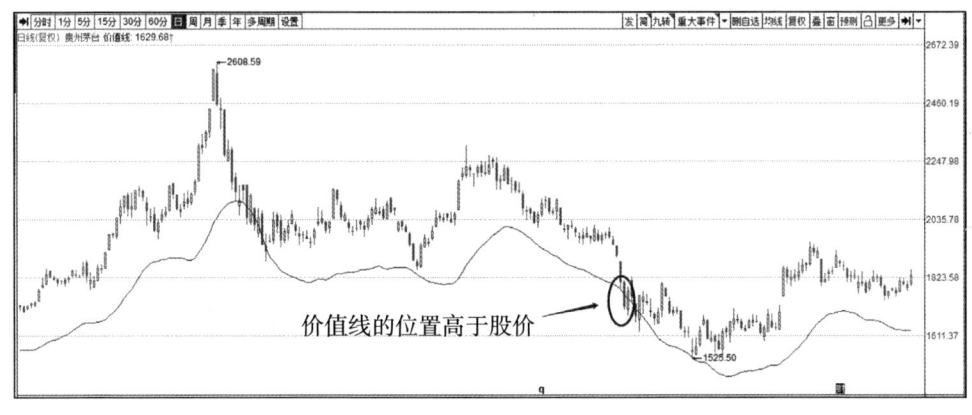

图3-12

当每股收益=0时，价值线的位置与股价重合，此时表示股价和估值相当，如图3-13所示。

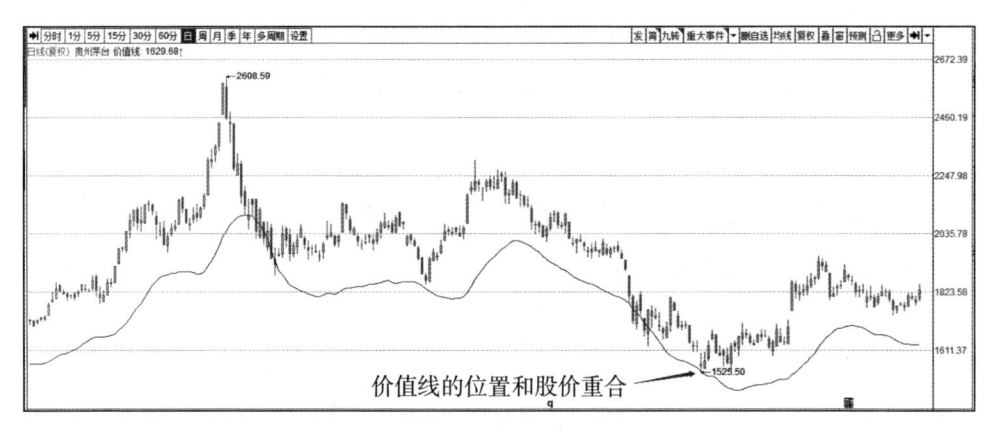

图3-13

当每股收益＜0时，价值取0，价值线则不存在。也就是说，若企业处于亏损状态的话，是不会显示价值线的，即根本不会成为我们的买卖标的。

### 2. 指示趋势

因为价格围绕价值波动，所以价值的趋势就能代表价格的趋势，因此价值线可以指示趋势。

图3-14为贵州茅台日线级别K线图，行情时间跨度为2019年12月4日到2021年9月14日。

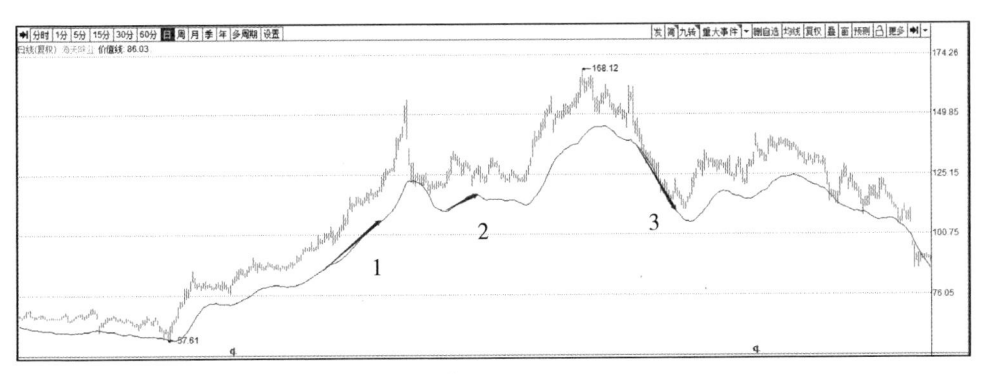

图3-14

如图3-14中箭头1和箭头3所示，当价值线朝上时，股价跟随上涨；当价值线朝下时，股价跟随下跌。并且价值线还可以指示趋势强弱，价值线斜率越大，表明趋势越强，箭头1的斜率大于箭头2，对应股价也是前者的上涨强度大于后者。

### 3. 提供买点

因为价格围绕价值上下波动，所以当股价从高位回归价值点的时候就是买入信号。

图3-15为韦尔股份日线级别K线图，行情时间跨度为2019年1月7日到2020年2月7日。在图中箭头所指位置买入，往往都能获利。

### 4. 规避暴跌

根据价值线买入股票，只买价值线朝上的股票，属于顺势操作，所以经常能避开大跌的股票。

图3-16为芒果超媒日线级别K线图，行情时间跨度为2020年4月2日到2021年11月20日。

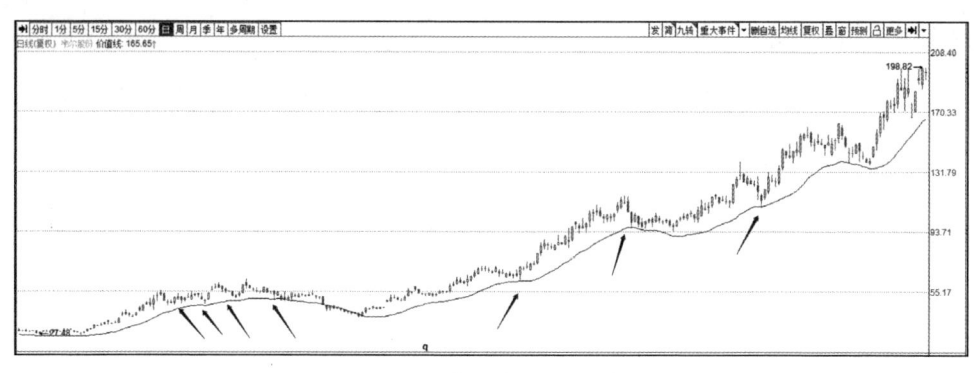

图3-15

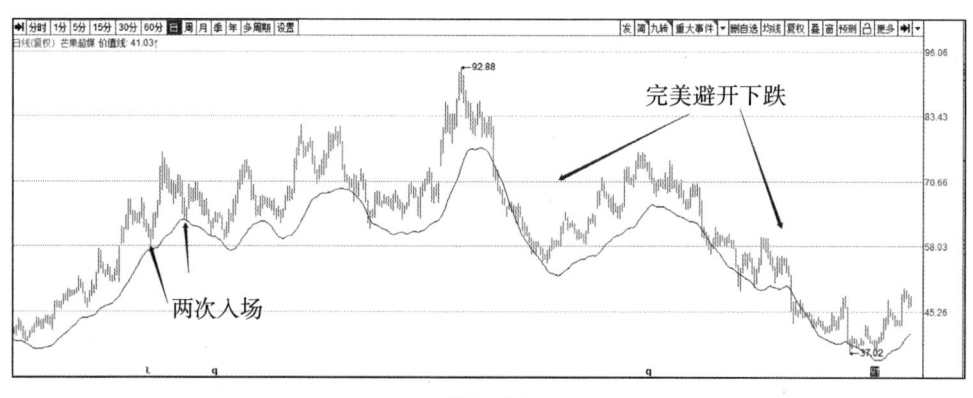

图3-16

图3-16中，在左边箭头所指位置买入，虽然只有两次买入信号，但是都买在了起涨点，快速脱离成本，立买立赚。而图中右边箭头所指，股价一路大跌，但是根据价值线的原则，没有出现买入信号，因此完美地避开了大跌。

## 3.3.4 价值线买股原则

价值线买股原则主要有以下几项。

### 1. 价值投资

需要特别注意的是，使用价值线的前提是价值投资，所以通过价值线筛选出的股票标的必定是极具投资价值的优秀公司,也就是说,使用价值线之前,第一步要做的事情是挑选出优秀的公司。

**2. 价值线必须朝上**

(1)价值线附近买入。当价值线明显朝上时,股价从高位回落触及价值线时,为买入信号。

图3-17为兆易创新日线级别K线图,行情时间跨度为2019年6月13日到2020年6月8日。2019年12月23日,兆易创新从高位回落再次触及价值线时为买入信号,买入后行情立马起涨,强势拉升。

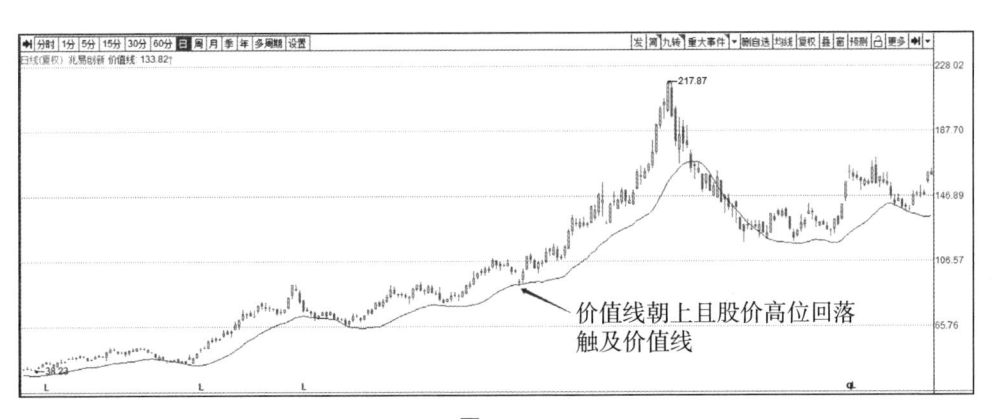

图3-17

(2)低于价值线买入。当价值线明显朝上时,股价低于价值线为强势进场信号,价值线斜率越大,买入信号越强。低于价值线买入的原理是,价值线朝上,表明趋势上涨,但是股价低于价值线,说明股价出现了短暂的低估现象,很快会出现价值修复走势。

**注意**:当股价低于价值线的时候,如果价值线朝下,则不能买入,此时很可能会酝酿大级别下行趋势。

图3-18为三峡能源日线级别K线图,行情时间跨度为2021年6月10日到2021年11月20日。2021年7月5日,三峡能源在价值线下方运行,但价值线明

显朝上且斜率极大，是买入信号，一般很容易再次穿越到价值线之上，快速大涨。从图中可见，三峡能源迅速5连阳拉升。

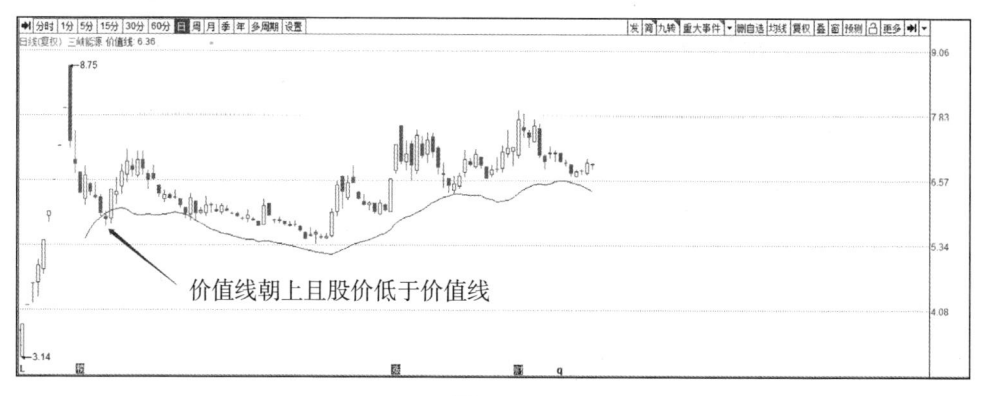

图3-18

其实从数字运动规律讲，价值代表着股价的平均成本，平均成本明显朝上的时候，由于趋势的惯性作用，平均成本会继续朝上运行一段时间，因此价格不可能持续走低，要不然一连串持续走低的数字，是无法支撑平均成本走高的，客观上是不符合数学逻辑的，也可以说，这时候的股价是被错杀的。这种现象出现的非常少，但是只要出现基本就是较强的买入信号。

（3）价值线朝下的股票不买。市盈率越低，收回成本的期限越短，股票的投资价值则越高。从这个理论上讲，价值线的购买原则是，股价越低于价值线越好。但实际上，买价格低于价值的股票，很多时候容易亏钱。

一方面从公司增长趋势来讲，如果价值线朝上，那么就代表公司收益稳步上升，公司业绩蒸蒸日上，此时买入可能会快速获得巨大收益；当公司价值线朝下的时候，表明公司业绩扩张势头可能变缓，增长率降低，那么此时买入可能会有潜在的风险。

另一方面从技术趋势上讲，趋势具有延续性，当价值线向下的时候，容易惯性下跌，从而带动股价持续下行；当价值线朝上的时候，根据趋势的延续性，很容易带动股价持续上涨。

所以当价值线朝下时,哪怕股价低于价值线,也不能轻易入场。

图3-19为申万宏源周线级别K线图,行情时间跨度为2015年1月30日到2019年11月15日。如图中箭头所指位置,申万宏源股价大幅低于价值线,但是价值线大斜率朝下,股价不但没涨,反而持续暴跌。

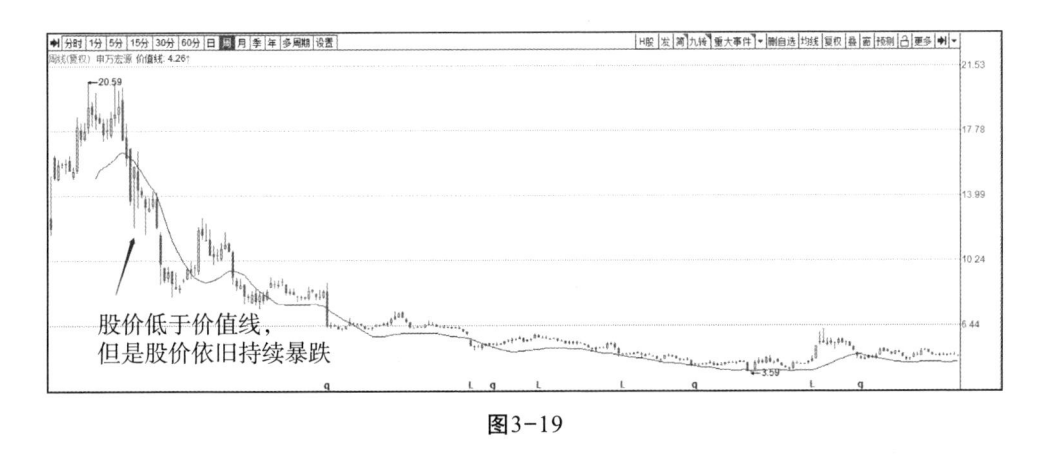

**图3-19**

图3-20为贵州茅台日线级别K线图,行情时间跨度为2021年3月11日到2021年11月20日。贵州茅台价值线朝上时,股价蹭蹭上扬;当价值线朝下时,股价持续下跌。

**图3-20**

综上所述,价值线买卖时不能买价值线朝下的股票。

(4)价值线呈水平的股票不买。因为价值线呈水平时,代表行情振荡,不能指引趋势发展方向。

图3-21为中信证券月线级别K线图，行情时间跨度为2007年10月19日到2021年11月20日。图中箭头所指位置，价值线呈水平并且股价处于价值线之下，但股价在之后连跌数月。

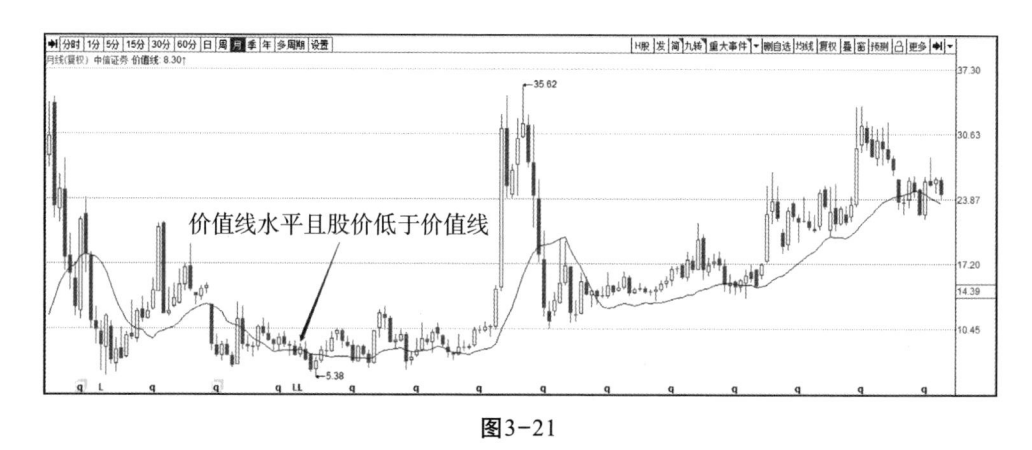

图3-21

图3-22为宁德时代日线级别K线图，行情时间跨度为2020年9月22日到2021年9月16日。图中箭头所指位置，当价值线呈水平时，虽然价格第一次回落价值线后立马上涨，但是第二次回落价值线后继续下跌。

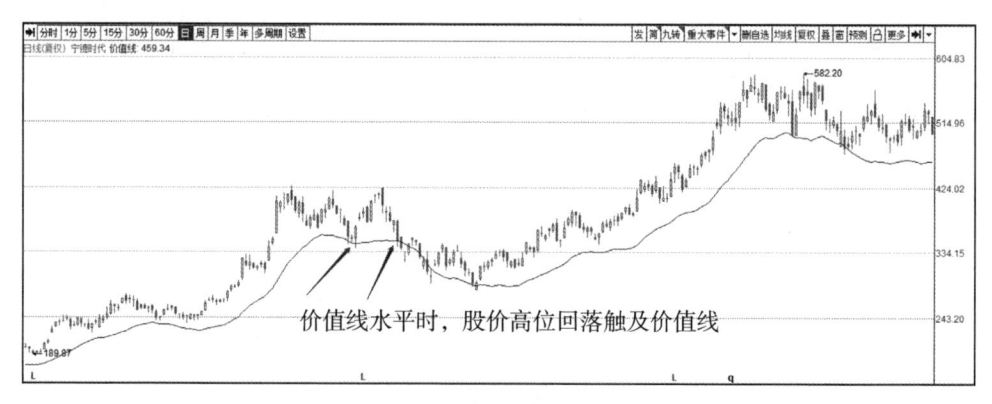

图3-22

所以在价值线呈水平的时候买入，有时候赚，有时候亏，获利概率并不大。

### 3. 远离价值线的股票不买

当股价远高于价值线时，持币等待机会。

从价值投资的角度来说，当股价高于价值线的时候，属于高估，付出的成本高，不宜买入。从资本论的角度讲，商品的价值属性具有一种内在吸引力，当价格偏离价值过大的时候，很容易被价值吸引下来，让价格重新回归价值，所以如果在股价远高于价值线时买入，很容易亏损。

图3-23为海康威视日线级别K线图，行情时间跨度为2020年8月20日到2021年8月16日。2021年1月25日，海康威视股价在经历大幅暴涨之后，股价远远高于价值线，随后价格下跌回调，如果在股价偏离价值线较远时买进，基本是立买立亏，高位站岗。

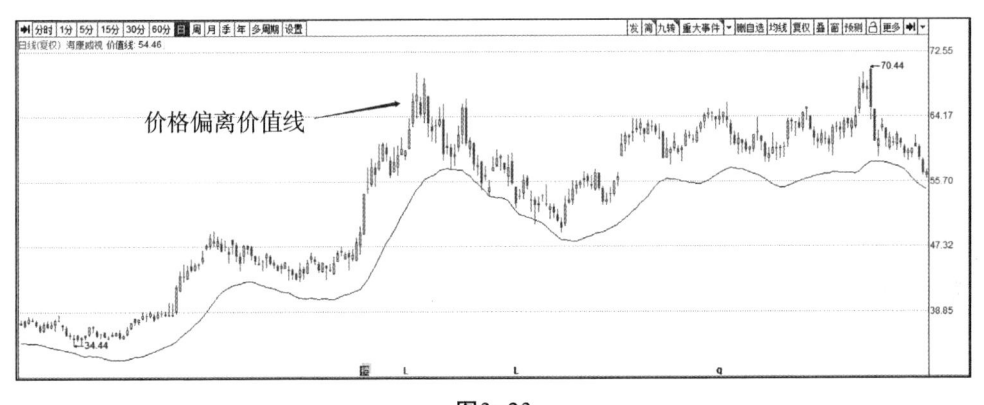

图3-23

# 第四章

# 利弗莫尔
## ——最小阻力线理论

只有少数投资者能做到情绪不受股票波动的影响，而我就是其中之一。我只跟随"最小阻力线"的方向。

——利弗莫尔

利弗莫尔认为价格会沿着最小阻力线的方向运行，而这个方向我们认为并不是传统趋势线。本章我们会用数学工具来论证新趋势线原理，并论证利弗莫尔的最小阻力线就是新趋势线。

在本章内容中，利弗莫尔的最小阻力线是进行趋势交易的核心要素，并且根据趋势映射的特点，可以借助利弗莫尔的最小阻力线，进一步延伸出趋势交易的其他四要素：切线、限制线、最小阻力通道和临界点。我们将切线、限制线、最小阻力通道、临界点和利弗莫尔的最小阻力线五大要素一起称为"利弗莫尔——最小阻力线理论"。这也是VLR模型的第二大核心。

**注释**：映射是数学里的术语，指两个元素的集中的元素相互"对应"的关系。趋势映射的特点是指趋势交易中各要素之间的映射关系。

后面会讲到最小阻力线和切线是平行关系，这个平行关系就是最小阻力线和切线之间的运算规则。将最小阻力线看作元素集合A，将切线看作元素集合B，那么集合A中的任何一点，根据平行关系都可以在集合B中找到对应的点。根据这一特点，当最小阻力线被确定后，就可以通过"平行运算关系"，找到切线的位置，进而通过切线指导我们交易。

## 4.1 最小阻力线

下面一段话出自利弗莫尔的《如何进行股票交易》（HOW TO TRADE IN STOCKS）一书：

在做交易之前，投机者必须要弄清楚市场的总体趋势，即最小阻力线。要明白这条最小阻力线是朝上还是朝下。记住最重要的是，不与市场争论，顺势而为，绝不逆势操作。[1]

从利弗莫尔的这段话中可以看出他是趋势操作者，而且他以最小阻力线来判断趋势，所以最小阻力线就是趋势线。（注意：并非指传统趋势线，而是我们后面要论证的新趋势线。）

下面一段话出自利弗莫尔的《如何进行股票交易》（HOW TO TRADE IN STOCKS）一书：

股价迟早会到达某个高点，然后再进行另一轮回调行情，并且该轮回调必须和前一次回调保持在同一条直线上，因为任何一只股票，当它处于明显趋势时，都会表现出这种普遍的运行方式。[2]

从这段话中可以看出利弗莫尔的意思是，在上涨行情中，每一轮回调行情都会保持在同一条直线上，这条直线应该就是利弗莫尔所说的最小阻力线

---

[1] 英文原文：The speculator must know the overall trend of the market before making a trade-THE LINE OF LEAST RESISTANCE. Know if this line of "least resistance" is upward or downward. Remember, go with the flow, bend with the is trend, do not sail into a gale, and most of all...don't argue with the tape!

[2] 英文原文：Sooner or later it will reach a point where it is due for another normal reaction. When it occurs, it should be on the same lines as the first reaction, because that is the natural way any stock will act when it is in a definite trend.

（THE LINE OF LEAST RESISTANCE）。也就是说，利弗莫尔认为每次的回调行情都会朝着最小阻力线的方向发展。需要注意的是，利弗莫尔并没有说每次回调的最低点落在同一条直线上，所以很显然利弗莫尔的最小阻力线并不是传统趋势线。那么每次回调如何才能保持在同一条直线上呢？那就只能是质点中轴线，因此最小阻力线就是质点中轴线，我们将质点中轴线称为新趋势线，如图4-1所示。利弗莫尔讲的是回调行情必须保持核心方向不被破坏，正常的回调应该保持整体行情的最小阻力线方向不变。

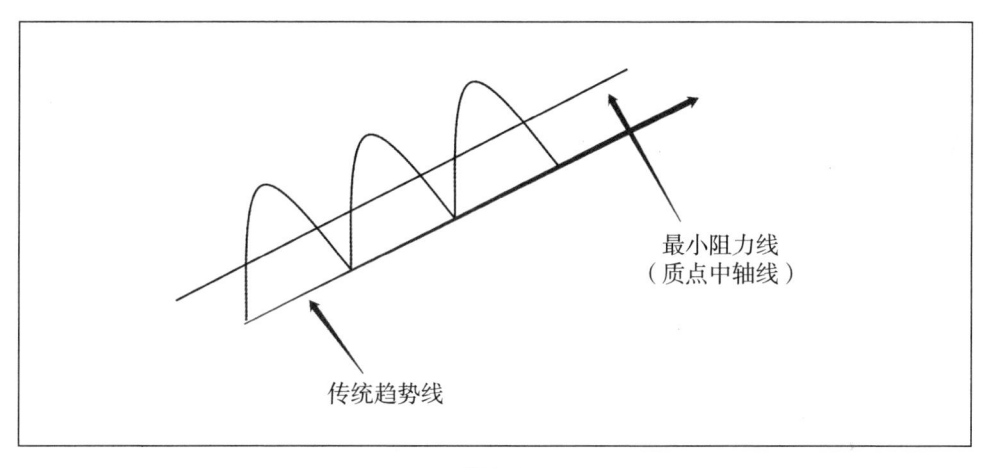

图4-1

下面的内容出自利弗莫尔的《如何进行股票交易》（*HOW TO TRADE IN STOCKS*）一书：

当一只股票进入一个明确的趋势后，那么在它整个波动过程中，它将自发并始终如一地沿着一条特定路线运行。在行情开始的时候，随着价格的逐渐上涨，你会发现成交量也随之放大。随后行情将会发生我称之为的"正常回调"。在回调的过程中，成交量会远小于先前上涨期。[3]

---

3 英文原文：When a stock gets into a definite trend, it works automatically and consistently along certain lines throughout the progress of its move. At the beginning of the move you will notice a very large volume of sales with gradually advancing prices for a few days. Then what I term a "Normal Reaction" will occur. On that reaction the sales volume will be much less than on the previous days of its advance.

根据利弗莫尔表达的思想，结合上下文，我们可以判断出特定路线（certain lines）指的是最小阻力线，并且正常反应（Normal Reaction）指的是正常回调行情，所以进一步可以知道，"该轮回调必须和前一次回调保持在同一条直线上"这句话利弗莫尔要表达的是两次正常的回撤应当保持在最小阻力线上，也就是说，正常的回撤不能破坏最小阻力线。所以有的图书把这句话翻译成"趋势线"（指传统趋势线），是犯了先入为主的错误，应当是不够准确的。

利弗莫尔是追求突破交易的，他不太可能去研究传统趋势线类的回撤性交易（传统趋势线其中一个买点是行情回撤时，如果不破传统趋势线，则在传统趋势线附近反向买入），正如利弗莫尔说的一样，"我从不在行情上涨时做空，也不会在行情下跌时做多"。并且用反向思维推导，如果利弗莫尔当时发现了每轮回撤的低点都会落在传统趋势线上，根据"因为任何一只股票，当它处于明显趋势时，都会表现出这种普遍的运行方式"这句话，他确信"每轮回撤的低点都会落在传统趋势线上"是一个普遍的行情规律，也可以说是一种客观的、必然的行情规律，即利弗莫尔认为这种方式是必然会发生的，那么他为什么不使用其作为交易依据呢？很显然这个道理说不通。因此从这一点来说，也能反向证明利弗莫尔当时并没有总结出传统趋势线理论，他所说的最小阻力线应该是新趋势线。

### 4.1.1 新趋势线

本章会弃用传统趋势线理论，取而代之的是以利弗莫尔最小阻力线为核心的新趋势理论，其实他才是100年前真正的趋势理论的鼻祖。

**1. 新趋势线的定义**

曾经在知乎上看到过一个关于趋势的问答，题主认为趋势无法客观定义，多数是"公说公的趋势，婆说婆的趋势"，甚至认为趋势无非是行情走出一大波之后，投资者凭感觉看出来的而已，存在模糊性、主观化和滞后性。那么实际趋势交易真如他说的那样不堪吗？

首先，从定义上讲，趋势是事物发展的动向，在短期内，由于事物发展的动向具有不确定性，所以我们要抓住事物发展的动向，必须抓住事物发展的主线。其次，从哲学上讲，事物发展的主线是由事物的本质决定的，所以我们要客观定义趋势，就必须先客观定义趋势的本质。

趋势是一个物理概念，也是一个数学概念。在股市中，价格的运行趋势即是一连串数字的运行趋势，那么数字的运行趋势本质其实就是质点运行的核心方向。所以行情最准确的趋势一定是股价质点中轴的方向，我们将其称为新趋势线。因此从数学角度给趋势下定义，一定就是对的，因为数学是客观自然规律。

大多数技术都是败在了未来变量上，导致解释起来头头是道，感觉全对，但是在使用的时候，由于未来变量的存在，容易使得投资者自我怀疑，自我否定，从而破坏心态，传统趋势线正是如此，才会有知乎上对趋势的不信任。交易本就是不确定的事件，平添一个未知变量，只会让自己更加迷惑。其实技术不需要100%准确，也不可能100%准确，但只要明确指出往哪个方向打，即使没有100%，明确的信号也能有助于稳定获利，而很多技术中因为未知变量的存在，导致无论信号对错都会亏损，那样就只剩下复盘时的自欺欺人了。而新趋势线就是利用数学原理剔除了未知变量的趋势交易法。

从数学概念上讲，新趋势线比较好理解，它不是像传统趋势线那样只概括一个大致的路径，而是考虑到了每一个离散点的偏差，是质点运行的核心方向，是具有大小方向的矢量，比传统趋势线更具精确意义。

又因为行情一般都是无序变化，所以股价的质点中轴并非都是直线，因此新趋势线可以是直线，也可以是曲线。比如，行情圆弧底的新趋势线是"⌒"（圆弧），行情V形反转的新趋势线是"V"，行情双重底的新趋势线是"W"，等等。"⌒""V"和"W"都属于高阶函数，为了方便我们分析交易，我们将会把所有行情的新趋势线用数学线性归纳，将其演变成直线型新趋势线。

图4-2为歌尔股份日线级别K线图，行情时间跨度为2021年7月15日到2021年12月8日。图中虚线为直线型股价新趋势线。

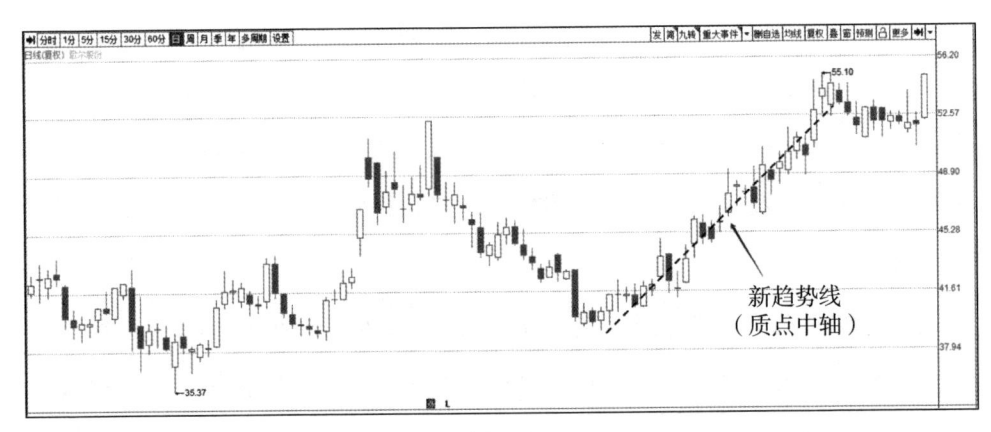

图4-2

### 2. 新趋势线的确定方法

在数学上，我们可以用线性回归来确定新趋势线（质点中轴线）。线性回归是确定两种或两种以上变量间相互依赖的定量关系的一种统计分析方法，运用十分广泛，其表达形式为$y=wx+e$，$e$为误差服从均值为0的正态分布。

一般来说，线性回归都可以通过最小二乘法求出其方程，可以计算出对于$y=bx+a$的直线。

一般来说，影响$y$的因素往往不止一个，假设有$x_1, x_2, ..., x_k$，$k$个因素，通常可考虑如下线性关系：

$$y = \beta_0 + \beta_1 x_1 + \beta_2 x_2 + \cdots + \beta_k x_k + \varepsilon$$

对 $y$ 与 $x_1, x_2, \ldots, x_k$ 同时作 $n$ 次独立观察得 $n$ 组观测值（$x_{t1}, x_{t2}, \ldots, x_{tk}$），$t=1,2,\ldots,n$（$n>k+1$），它们满足关系式：

$$y = \beta_0 + \beta_1 x_{t1} + \beta_2 x_{t2} + \cdots + \beta_k x_{tk} + \varepsilon_t$$

其中，互不相关均是同分布的随机变量。

模型定义为：

$$f(x) = w_0 + w_1 x_1 + w_2 x_2 + \cdots + w_n x_n$$

使用矩阵来表示就是 $f(x)=XW$，其中 $W = \begin{bmatrix} w_0 \\ w_1 \\ \cdots \\ w_n \end{bmatrix}$ 是所要求的一系列参数，

$$X = \begin{bmatrix} 1 & x_1^{(1)} & \cdots & x_m^{(1)} \\ 1 & x_1^{(2)} & \cdots & x_m^{(2)} \\ \cdots & \cdots & \cdots & \cdots \\ 1 & x_1^{(m)} & \cdots & x_n^{(m)} \end{bmatrix}$$ 是输入的数据矩阵，因为考虑 $w_o$ 常数项，所以

在 $X$ 第一列加上了一列 1，$X$ 的一行可以看作一个完整的输入数据，$n$ 代表一个数据有 $n+1$ 个属性（特征），$m$ 代表一共是 $m$ 个数据。

数据集标签为 $y = \begin{bmatrix} y^{(1)} \\ y^{(2)} \\ \cdots \\ y^{(m)} \end{bmatrix}$

线性回归模型的目标就是找到一系列参数 $W$，使得 $f(x)=XW$ 尽可能地贴近 $y$。

具体目标如图 4-3 所示，找到一条直线使得尽可能符合数据的分布，这条直线就是新趋势线，当有一个新的样本点时，可利用得到的这条直线进行预测。

图4-3

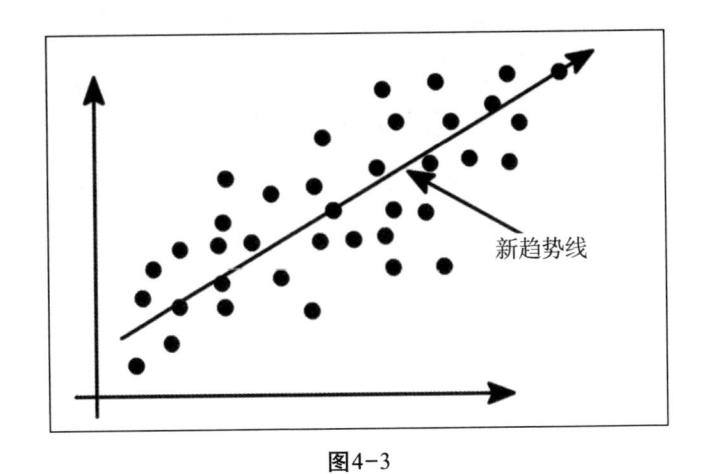

### 3. 新趋势线的意义

（1）新趋势线代表内在价值。

从图4-3可知，离散点看似杂乱无章地分布，但是无论怎么变化都不会偏离新趋势线的控制。根据价值规律，我们知道价格是围绕价值上下波动的，所以如果我们把股价看作离散的质点，那么新趋势线也就可以对应代表股票的内在价值。

（2）新趋势线指明趋势。

质点虽然是散乱的，却是有规律地跟随着新趋势线不断往前发展，可以说明离散质点的运行趋势与新趋势线相同，虽然我们无法确定离散质点的方向，但是新趋势线是具有方向的矢量，所以通过新趋势线的方向就能判断离散质点的运动趋势。

如果我们把股价看作离散的质点，那么股价新趋势线就能指示股价的趋势。股价虽然看起来毫无规律，但一样是紧跟着新趋势线方向发展的。

当新趋势线朝上时，预示股价上涨，并且新趋势线斜率越大，表明股价上涨趋势越强；当新趋势线朝下时，预示股价下跌，并且新趋势线斜率越大，表明股价下跌趋势越强。

（3）新趋势线预测股价。

根据数学知识，我们知道在二维的平面上，如果确定了大小和方向两个变量，那么就一定能确定具体位置。因为新趋势线是具有方向和大小的矢量，既可以定性，也可以定量，所以它可以预测新样本点的大致变化范围。

如果我们把股价看作离散的质点，那么就可以通过新趋势线来大致预测股价下一步可能出现的价格，并且还可以大致预测股价达到预期的时间。比如，当股价新趋势线斜率很陡（上涨或下跌）的时候，表明市场趋势运行较快，那么达到预期股价的时间可能较短，也就是市场强势；当股价新趋势线斜率很缓的时候，表明市场趋势运行较慢，那么达到预期股价的时间可能较长，也就是市场趋势不明，处于振荡趋势。新趋势线能够预测股价的方向和大小两个变量，因此在一定程度上可以预测股价。

## 4.1.2 最小阻力线与新趋势线的关系

前面我们从数学角度证明了能够最准确揭示行情的趋势是"新趋势线"，下面再从价值哲学的角度去论证新趋势线的有效意义。

比如，我们可以花5元买一瓶可乐，也可以花5万元买一颗钻石，我们认为都是有价值的，其实这些价值都是人们赋予的。而货币材质本是一张纸，它之所以能发挥货币的价值属性是因为政府赋予的信用价值。而股票是有价证券，之所以有价值也是人们赋予的，我们买入一只股票是因为预期它的价值会增长，当预期这只股票价值会持续增加的时候，就变成了一种趋势。这种趋势维持的内在原因可以是大众的心理预期效应，也可以是基本面效应。总之价值趋势性的上升是我们买这只股票的主要逻辑。所以价值和趋势就合二为一了。

价值哲学认为人类的发展过程本质上是价值的创造与价值的消费过程，

其物理学意义就是直接或间接的能量有序化过程，它需要以直接或间接的有序化能量为动力源。总之，一切价值起源于能量，都是能量的具体表现，价值现象伴随着人类的发展而发展的。所以事物发展体现了价值属性，而趋势定义认为，趋势是事物发展的必然结果。

综上所述，从哲学角度讲，事物的内在价值往往与事物的趋势吻合。所以股票价值波动方向与其趋势也是相吻合的。

我们从数学和价值哲学两个方面论证了新趋势线的有效性，表明新趋势线才能揭示行情的真正趋势，而利弗莫尔的最小阻力线是以趋势为原理的，因此可以再次论证得出利弗莫尔的最小阻力线指的就是新趋势线。

图4-4为歌尔股份日线级别K线图，行情时间跨度为2021年7月13日到2021年12月19日。通过线性回归得到的股价新趋势线即是最小阻力线。

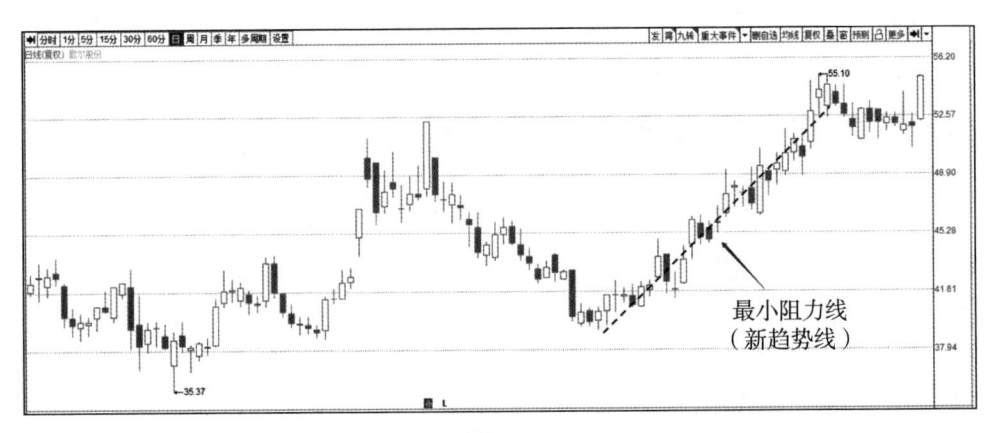

图4-4

### 4.1.3 最小阻力线的画法

最小阻力线就是新趋势线，画最小阻力线其实就是画新趋势线。股价的运动路径图形可分为两种，一种是标准的对称性图形，另一种是不规则图形。下面分别说明两种新趋势线的画法。

## 1. 标准图形最小阻力线画法

（1）中点值。

在画标准图形的新趋势线之前，我们先用数学论证标准图形的中点值与最小二乘数之间的关系，设随机变量 $X$ 的分布律为：

$$P\{X = X_n, n = 1,2,3\cdots\}$$

①最小二乘法。最小二乘法也被称为最小平方法，是一种用来评估预测结果与实际误差的方法。

那么最小二乘法的公式为：

$$y_{\min} = \sum_{i=1}^{n}(X_n - \overline{X}_z)^2$$

最小二乘法就是优化这个平方误差，使得它尽可能小，来寻找最佳的 $\overline{X}_z$ 的方法。

②方差。在概率论和统计学中，一个随机变量的方差描述的是它的离散程度，也就是该变量离其期望值的距离。

根据定义可知，方差是各数据与平均数的差的平方的平均数。方差公式为：

$$S^2 = \frac{1}{n}\left[\left(X_1 - \overline{X}\right)^2 + \left(X_2 - \overline{X}\right)^2 + \cdots + \left(X_n - \overline{X}\right)^2\right] \quad 公式①$$

从上面公式可知，方差是实际值与期望值之差平方的期望值。

③期望值。在概率论和统计学中，期望值是指在一个离散型随机变量试验中每次可能结果的概率乘以其结果的总和。期望值是随机试验在同样的机会下重复多次的结果计算出的等同"期望"的平均值。期望值是该变量输出值的平均数。数学期望公式为：

$$\overline{X} = \sum_{i=1}^{n} X_i P_i \quad 公式②$$

④算术平均值。又称均值，是统计学中最基本、最常用的一种平均指

标。算术平均值公式为：

$$\overline{X}_{均} = (X_1 + X_2 + \cdots + X_n)/n \quad 公式③$$

根据上面公式①②③可知，如果把股价看作随机变量，每个股价出现的机会是均等的。那么当股价是标准对称性图形的时候，股价的中点就是股价的算术平均值，并且此时的股价数学期望也是算术平均值，也就是中点价格。即方差和最小二乘法都是在取中点的价格时最小。因此我们可以用标准对称性图形的中点连线所得的直线表示最小二乘法计算得出的线性回归函数。

比如，用1，2，3，4，5这5个数，计算一下它们的算术平均数、数学期望、方差和最小二乘数。

$$\overline{X}_{均} = (X_1 + X_2 + \cdots + X_n)/n = (1+2+3+4+5)/5 = 3$$

$$\overline{X} = \sum_{i=1}^{n} X_i P_i = 1 \times \frac{1}{5} + 2 \times \frac{1}{5} + 3 \times \frac{1}{5} + 4 \times \frac{1}{5} + 5 \times \frac{1}{5} = 3$$

$$S^2 = \frac{1}{n}\left[(X_1 - \overline{X})^2 + (X_2 - \overline{X})^2 + \cdots + (X_n - \overline{X})^2\right]$$

$$= \frac{1}{5}\left[(1-3)^2 + (2-3)^2 + \cdots + (5-3)^2\right] = \frac{1}{5} \times 10 = 2$$

因为 $y_{min} = \sum_{i=1}^{n}(X_n - \overline{X}_z)^2 = 10$，即 $\left[(1-\overline{X}_z)^2 + (2-\overline{X}_z)^2 + \cdots + (5-\overline{X}_z)^2\right] = 10$。

可以通过计算得出 $\overline{X}_z = 3$。

所以股价是标准对称性图形的时候，中点值就是最小二乘数，因此中点连线所得的直线可以表示线性回归函数。

（2）标准图形的画法。

标准图形主要是指股价的轴对称图形，这种图形的规律性远比离散的质点要强，因此确定行情的新趋势线更加简单。根据数学归纳思想，我们可以取每波行情的中点，依次连接，就可以大致得到股价的新趋势线，这时的新趋势线是一条直线，这条直线就是最小阻力线。

**注意**：只需要确定两个中点，即只需要两波行情，就可以画出最小阻力线，这就摆脱了传统趋势线的滞后性。因为根据几何定理，过平面中已知的两点，有且仅有一条直线。然后可以观察第三个点，如果第三个点也在同一条直线上，则表明该条最小阻力线是准确的。

图4-5为歌尔股份日线级别K线图，行情时间跨度为2021年7月15日到2021年12月8日。图中箭头所指位置是标准轴对称股价图形的新趋势线，即最小阻力线。

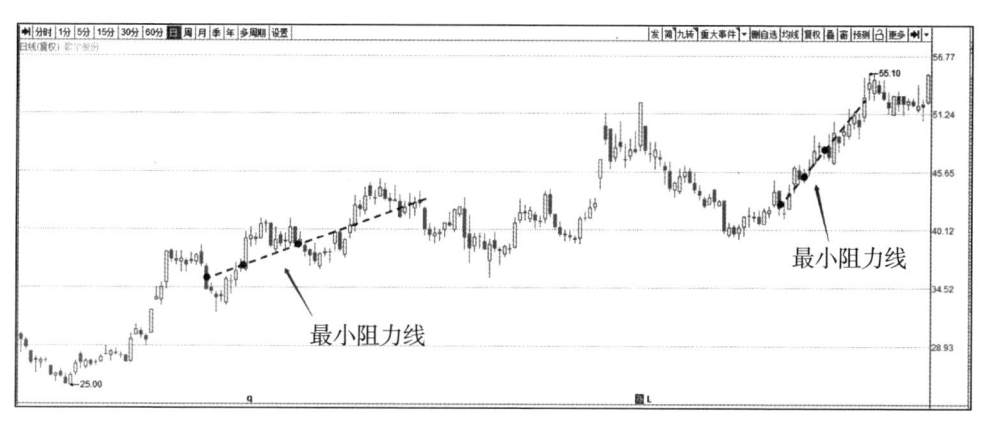

图4-5

### 2. 不规则图形最小阻力线画法

股价的波动都是随机的，标准的几何图形并不常见，多数是不规则的几何图形。对于不规则的几何图形我们采取近似画法。

（1）高阶函数。

函数是指集合A中的任意一个元素，按照某种对应规则，总有B中的一个元素与之对应。而高阶函数就是把函数作为参数或者返回值的一类函数，我们可以把非对称的股价波段图形看作高阶函数。

高阶函数的新趋势线不是线性的，不方便直接画，需要通过复杂的计算，但是我们可以把不规则的股价函数分成多个波段，每一波段的股价函数是对称性的，将其近似转化为一阶函数。所以根据前面的内容，我们取每一小段股价的中点（每一小段都是对称的），并连接这些中点，这样就可以得到不规则股价的新趋势线了。这条新趋势线是一条曲线，是行情真实的最小阻力线，但是为了方便指导我们交易和分析，需要演化成近似直线的最小阻力线，所以进一步进行数学归纳近似处理，就可以得到近似的直线型最小阻力线。

（2）不规则图形的画法。

在画图时，我们画一条直线贯穿新趋势线的中心，调整该条直线，直到新趋势线以该条直线为轴对称，那么该条直线就是最小阻力线，如图4-6所示。

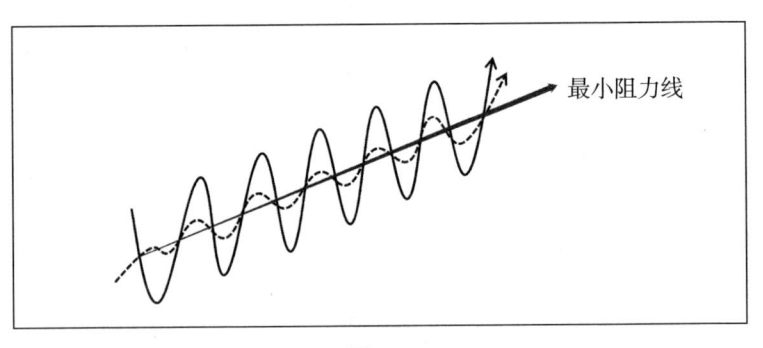

图4-6

如果是行情初始阶段，则取最初的两波行情的中点，将其连接起来得到一条直线，如果该条直线穿过下一轮行情的中点，则为有效的股价最小阻力线（需要精确一点的话，就通过数学归纳计算得出最小阻力线）。这种方法可以在一轮趋势行情的初始阶段就确定客观的最小阻力线，比起滞后的传统趋势线，更具有先行性。虽然有可能随着行情的发展，需要调整最小阻力线的位置，但是至少在当下它能最客观地指示股价的趋势。

图4-7为通威股份日线级别K线图，行情时间跨度为2021年3月11日到2021年11月20日。图中箭头所指的直线即为最小阻力线。

图4-7

## 4.1.4 传统趋势线不能指示趋势

**1. 传统趋势线的非严密性**

找两个波段的拐点（上涨行情中的两个波谷或下跌行情中的两个波峰）连接成直线，不穿越股价，然后有第三个点验证其有效，即是传统趋势线。

图4-8为中兴通讯日线级别K线图，行情时间跨度为2021年3月29日到2021年12月8日，根据传统趋势线的定义，我们可以画出中兴通讯的传统趋势线。

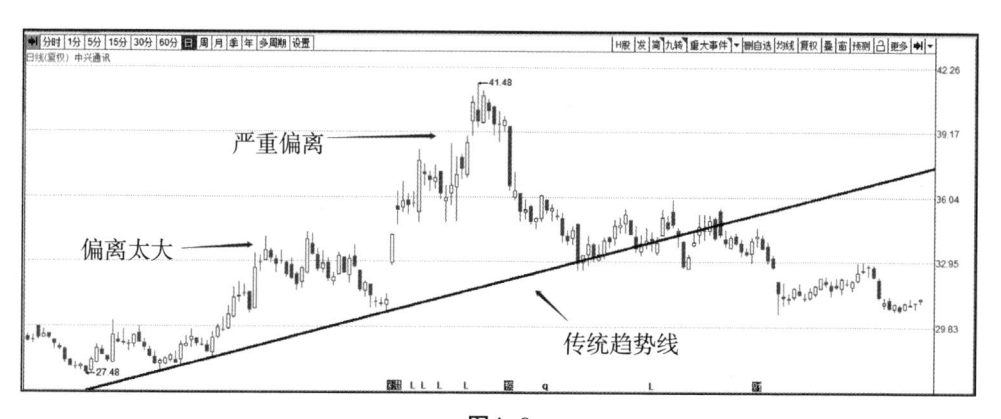

图4-8

传统趋势线明显与股价运行的方向偏离太大，根本无法代表股价质点运行的核心方向，也违背了数学原理，若按照传统趋势线交易，股价反转大幅暴跌之后才知道已经转势。而按照利弗莫尔的交易习惯，他总是最先嗅到市场趋势的反转，不可能这么滞后。

### 2. 数学推导

我们可以通过数学原理证明新趋势线与传统趋势线的差别，进一步论证最小阻力线不是传统趋势线。

在数学中，像 $y=2x$ 这样的轨迹方程，是一个由很多点连起来的直线，我们可以根据轨迹方程大致画出离散点。股票价格的波动也是随机离散的，我们根据线性归纳就可以得出一个轨迹方程，这个轨迹方程所对应的直线就是新趋势线。反过来我们根据得到的轨迹方程，可以大致画出股价的离散质点，以显示股价的未来走向。所以新趋势线能揭示股价的发展动向。而趋势的定义正是事物发展的动向，所以从数学角度分析，最小阻力线与新趋势线的核心方向相同。

而传统趋势线是把行情的最外延两点连线作为行情趋势线，那么我们一样用反推方法，就知道这一定是错误的。以外延两点连线作为行情趋势线，只靠这条线能不能大致画出股价的离散点呢？答案是不能！因为不能确定股价的离散程度，所以有很多种可能，因为这条线只限制了单边的离散程度。而新趋势线直接限制了股价上下的离散程度。

假如图4-9所示的是股价的新趋势线，那么我们可以根据这条新趋势线画出股价的大概离散质点，如图4-10所示。

如果图4-9所示的直线是传统趋势的话，那么离散点就有很多种可能，可以如图4-11所示，也可以如图4-12所示，等等，所以无法确定股价的大致运动特点。

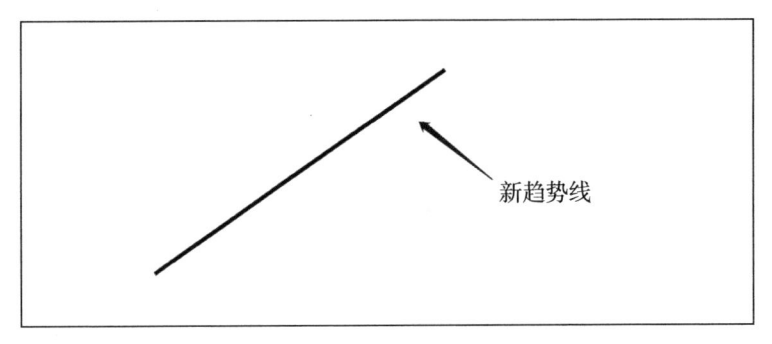

图4-9

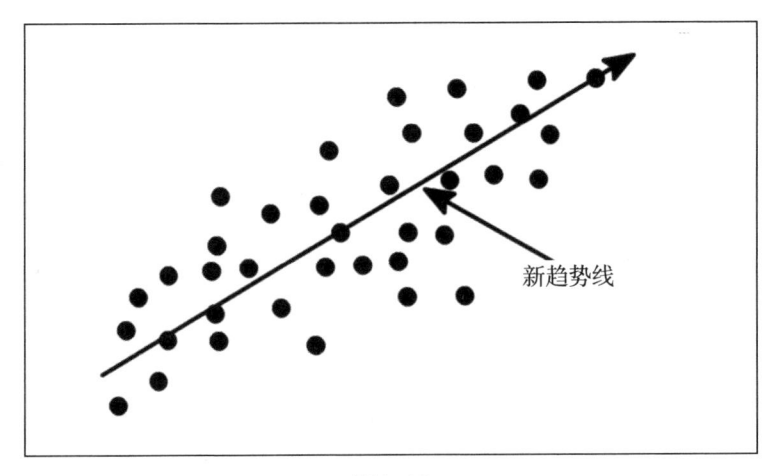

图4-10

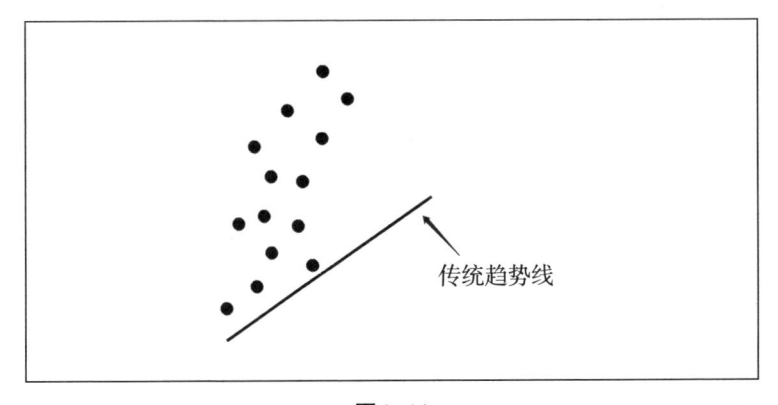

图4-11

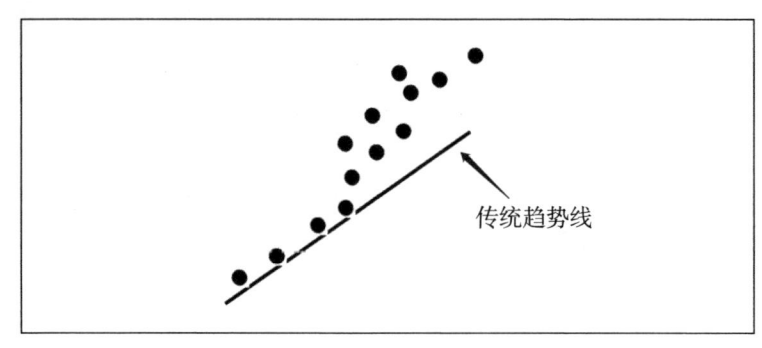

图4-12

所以我们认为传统趋势线是不能指示趋势的，因此不能代表最小阻力线。

## 4.2 切线

### 4.2.1 切线的定义

几何学上，切线指的是一条刚好触碰到曲线上某一点的直线，更准确地说，当切线经过曲线上的某点（即切点）时，切线的方向与曲线上该点的方向是相同的。

从新趋势线的确定方法中我们很容易得知，连接每个半圆的圆心即是质点的新趋势线，而质点偏离新趋势线的最大距离则是半圆的半径。在股市中，我们把股价看作一个函数，那么与新趋势线平行且过股价边缘点，支撑股价顺势运行的直线，我们称之为切线，切线上的点称为切点。因为切点到新趋势线距离相等，所以切线与新趋势线平行，即切线平行于最小阻力线，如图4-13所示。

图4-14为深南电路日线级别K线图，行情时间跨度为2020年11月29日到2021年12月9日。上涨行情中，切线在最小阻力线下方；下跌行情中，切线在最小阻力线上方。

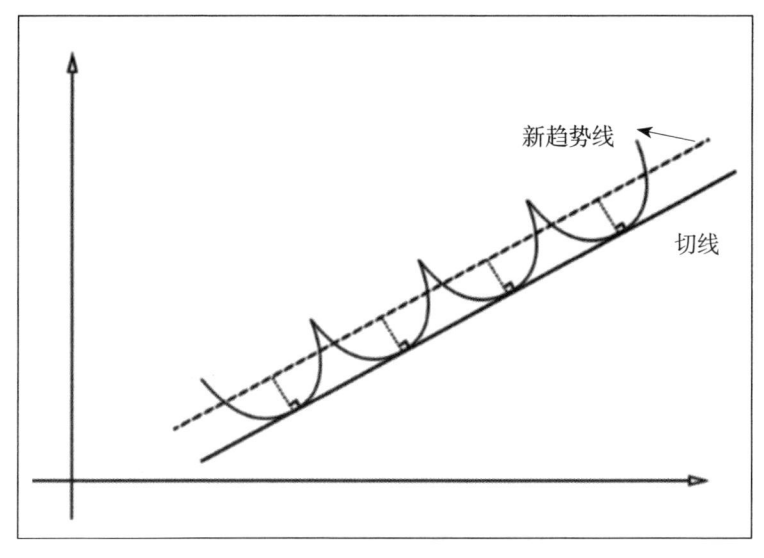

图4-13

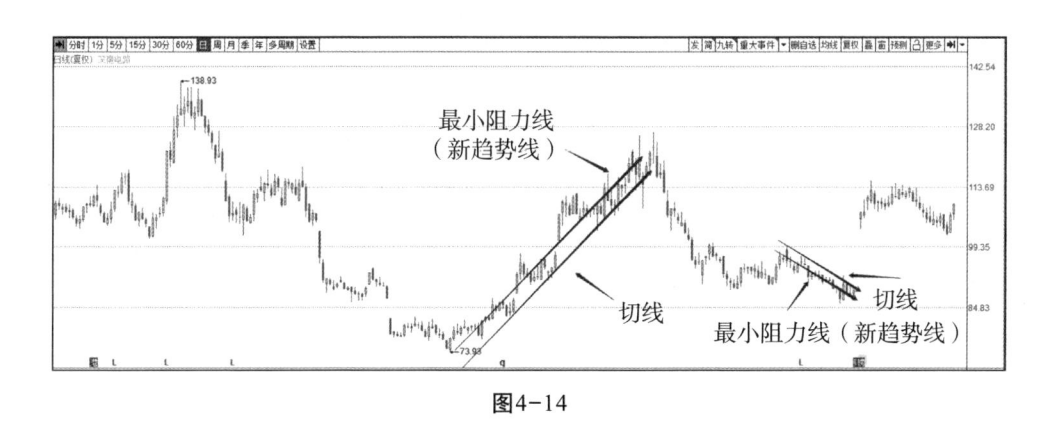

图4-14

## 4.2.2 切线与传统趋势线

### 1. 切线与传统趋势线的关系

在交易中,我们的目的是找到最佳的入场点,即波段的最低点(理论上买点越低越好)。而在趋势分析中,这个最低点就是与新趋势线距离最大的点。根据数学原理,我们知道与最小阻力线距离最大的点就是切点。而传统趋势线也是连接价格最外延的点形成的直线,从表面上看切线类似于传统趋势线。但二者的根本区别在于，切线必须平行最小阻力线，而传统趋势线则很大程度上是"凑"价格外延的支撑线或压力线，并不能称作行情真正的趋势线，且没有固定的客观标准，主观性非常强。所以在使用传统趋势线的时候，总有大量读者抱怨"马后炮""事后诸葛亮"等，如图4-15所示。

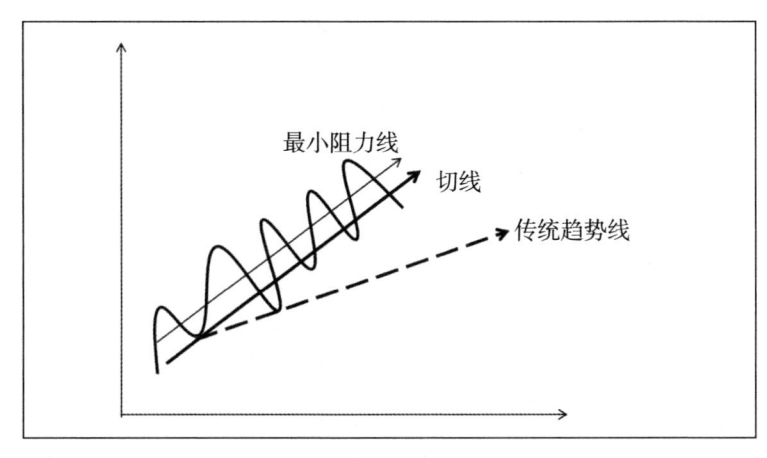

图4-15

传统趋势线的任意性让人很抓狂，太早画不对，太晚画又延迟，没有客观标准，在不断调整画法的时候，行情就已经走到了尽头，只剩下纸面战场，投资者很难将其用到实战当中。

图4-16为海尔智家日线级别K线图，行情时间跨度为2017年6月23日到2018年3月20日。切线与最小阻力线平行，与行情的核心趋势方向平行，传统趋势线则随意性很大，一般都是在"凑"，靠感觉去画这根线，会下意识地主观迎合行情。

当股价是标准对称图形的时候，切线也有可能和传统趋势线重合，如图4-17所示，但多数行情都是非标准的，所以切线往往和传统趋势线不是一条。对于传统趋势线，千人千条，它不是一个客观存在的趋势线，多存在于人们的主观中。

图4-18为通威股份日线级别K线图，行情时间跨度为2021年3月12日到2021年11月20日。由于行情图形相对比较标准，切线和传统趋势线大致重合。

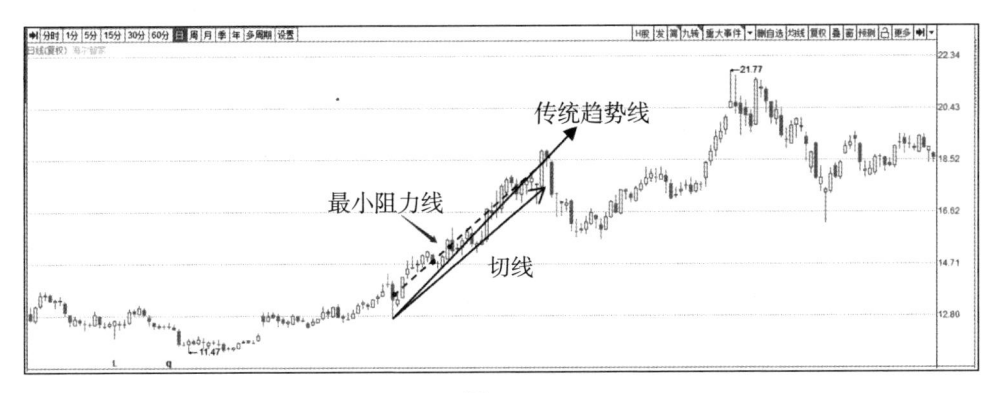

第四章 利弗莫尔——最小阻力线理论 | 133

图4-16

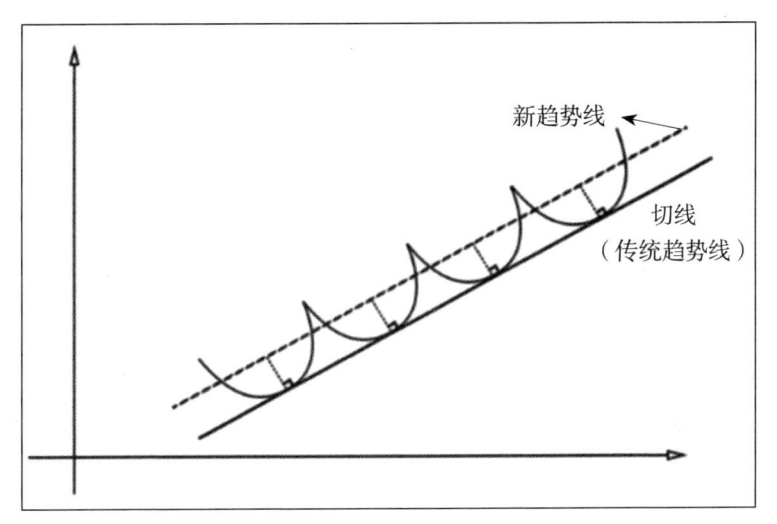

图4-17

图4-18

### 2. 数学推导

切线的本义是当切线经过曲线上的某点（即切点）时，切线的方向与曲线上该点的方向是相同的，此时，"切线在切点附近的部分"最接近"曲线在切点附近的部分"（无限逼近思想）。

从定义中看，切线比较抽象，我们从高等数学出发来理解切线就会具体很多。高等数学中，一个函数如果某处有导数，那么此处的导数就是过此处的切线的斜率，该点和斜率所构成的直线就是该函数的一个切线。

比如，上涨趋势通道下轨的函数是 $y=2x$，对 $y$ 求导可得 $y'=dy/dx=2dx/dx=2$，将股价的函数表示为 $y=f(x)$，一样将股价函数对 $y$ 求导可得 $y'=f'(x)$，如果 $f'(x)=2$，那么就表明在趋势通道下轨的 $x$ 点与股价相切。也就是说，在 $x$ 点，趋势通道下轨就是股价的切点。更深层的意思是，在 $x$ 点是股价拐头的点，$x$ 点股价触碰趋势通道下轨之后，股价就开始回升，如图4-19所示。这就是切线作为买涨信号的原理。传统趋势线不能代表股价的真正趋势，最多只是看起来类似于切线的一条外延支撑（或压力）线，因此技术派才把它归为切线理论。

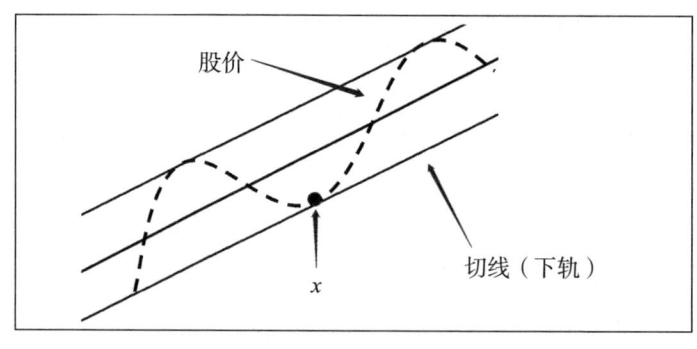

图4-19

## 4.2.3 切线的画法

从切线定义可知，股价的切线必定与最小阻力线平行，这是最小阻力线与切线的一种映射关系，因此我们可以通过"平行运算"得出切线。从理论上讲，切线不能穿越股价，但是考虑到市场的复杂性，机构手段的凶残性，实际不可能像理论那样完美，行情波动绝大部分都是非标准状态的，所以必须要容忍市场杂波，因此我们的股价切线只需要抓住核心本质，也就是与最小阻力线平行即可，而与价格K线允许相交。

绘制股价切线主要有以下三个步骤。

第一步：画出最小阻力线，并作最小阻力线的平行线。

图4-20为通威股份日线级别K线图，行情时间跨度为2021年3月11日到2021年11月20日。

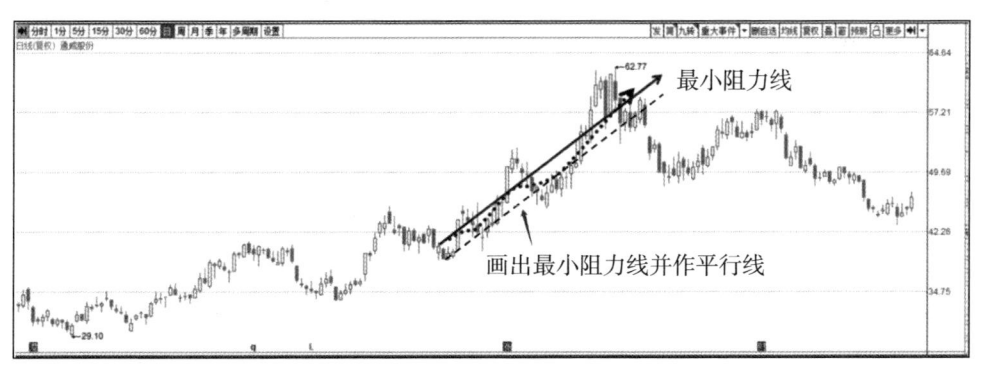

图4-20

第二步：通过"平行运算"，向下平移平行线（下跌趋势则向上平移平行线）。

图4-21为通威股份日线级别K线图，行情时间跨度为2021年3月11日到2021年11月20日。

第三步：将平行线移动到与第一个谷点相交即可（下跌趋势则移动到与第一个峰点相交即可），此时得到的直线就是股价的切线。

图4-22为通威股份日线级别K线图，行情时间跨度为2021年3月11日到2021年11月20日。在向下平移平行线的过程中，遇到了一个谷点（即下跌波

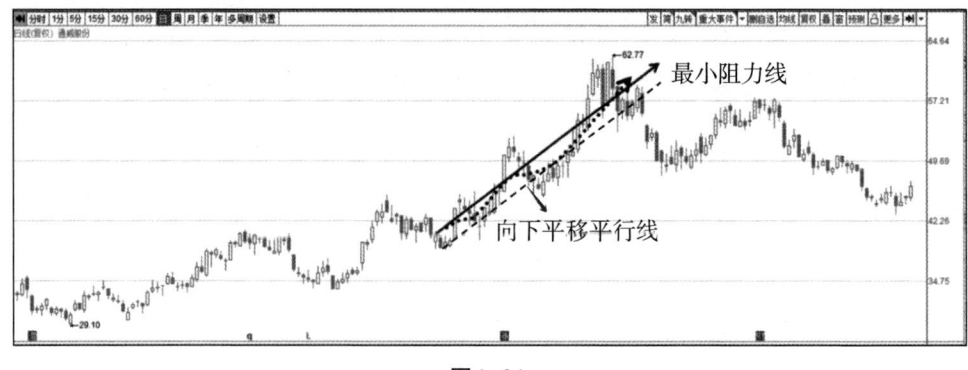

图4-21

段的最低点）C点，与之相交，则该条直线就是股价切线，可以看到，后市股价触及切线再次有效反弹（F点），验证了该条切线的有效性。作为顺势交易者，可以根据该条股价切线，在价格回落到切点时买入。

图4-22

因为切线对价格有支撑作用，那么在第一个拐点（谷点或峰点）回挡的时候，就表明已经起到了对行情的支撑作用，所以第一个拐点即是有效的切点（这个点到最小阻力线的距离也是最远的，由于行情是非标准图形，所以后续的行情可能会与切线相交，后续切线上的点不一定是距离最小阻力线最远的点，这是因为有市场杂波导致的）。根据平面几何定理：平面中，已知一条直线和一点，有且只能确定一组平行线。所以切线是唯一的，有且只有一条。这种方法相比传统趋势线具有绝对优越性，因为传统趋势线需要两个有代表性的点（这个代表性也没有明确的定义）才能确定趋势线，当找出这两个点的时候，往往行情已经跑完了，而切线只需要一个点，所以在行情的早期阶段就能判断出切线，并且完全遵从数字运动规律，理论依据也比传统趋势线更胜一筹。

## 4.2.4 切线的作用

### 1. 指示趋势

因为切线和最小阻力线平行，所以切线可以指示趋势方向。切线的斜率说明了行情运行的力度，在上涨趋势中，切线斜率越大，表明行情上涨力度越强。下跌趋势同理。

图4-23为金龙鱼日线级别K线图，行情时间跨度为2020年11月27日到2021年11月20日。斜率上切线1明显大于切线2，表明第一波行情更强势，所以第一波上涨比第二波上涨更猛烈。

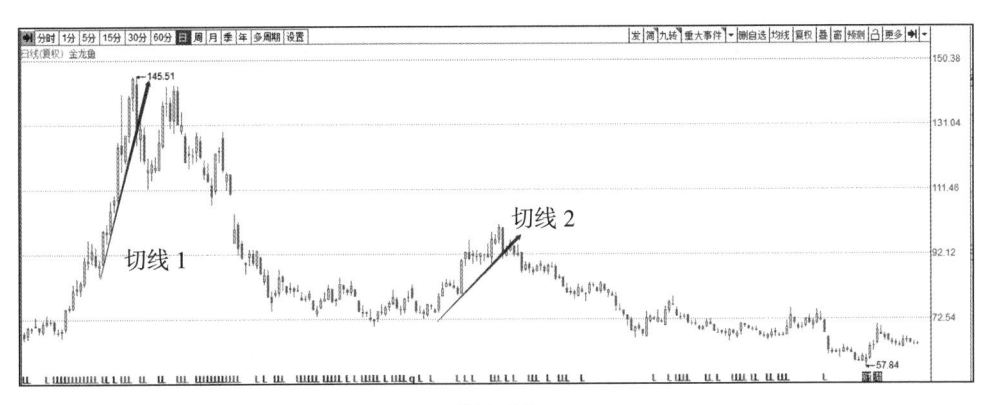

图4-23

### 2. 提供买卖信号

切线对股价有支撑或压力作用，所以切点可以提供买卖信号。顺势交易者的方法之一，就是可以根据股价切线来指示买卖信号，当行情处于上涨趋势时，回落至切点买入；当行情处于下跌趋势时，反弹至切点卖出。

（1）切点入场。切点入场可以分为两种情况。

第一种是在上涨过程中，当股价回落至切线附近时，为买入信号。

图4-24为片仔癀日线级别K线图，行情时间跨度为2019年11月30日到2021年11月11日。在切点买入后，股价快速上升。

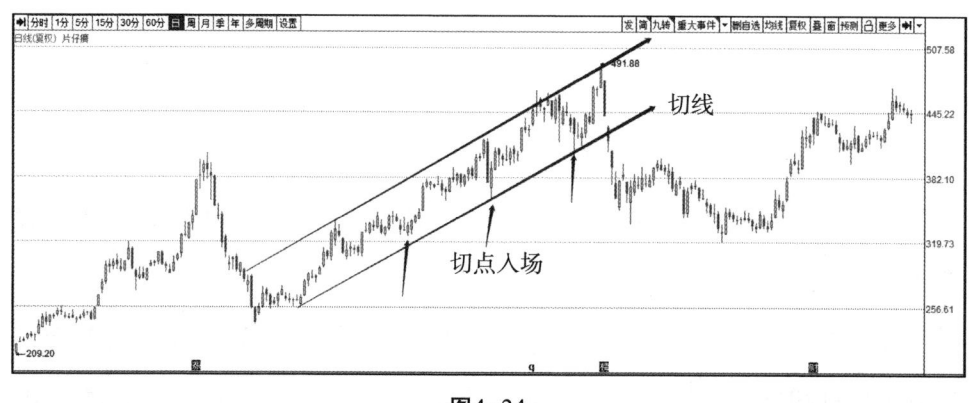

图4-24

第二种是在上涨过程中，股价虚破切点，当再次回升到上升通道之内时，构成买入信号。图4-25为TCL科技日线级别K线图，行情时间跨度为2019年9月9日到2021年5月8日。

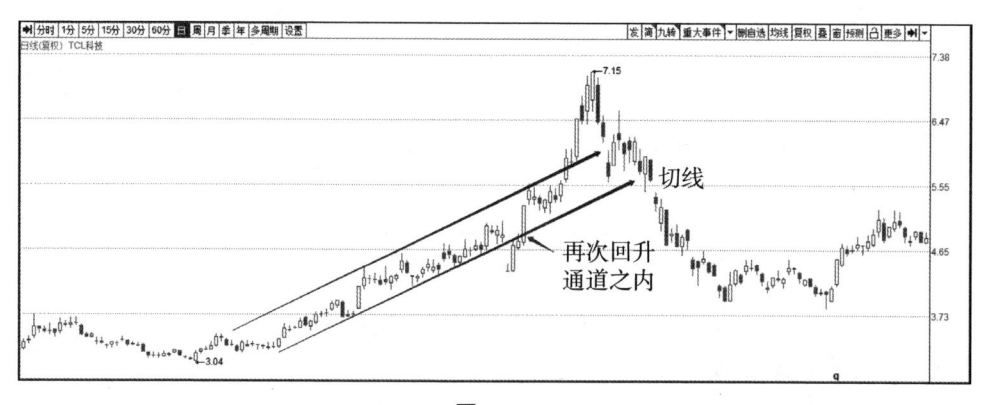

图4-25

TCL科技开盘直接跳空，跌破切线，破坏了上涨趋势，但价格快速回升,再次进入上涨通道之内,表明行情只是虚破上涨趋势,在股价回升切线之上时建仓买入,往往能快速大幅获利(庄家通过虚破清理散户后,往往会快速拉升,不给散户反应时间,避免被清洗掉的散户重新介入)。

(2)行情确认。行情确认的作用是避免受行情杂波影响,帮助我们抓住重大行情。纵使市场处于明显的趋势之中,依旧避免不了许多小幅振荡行情,陷入微小的波动之中,很容易让人晕头转向,左右亏损。像利弗莫尔设定的"3点突破、6点转向"标准,就属于行情确认方法。

在第二种切点入场的情况中,需要注意的是,必须等行情确认升穿切线才能买入。确认的方法是:观察第二天股价开盘是否在切线之上,如果第二天股价开盘在切线之上,则表明行情确认为虚破,可重新买入。反之,则不宜买入。

当我们判断行情在技术上是否突破某个价格的时候,一般会观察第二天的开盘价,如果第二天的开盘价突破该价格,说明行情突破确认,可以买入。反之,则判断为虚破。

可以把炒股看作日常生活中的购物。股价日内的波动是购物中买方和卖方之间讨价还价的过程,所以过程不重要,最终看的是成交价,最终成交价即股价的当日收盘价。因此收盘价才代表股价的真正价值。而第二天的收盘价代表了价值最终变化的结果,也就是说,卖方第二天报价,才能代表真正意义上新趋势的起始。如果卖方第二天报价又回到了前一天的价格,那么第一天的讨价还价过程是无效的,价格回到了前一轮趋势之中。

因此最具有行情确认意义的是第二天的开盘价。

图4-26为海大集团日线级别K线图,行情时间跨度为2020年12月2日到2021年8月13日。图中圆圈处所示,当日股价升穿切线,但是收盘并未再次进入上涨通道之内,所以是虚破行情,可以看到后市股价也是再度下跌。

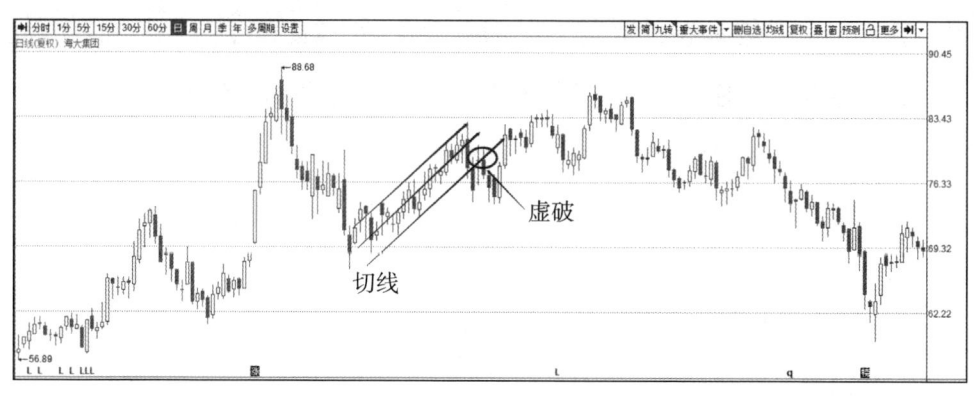

[图 4-26]

### 3. 判断趋势是否反转

切线可以指示趋势，还可以判断趋势是否结束。

在上涨行情中，一旦行情跌破切线，则表明行情可能转为下跌；在下跌行情中，一旦行情升穿切线，则表明行情可能转为上涨。因为切线是新趋势线限制的最大离散程度，一旦切点被破，表示新的股价已经不再符合原先的股价函数表达式，即表明股价函数的单调性发生改变，也就是行情趋势发生了变化。

图4-27为TCL科技日线级别K线图，行情时间跨度为2019年9月27日到2021年6月16日。图中第一个箭头处，股价在切线之上运行，预示趋势将延

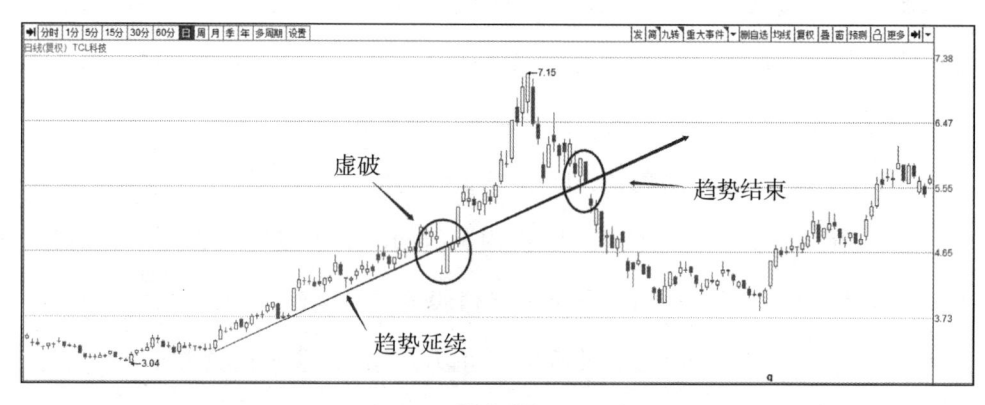

[图 4-27]

续；图中第二个箭头处，股价短暂跌穿切线，但又迅速回到切线之上，表明行情是虚破，趋势仍将继续；图中第三个箭头处，股价跌穿切线，且持续在切线下方运行，则往往预示着行情趋势结束。

## 4.2.5 传统趋势线的弊端

图4-28为通威股份日线级别K线图，行情时间跨度为2021年3月11日到2021年11月20日。图中直线即为"传统趋势线"。

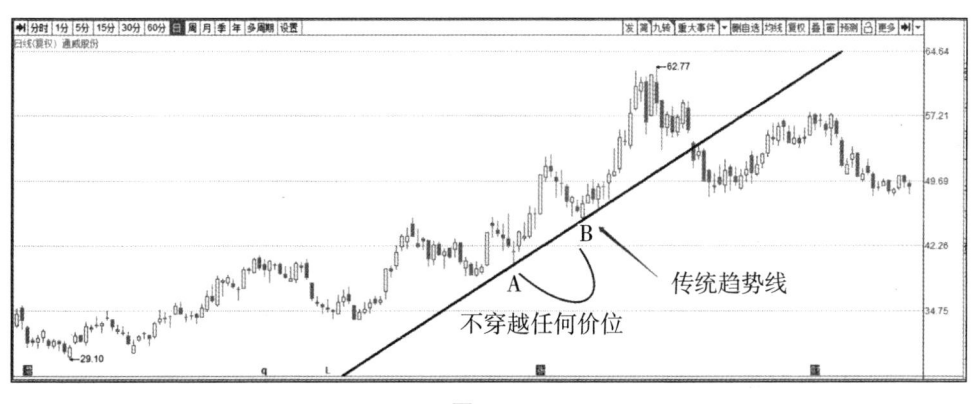

图4-28

传统趋势线画法的非严谨性，透漏其无法规避的缺点，往往都会难以避免地让投资者强行迎合市场而画趋势线，主观成分太强，往往无法客观地揭示市场的趋势。我们来详细分解传统趋势线的五大弊端。

### 1. 容易失效

现在机构、庄家都很聪明，经常会利用资金优势，打压或者抬升股价，破坏技术的完整性，造成技术性失效，以此来诱骗散户，对机构进行降维式打击。

资本市场是零和博弈，本质是机构与散户之间的对博，所以散户学技术，机构也会研究技术，而机构学习技术是反其道而行之。当使用一种技的人非常多的时候，因他们的买卖信号相同，就会出现在某个点上，不约而同地涌现大量购买者，此时机构反向操作，就很容易赚得盆满钵满。并且当市场没有机会的时候，机构还会利用散户所学的技术，为散户创造这样的技术陷阱，请君入瓮，精准收割。

趋势技术也不例外，机构经常会做假动作，虚破"传统趋势线"，使得技术短暂失效，短线操作者就很容易左右打脸，来回亏损。对于"技术控"之类的投资者，往往都是机构最喜欢打击的对象，所以市场上一般"技术控"类的投资者，任凭技术学的再好再多，一般都很难稳定获利。想要稳定获利，就不能成为"技术控"，僵化地使用技术，必须赋能技术，赋予技术灵性。"传统趋势线"就是因为缺少灵魂，很容易让投资者思维僵化，而最小阻力线就是抓住核心精髓，赋予趋势灵性，能让趋势交易更加轻松客观。再比如，均线理论的灵性绝对不是僵化的格兰维尔的八大法则（用这八大法则做交易，无疑是在机构眼皮子底下耍猴戏，你的一举一动都被机构尽收眼底，不可能会有多高明），而是成本推动效应、成本边际效应和数字运动规律，这三大精髓可以赋予均线理论强大的灵性，让均线理论不再僵化，而是变得可以上下开弓，左右逢源。

图4-29为TCL科技日线级别K线图，行情时间跨度为2019年9月12日到

图4-29

2020年6月1日。图中箭头所示，股价本来顺着"传统趋势线"上升，突然大幅跌穿"传统趋势线"，但是又迅速回升到趋势线之上，短线技术操作者在这样的情况之中，极容易被清扫出局，哪怕做对了方向也很容易亏损。虽然行情跌破了"传统趋势线"，但是行情的真正上升趋势并没有改变，所以这一点也能验证"传统趋势理论"并不严密，很容易被机构钻空子，以此玩弄散户。

### 2. 具有偶然性

画"传统趋势线"的时候，需要选取有代表性的两点作为画线的依据，但是这两个点并没有客观的标准，所以"传统趋势线"具有偶然性和随意性。

很多投资者是在行情走出来之后，刻意找两个比较贴近的点，然后连线形成趋势线。自我感觉还比较准，所以觉得"传统趋势线"比较可信。其实这样的选点方法具有马后炮性，当行情没走出来之前，供你选择的两点有无数种可能，但只有一种是对的（甚至没有一种是对的），你很难一次就选中对的。

图4-30为通威股份日线级别K线图，行情时间跨度为2021年3月11日到2021年11月20日。如图中所示，在行情走出来之前，有可能选择AD作为

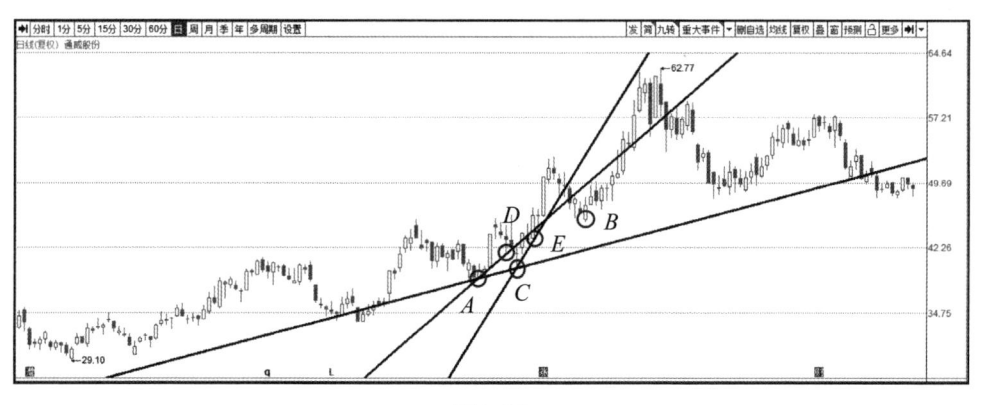

图4-30

"传统趋势线",有可能选择 $AC$ 作为"传统趋势线",也有可能现在 $CE$ 作为"传统趋势线",随意性和偶然性太大。

用"传统趋势线"复盘的时候,总会是头头是道,极容易让人信服,但是一旦在交易中就不知道如何下手。当所有行情都走出来了,你就会下意识地用最贴近且最外延的那条"传统趋势线"去分析行情,当然能做到极致完美,容纳所有的行情波动,过滤一切杂波。其实复盘的时候你会发现用任何技术分析都会天衣无缝,甚至不需要任何技术,你也能轻松目测出是涨还是跌。

"传统趋势线"就好比很多人讲的形态交易法一样,比如三角形、楔形、旗形、头肩形等,分析复盘的时候,会发现形态的功能太强大了,但就是没有人教你提前怎么画出这些形态,如果形态都没法确定,那说什么都没有意义。他们只会和你说:"这很明显啊,就是上升三角形啊,买涨就可以大赚啊。"其实你在实际交易过程中,上升三角形可能过一段时间又变成了下降旗形、下降三角形或多重顶等,也就是说,形态本身也是具有波动性的,而"传统趋势线"也一样,其本身也是具有波动性的。

"传统趋势线"的波动性就导致了在画"传统趋势线"时的偶然性。说的难听一点那就是"马后炮"。没有严格标准来确定"传统趋势线"中所选取的两点,都是不具有实际操作意义的,最多只剩茶余饭后复盘时无用的谈资。比如"传统趋势线"中第一个点和第二个点具体在哪里选取,什么时间,什么价位或者什么波段位置等,就像画上升三角形时,你必须确定三角形的两条边,而根据数学定理,每条边必须由两点确定,而这些点只有整理行情完全走完之后才能确定,而我们永远不能提前明确知道行情下一步具体会怎么走。因此如果没有明确规定形态的确定方法,那么总会是等行情大幅越过整理区域后,蓦然回首才能发现形态的存在。所以等行情走出来之后,指着已经发生的行情,刻意画出一个完美的形态,以上帝的视角说"这就是上升三角形，太完美了，果然大涨"，这无疑是自欺欺人。

其实很多理论读起来感觉全对，但使用的时候一头雾水。就像本章最初强调的一样，我们不需要100%的概率，事实上也不可能有，但我们必须要有明确的指令性，即使明确的指令性只有50%的概率都无法让我们亏钱，而一个哪怕99%的概率而毫无指令性的理论，也容易让我们晕头转向，来回乱干，亏得头破血流。这也是为什么很多读者都评价我的理论是具有真正实操意义的原因，因为我往往是以客观真实操盘的角度，去讲解交易技术的使用方法。

利弗莫尔的最小阻力线理论，每一步都是明确客观的，无论是最小阻力线、切线还是限制线（4.3节会讲到）等都是具有明确客观、定性定量的特点，不存在任何打太极或模糊性质。需要强调的是，虽然最小阻力线也不能完全100%一次性确定未来整轮大行情的核心趋势线，有时随着行情的波动，既定的最小阻力线失效时，也需要重新画最小阻力线，但是它至少可以保证当下是正确的，因此可以给当下的交易发出明确的指令。利弗莫尔的思想认为，重要的不是预测趋势，趋势无法被完全预测，聪明的投资者往往是无知的，重要的是关注当下发生了什么。所以对比利弗莫尔的最小阻力线，"传统趋势线"的凑合性、含糊性、事后性、偶然性太强。

图4-31为长春高新日线级别K线图，行情时间跨度为2019年5月13日到

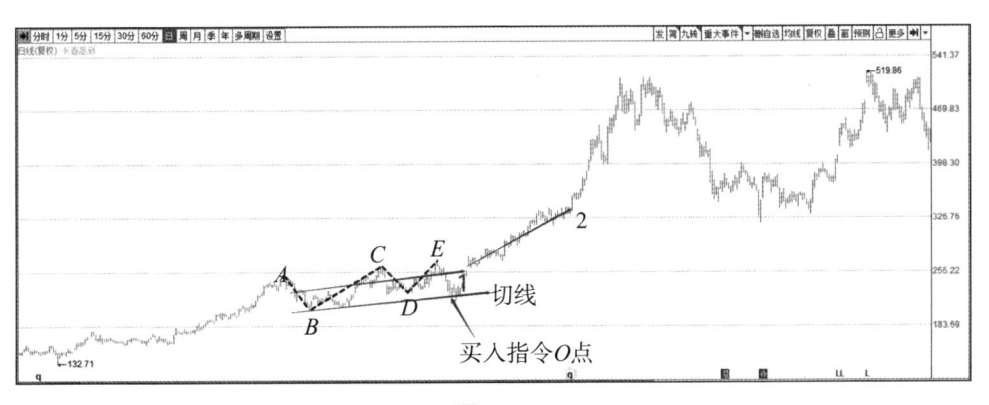

图4-31

2021年2月25日。图中可以根据AB、BC和CD三段行情确定出最小阻力线1，虽然后市行情是沿着最小阻力线2运行，但由最小阻力线1确定的切线，还是在股价触及切点O时，发出了明确的买入指令，且O点进场可以精准大幅获利（哪怕是最小阻力线改变了，一样可以客观指导操作，并赚取大幅利润）。

### 3. 错误率高

"传统趋势线"未来变量太多，使用者经常会出现好不容易画好了"传统趋势线"，但等行情走一段时间后，发现趋势又不对了，所以需要不断随着行情调整"传统趋势线"，就算最后把"传统趋势线"调整正确了，行情也已经走到完了。

图4-32为通威股份日线级别K线图，行情时间跨度为2021年3月11日到2021年11月20日。如图中所示，当股价在D点开始反弹时，你认为行情开始上涨了，可能选择AD作为"传统趋势线"，但股价再度掉头创新低，你又重新以AC作为"传统趋势线"，虽然这次股价迅速拉升，但是股价拉升的幅度与AC偏差太大，很显然AC不能代表该段趋势的发展，所以你又不得不重新寻找趋势线，最后哪怕你找准了"传统趋势线"，可能行情也早已经跑完了，错失大好机会。

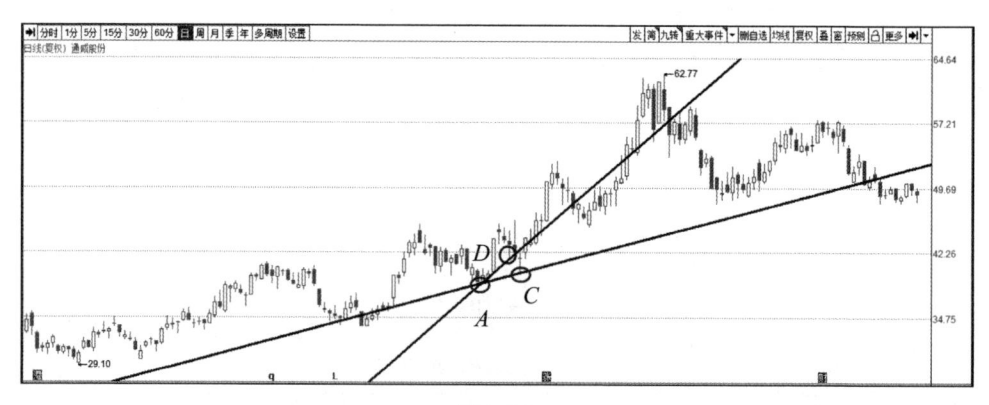

图4-32

## 4. 具有滞后性

"传统趋势线"强调选取的两点要有代表性,也就是说必须等行情走出一大波之后,才能出现所谓有代表性的两点,滞后性非常强。而对于这一点,最小阻力线只需要取两波最初的行情就可以确定趋势的核心方向,明显时效性更强。

其实这是因为大多数投资者为了规避"传统趋势线"的第二和第三个弊端,而采取的一种调整方法,也就是等行情走出一大波之后,再选择两点来确定趋势线。这也是本节开篇提到的知乎题主认为"趋势是等行情走出一大波之后,从感觉上判断是有趋势的"这样的观点是很不靠谱的根本原因。

其实哪怕行情走出一大波之后,再去判断趋势,一样无法保证"传统趋势线"的客观可靠性。况且这还会带来严重的滞后性,行情都走出一大波了,还有多少利润空间可言呢。预期利润减少,就容易让投资者陷入超短线的格局之中,这也是导致很多"传统趋势线"交易者赚小赔大的重要原因。

图4-33为金龙鱼日线级别K线图,行情时间跨度为2021年3月11日到2021年11月20日。如图所示,当投资者好不容易确定"传统趋势线"之后,行情已经暴涨完了,等趋势线再出现买点的时候,那都是机构出货的位置了,散户买进去不但赚不到趋势的利润,反而是高位套牢。

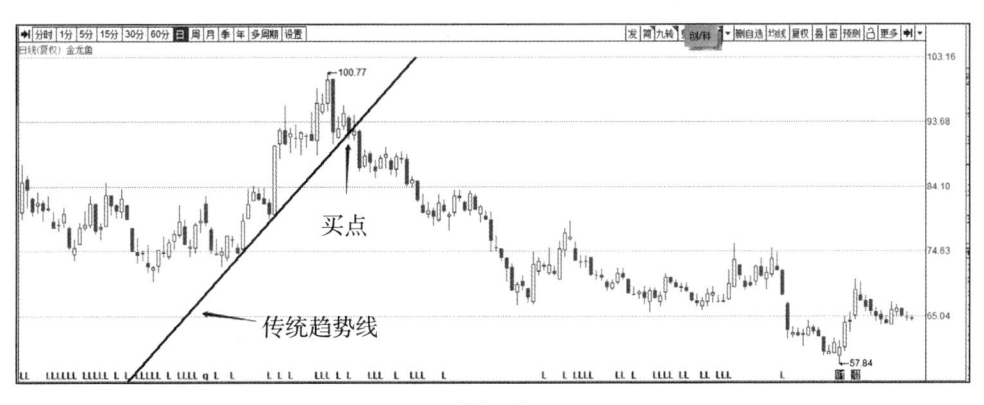

图4-33

图4-34为海康威视日线级别K线图，行情时间跨度为2019年9月2日到2021年6月24日。如中虚线为"传统趋势线"，带箭头的直线分别为最小阻力线和切线。当合适的两点（A、B）出现后，可以连接这两点，得出传统趋势线，但是行情已经大涨了一轮，严重滞后，并且后市没有出现任何买点。而最开始的两轮行情（$A'A$和$B'B$），就可以确定最小阻力线，进而通过最小阻力线确定切点，行情此时还处在底部，最后行情出现了三次切点买入信号，都能稳健获利。

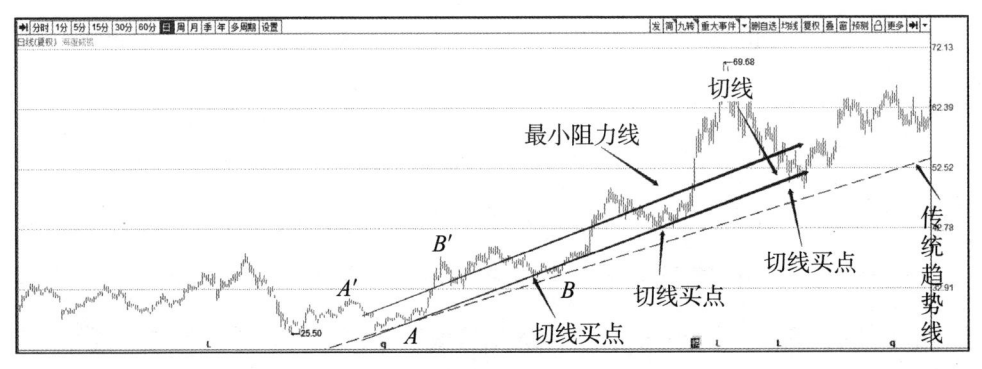

图4-34

### 5. 无法指示趋势强弱

这一点是最小阻力线优于"传统趋势线"重要的一点。"传统趋势线"重在揭示行情的方向。如果趋势朝上，找出两点连成的直线方向朝上即可说明趋势是上涨的，但是并不能揭示趋势动能大小。因为我们知道，趋势线的斜率越大，表明趋势越强，那么动能就越大，这会对交易提供至关重要的信号。而最小阻力线是趋势的核心方向，所以既揭示方法又能揭示趋势的动能强弱。

本章以利弗莫尔最小阻力线为核心趋势取代"传统趋势线理论"。"传统趋势线"中存在大量的未知变量，而利弗莫尔作为趋势鼻祖，其最小阻力线理论，没有任何未知变量，最小阻力线、切线、限制线都存在唯一性，是客观的，存在于自然数学哲学之中。较之"传统趋势线理论"的假设、未来变量，具有无可比拟的优越性。

## 4.3 限制线

### 4.3.1 限制线的定义

限制线，即在股价运行中，限制股价趋势运行的一条直线，它可以限制质点偏离轨迹的最大程度。在股市的一段特定的趋势中，限制线的意义是限定股价的波段范围，不许股价超过既定的范围。把股价看作一个函数，那么与新趋势线平行且过股价边缘点，维持股价在既定趋势中运行的直线，我们称之为限制线，限制线上的点称为限制点。限制点一般到最小阻力线的距离最大，和切线道理一样，考虑到行情波动的非规则形、杂波性，有时候限制点不一定是距离最小阻力线最远的点，这一点正体现了最小阻力线理论强大的包容性。根据切线原理可以知道，限制线也是股价的一种切线，所以限制线与最小阻力线也是平行的，如图4-35所示。上涨行情中，股价限制线在最小阻力线上方；下跌行情中，股价限制线在最小阻力线下方。

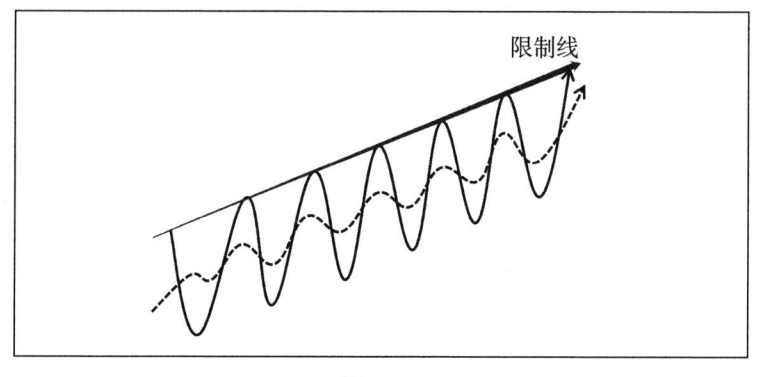

图4-35

图4-36为金龙鱼日线级别K线图，行情时间跨度为2021年1月15日到2021年9月29日。股价限制线与最小阻力线平行。

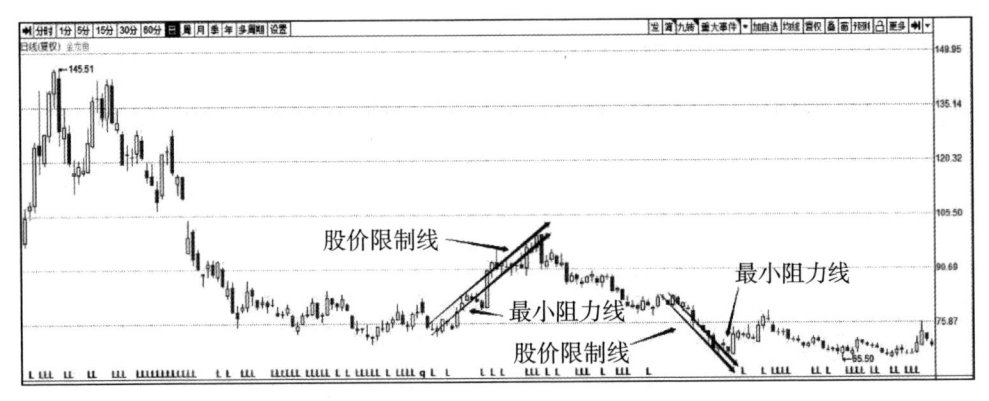

图4-36

## 4.3.2 限制线的画法

因为限制线与最小阻力线平行，所以股价限制线的画法和股价切线类似。

绘制股价限制线的步骤如下。

第一步：画出最小阻力线，作最小阻力线的平行线。

图4-37为通威股份日线级别K线图，行情时间跨度为2021年3月11日到2021年11月20日。

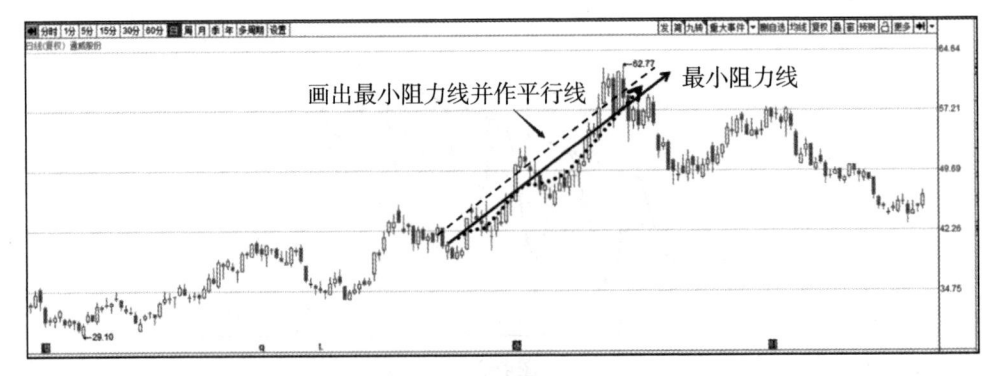

图4-37

第二步：通过"平行运算"，向上平移平行线（下跌趋势则向下平移平行线）。

图4-38为通威股份日线级别K线图，行情时间跨度为2021年3月11日到2021年11月20日。

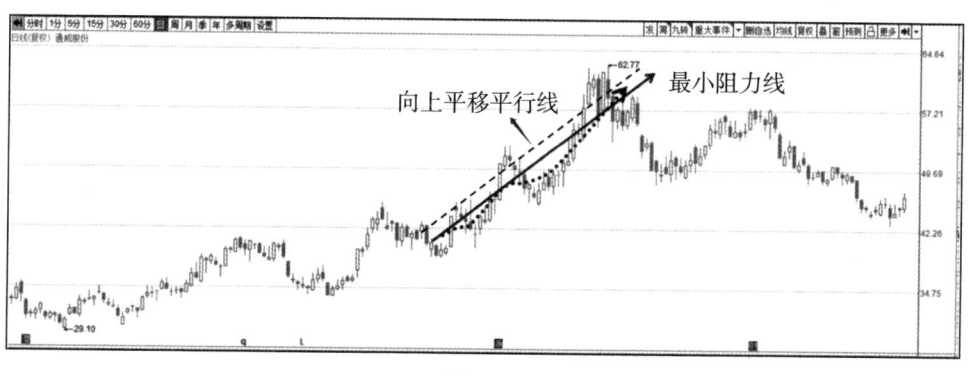

图4-38

第三步：移动到与第一个峰点相交即可（下跌趋势则移动到与第一个谷点相交即可），此时得到的直线就是股价限制线。

图4-39为通威股份日线级别K线图，行情时间跨度为2021年3月11日到2021年11月20日。

图4-39

在限制线画法中，必须与第一个拐点相交（波谷或者波峰），因为限制线起到的是限制行情作用，那么在第一个拐点回挡的时候，就表明已经起到了对行情的限制作用，所以第一个拐点即是有效的限制点。根据平面几何定理：平面中，已知一条直线和一点，有且只能确定一组平行线。所以限制线也是有且只有一条。

### 4.3.3 限制线的作用

股价限制线的作用与切线类似，主要有以下三种。

**1. 指示趋势**

因为限制线和最小阻力线平行，所以限制线可以指示趋势方向。限制线主要是起到反向限制股价运行的作用，由于市场总是会朝着最小阻力线方向运行，所以在上涨趋势中，限制线斜率越大，表明对行情反向限制力度越小，上涨力度越强。下跌趋势同理。

图4-40为东方财富日线级别K线图，行情时间跨度为2020年7月5日到2021年7月8日。限制线1斜率小，对行情限制力度大，也就是压力大，每次行情触及限制线之后就大幅回落；而限制线2斜率大对行情限制力度小，也就是压力小，行情触及限制线之后，几乎没有回调，就继续大涨。

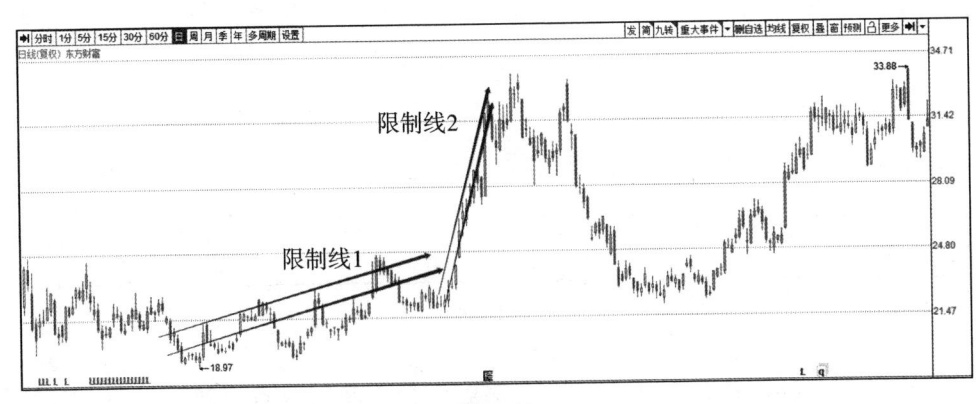

图4-40

图4-41为金山办公日线级别K线图，行情时间跨度为2020年4月2日到2021年11月21日。限制线斜率很大，表明股价所受的限制压力很小，股价很容易冲破限制线，形成更强势的上涨行情。

给我们的启发是，在上涨趋势中，限制线的斜率越大，越要坚定持有，利润很容易自己快速奔跑。

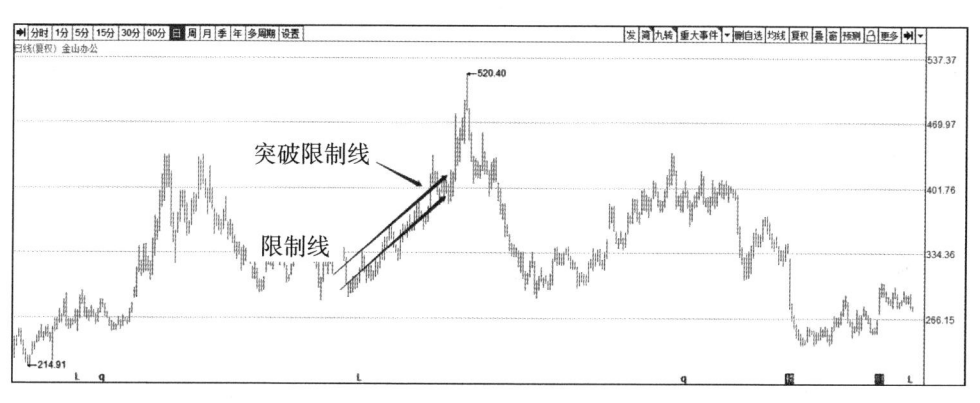

图4-41

## 2. 判断趋势是否加速

由于限制线平行于最小阻力线，所以它可以指示趋势，并且限制线还可以判断趋势是否加速。在下跌行情中，一旦行情跌破限制线，则表明行情已经失去支撑，可能加速下跌；在上涨行情中，一旦行情升穿限制线，则表明行情摆脱阻力，可能加速上涨。因为限制线是限制股价的最大离散程度，一旦限制线被破，表示新的股价已经不再符合原先的股价函数表达式，即表明股价函数的单调性更明显，单调递增或递减更强。

图4-42为中微公司日线级别K线图，行情时间跨度为2019年7月22日到2020年4月3日。当中微公司股价没有突破限制线时，一直维持原有趋势稳步上升，而当限制线被突破后，股价几乎毫无压力，近乎直线加速暴涨。

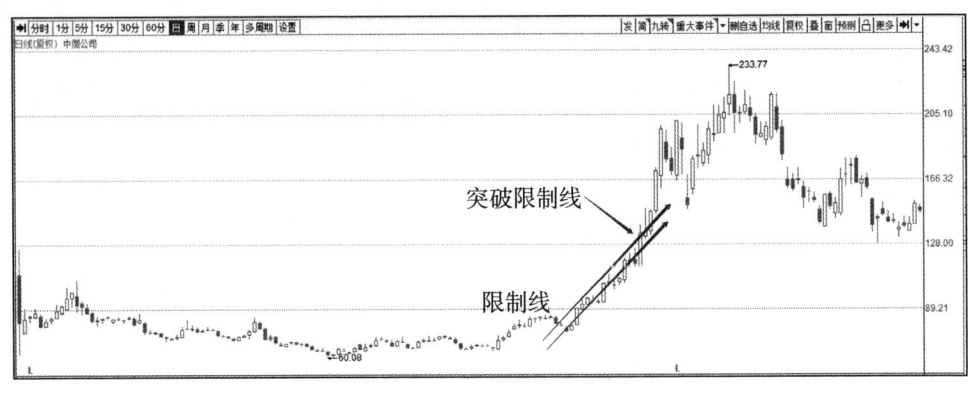

图4-42

### 3. 提供买卖信号

因为限制线对股价具有限制作用，也就是说，对股价产生的力的方向与趋势方向相反。因此限制点可以提供精准的短线卖出信号。而当限制线被突破的时候，表明股价将会继续加速上涨，所以限制线还可以提供加仓信号。

图4-43为宁德时代日线级别K线图，行情时间跨度为2019年5月17日到2020年5月13日。宁德时代在上涨过程中，股价每次触及限制线就开始回调，短线操作者运用限制线能大概率卖在最高点。而当升穿限制线之后，股票挣脱束缚，可能会加速上涨，此时加仓买进，容易快速获利。

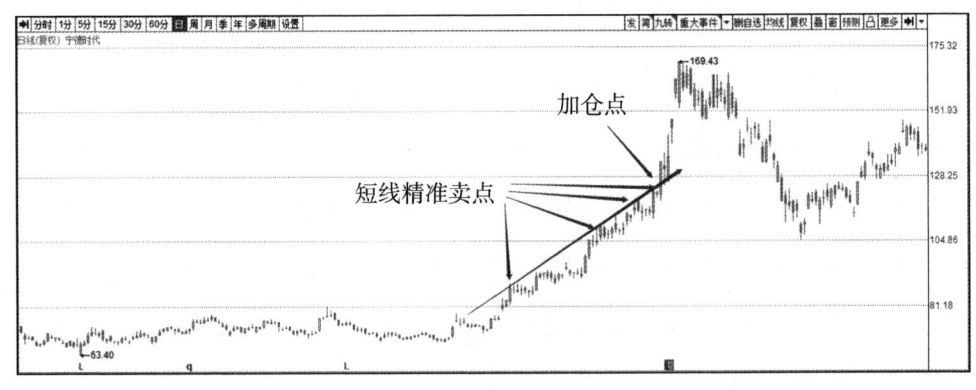

图4-43

在上涨过程中，股价突破限制线时，为买入信号。当突破限制线之后，表明行情挣脱了前期运行轨道，上升动力更强，此时的限制线变成了支撑线，限制了价格再次跌回原先的上涨通道。

**注意**：需要等待限制点确认才能入场。确认的方法是，观察第二天股价开盘是否在限制线之上。如果第二天股价开盘在限制线之上，则表明行情确认为突破，可买入。反之，为虚破。

图4-44为三峡能源日线级别K线图，行情时间跨度为2021年6月10日到2021年11月23日。当日股价升穿限制线，但是第二天开盘直接向下跳空，重新回到了上行通道内，且随后趋势反转，持续下跌，如果不等信号确认就着急入场，将会在高位套牢。

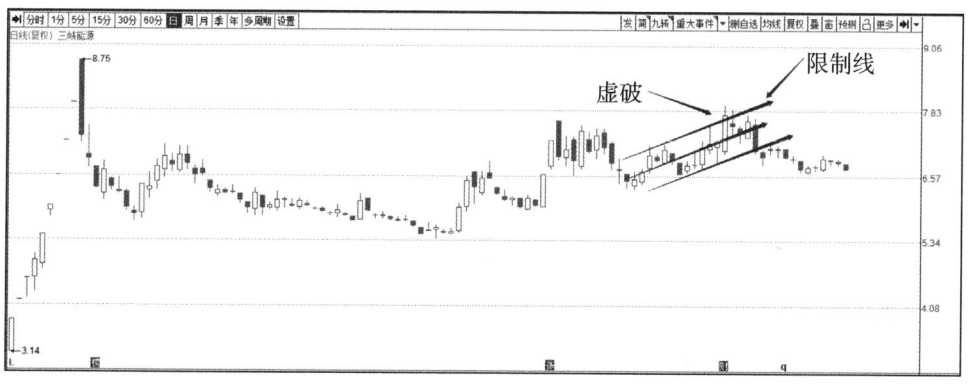

图4-44

## 4.4 最小阻力通道

### 4.4.1 最小阻力通道的定义

最小阻力通道即趋势通道，是指行情在一段时间内保持在两条平行线之内，朝着一个方向运行，这两条平行线组成的通道就是最小阻力通道。两条平行线分别是股价限制线和股价切线，最小阻力通道可分为上涨通道、下跌通道和振荡通道。在上涨通道中，限制线在上方，切线在下方，如图4-45所示；在下跌通道中，限制线在下方，切线在上方；在振荡通道中，上下同为限制线（切线）。

图4-46为分众传媒日线级别K线图，行情时间跨度为2020年11月27日到2021年11月21日。图中分别为上涨通道、下跌通道和振荡通道。

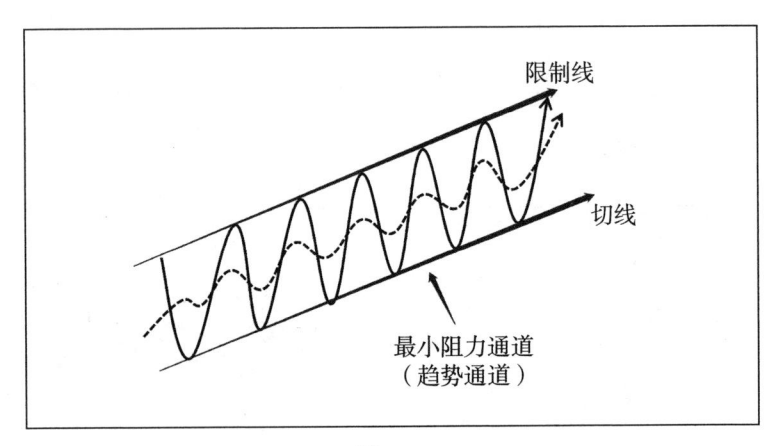

图4-45

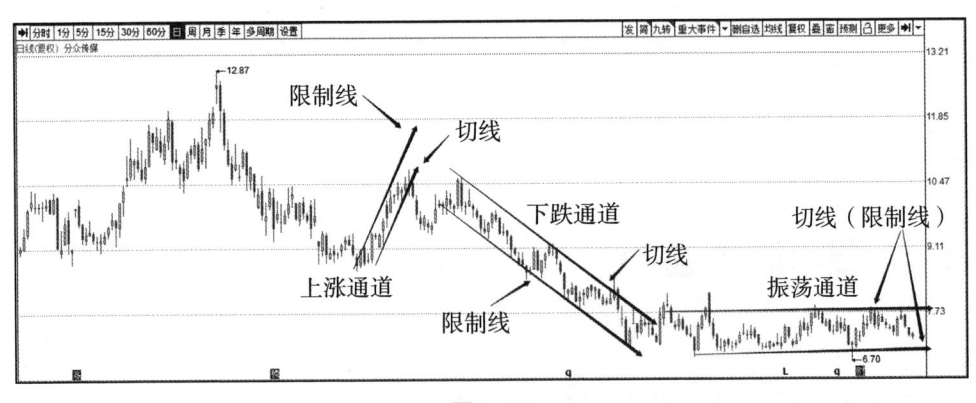

图4-46

## 4.4.2 最小阻力通道的作用

因为最小阻力通道是由切线和限制线组成，所以最小阻力通道兼具二者的功能。最小阻力通道主要有以下三种作用。

### 1. 指示趋势

在上涨趋势中，最小阻力通道口越朝上，上涨力度越强；在下跌趋势中，最小阻力通道口越朝下，下跌力度越强。

图4-47为金龙鱼日线级别K线图，行情时间跨度为2020年11月19日到2021年12月9日。最小阻力通道1明显比最小阻力通道2更陡峭，所以最小阻力通道1的上涨强度也明显强于最小阻力通道2。

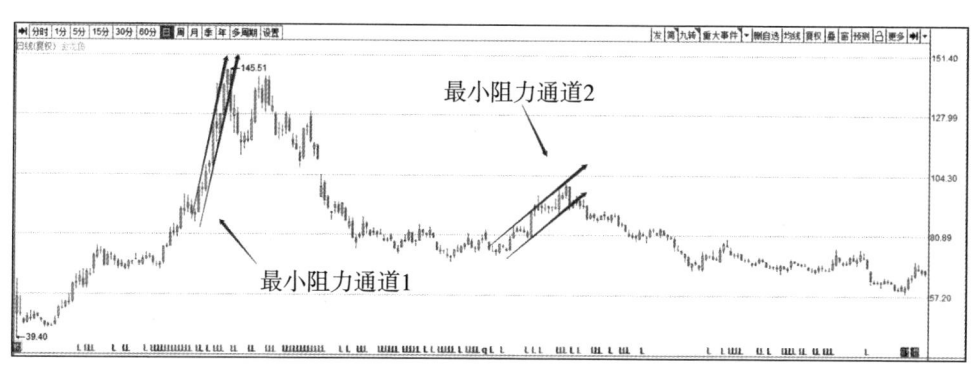

图4-47

### 2. 提供支撑和压力作用

最小阻力通道限制了价格波动的幅度，正常情况下，价格都会在通道内运行，通道的上下轨提供了天然的支撑和压力作用。

图4-48为分众传媒日线级别K线图，行情时间跨度为2020年11月27日到2021年11月21日。

图4-48

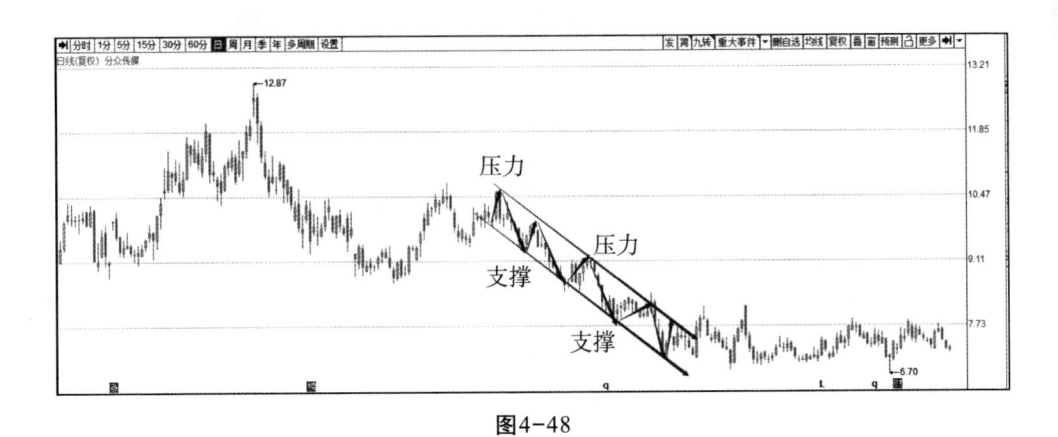

### 3. 锚准趋势变化

最小阻力通道可以很直观地提醒我们价格异动的情况，以便及时针对趋势的变化做出策略调整。

图4-49为分众传媒日线级别K线图，行情时间跨度为2020年11月3日到2021年11月21日。通过最小阻力通道我们可以很清晰地判断出趋势变化。当最小阻力通道由升转跌，那么操作思路就要由买入转为卖出；当最小阻力通道由跌转为振荡，操作思路就要由卖出转为观望。

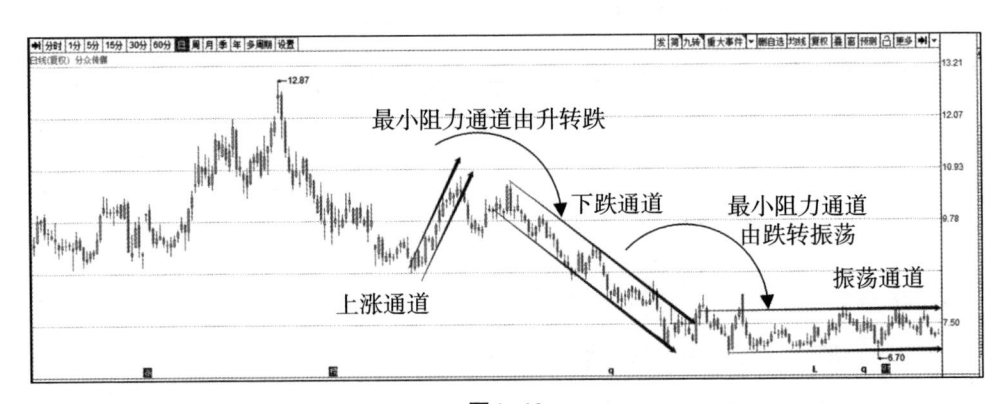

图4-49

## 4.5 临界点

### 4.5.1 临界点的定义

临界点是指从一种趋势转变成另一种趋势的重要价格点，也可以称为多空分水点。临界点的上破和下破直接影响未来趋势结构的变化，是股价单调性发生改变的点。

在趋势的定义中，价格在上升趋势中要做出新高之余，回调时也不能跌破前低，下跌趋势也有相似的原则。总的来说，趋势改变可以通过以下三个条件来确认。

（1）切线被突破。

（2）升势中，价格未能创新高；跌势中，价格未能创新低。

（3）升势中，价格回落并跌破前低；跌势中，价格反弹并升破前高。

这三个条件中假如有两个条件成立，趋势就有可能改变；如果三个全部成立，趋势大概率改变，朝着相反方向发展。

根据趋势改变的条件，我们可以总结出临界点是股价突破切线之前，在最小阻力通道内的最后一波回挡的拐点（这是临界点与最小阻力通道的映射关系）。也就是说，在上涨趋势中，临界点是股价跌破切线之前最后一波下跌的最低点，如图4-50所示；在下跌趋势中，临界点是股价升穿切线之前的最后一波反弹的最高点。

图4-51为分众传媒日线级别K线图，行情时间跨度为2021年3月11日到2021年11月21日。当股价跌破切线之后，临界点就是上升趋势通道内最后一波下跌的最低点。

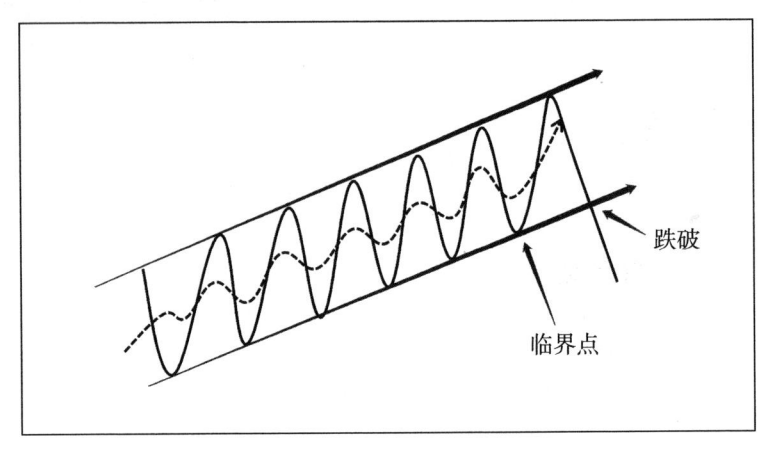

图4-50

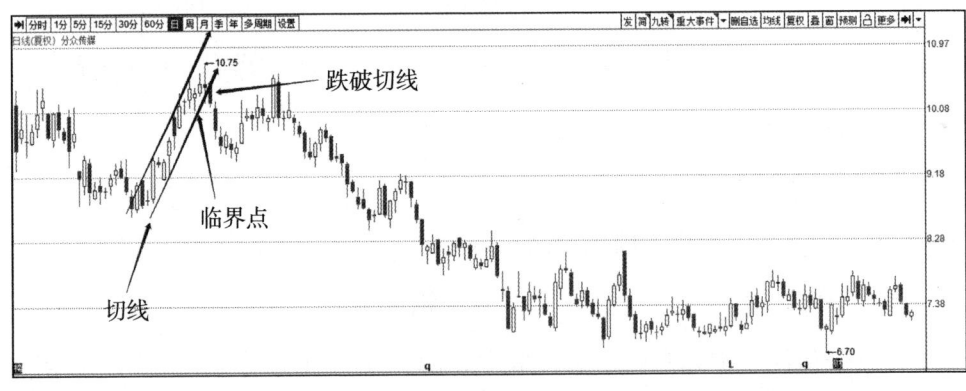

图4-51

图4-52为分众传媒日线级别K线图，行情时间跨度为2021年3月11日到2021年11月21日。当股价升穿切线之后，临界点就是下跌趋势通道内最后一波反弹的最高点。

在数学定义中，分界点是指单调性发生改变的点，也就是原有函数发生改变的分界点。

我们将股价整个上涨和下跌趋势函数记为$F(x)$，股价下跌趋势函数记为$y=g(x)$，股价上涨趋势函数记为$y=f(x)$。图4-53中$AH$一段符合$y=g(x)$表达式，$BE$一段符合$y=f(x)$表达式，而$BH$一段同时符合$y=g(x)$和$y=f(x)$表达式，也就是说$y=g(x)=f(x)$，因为$BH$同时处于下降通道之中，也处于上涨通道之

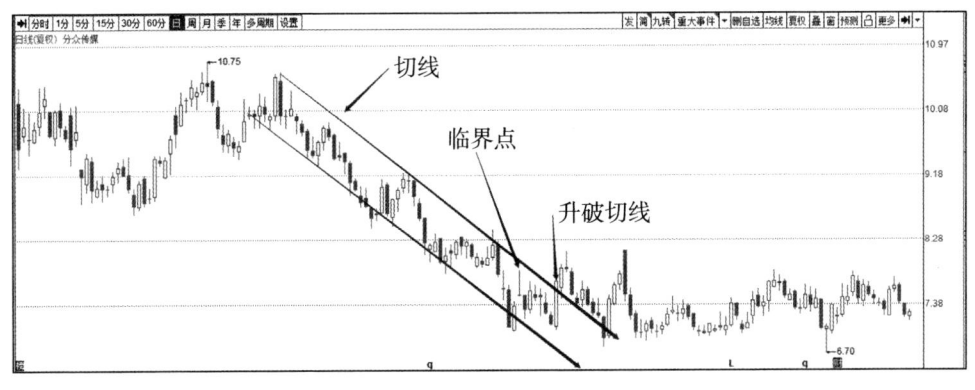

图4-52

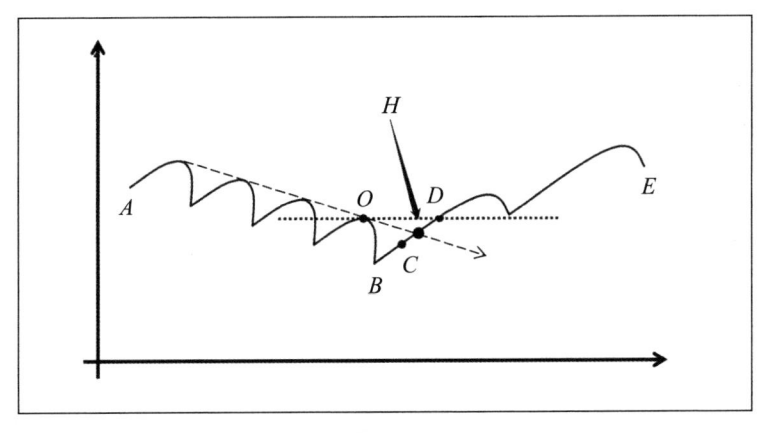

图4-53

中。而H点就是函数F(x)的分界点，行情在C点的时候还处于下降通道，符合y=g(x)表达式。而在H点的时候，函数F(x)的单调性开始发生改变，也就是股价的趋势开始发生了实质性的变化。

但是在股价波段中，H点是很难把握的，因为行情存在毛刺，所以我们结合趋势的定义，即下跌趋势的表现是高点越来越低，也就是当股价越过函数y=f(x)的O点的时候，表明趋势发生改变，也就是在股价越过D点（D点和O点的y值相同，即两点股价相同）之后，股价函数就已经不能用y=f(x)表达式了，而D点处在上涨趋势y=g(x)表达式上，所以股价在D点的时候，就明确表示此时趋势已经转为上涨，如图4-54所示。

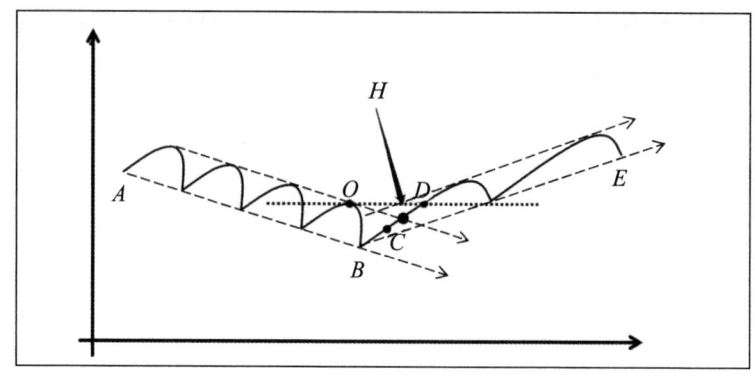

图4-54

因此下跌趋势中股价临界点的定义就是突破下跌通道之前，行情反弹的最高点；上涨趋势同理。这样就避开了行情的毛刺，也能更具体、更容易地帮助我们找到行情的转折之处。

## 4.5.2 临界点的意义

临界点可以判断出行情什么时候明确发生反转。在上涨趋势中，如果行情跌破切线并且跌破临界点，行情就会见顶下跌；行情若只跌破切线，并没有跌破临界点，也未有效突破最高点，行情就会高位横盘振荡；行情若跌破切线，但未跌破临界点，并且再度回升有效突破最高点，那么股价将再次形成新的上涨趋势。下降趋势同理。

图4-55为金龙鱼日线级别K线图，行情时间跨度为2021年3月11日到2021年11月21日。金龙鱼的股价跌破切线且跌破了临界点，表明技术上见顶，后市股价也是一路泱泱大跌。

图4-56为万科A周线级别K线图，行情时间跨度为2017年4月7日到2021年11月21日。万科A的股价虽跌破切线，但没有跌破临界点，且未突破最高点，股价后市高位持续振荡。

图4-57为金龙鱼日线级别K线图，行情时间跨度为2020年10月15日到

2021年6月28日。金龙鱼的股价跌破切线，但是没有跌破临界点，且股价反弹回升突破最高点，形成了新一轮暴涨趋势。

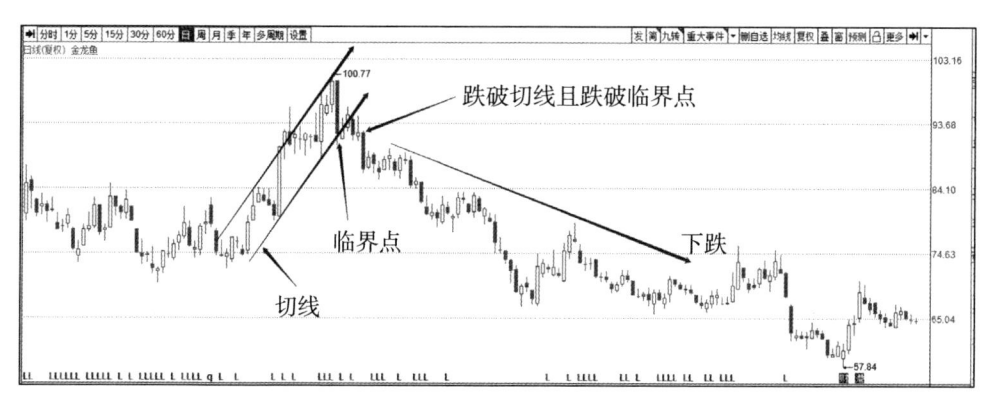

图4-55

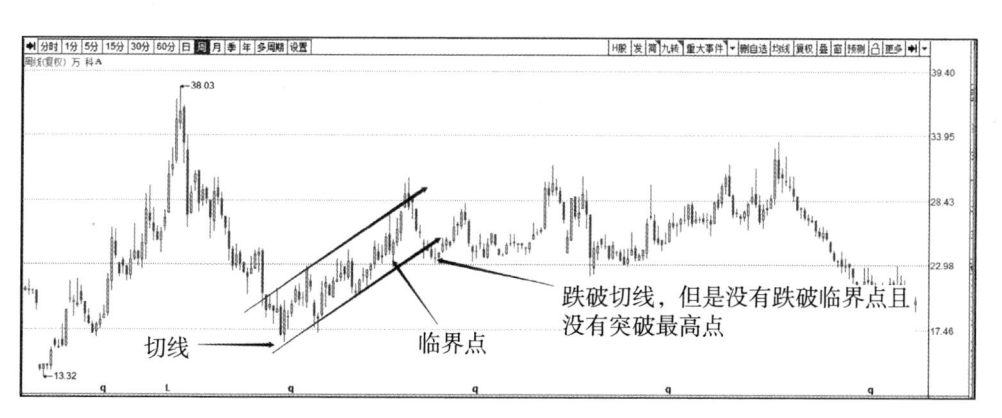

图4-56

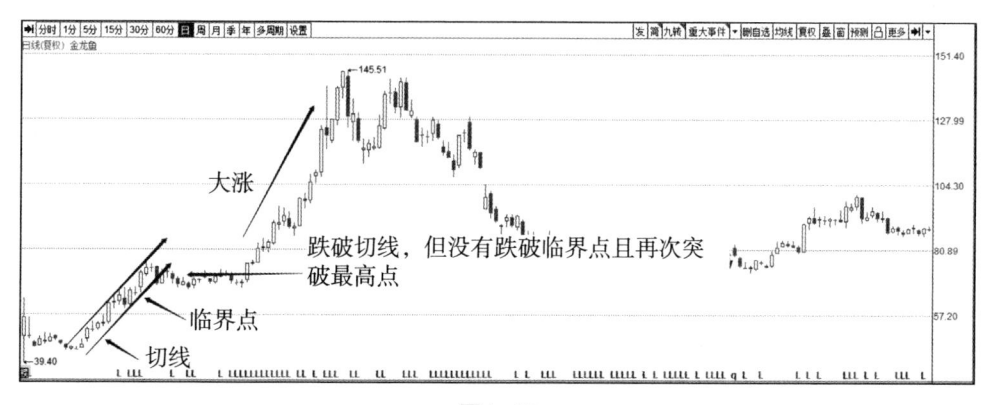

图4-57

### 4.5.3 临界点的作用

在行情运行过程中，无论是底部，还是顶部，都会出现一个重要的转折——临界点。临界点在交易过程中，具有重要的指导意义。运用好趋势技术，顺利地把临界点找出来，就能充分地把握机会，并尽可能实现利润最大化。根据临界点定义，我们对其总结了以下两种作用。

**1. 预测趋势反转**

临界点是判断趋势变化的重要依据，根据临界点的意义，一旦股价同时跌破切线和临界点，那么表明股价确认下跌趋势，可以帮助我们逃顶，避免行情反转，蚕食利润。当股价同时升穿切点和临界点时，表明股价确认上涨趋势，我们此时抄底建仓，大概率可以赚取不菲的利润，并且多数时候符合一买就赚的特点。

临界点的作用基本和利弗莫尔反转关键点的作用相同，利弗莫尔被称为20世纪股市的空头之王，正是因为他总是在最小阻力线被破坏后，在反转关键点砸空股市，屡屡大赚。第一次是1907年"大恐慌"，他反向做空股市赚了300万美元，第二次则是1929年"大萧条"，他再次反向做空股市，豪赚1亿美元。利弗莫尔认为，如果想要赚大钱，一定要耐心等待反转关键点的到来，因为它往往伴随的是长期反转的大行情。

图4-58为歌尔股份日线级别K线图，行情时间跨度为2019年12月1日到2020年8月5日。当临界点被突破的时候，表明已经基本确认了底部，这时可以开始建仓抄底，行情突破临界点后，立马开启狂涨模式，如果及时入市，可轻松翻倍。

图4-59为歌尔股份日线级别K线图，行情时间跨度为2020年5月7日到2021年5月13日。当临界点被跌破的时候，表明已经基本确认了顶部，这时清仓出局，刚好可以完美逃顶。

图4-58

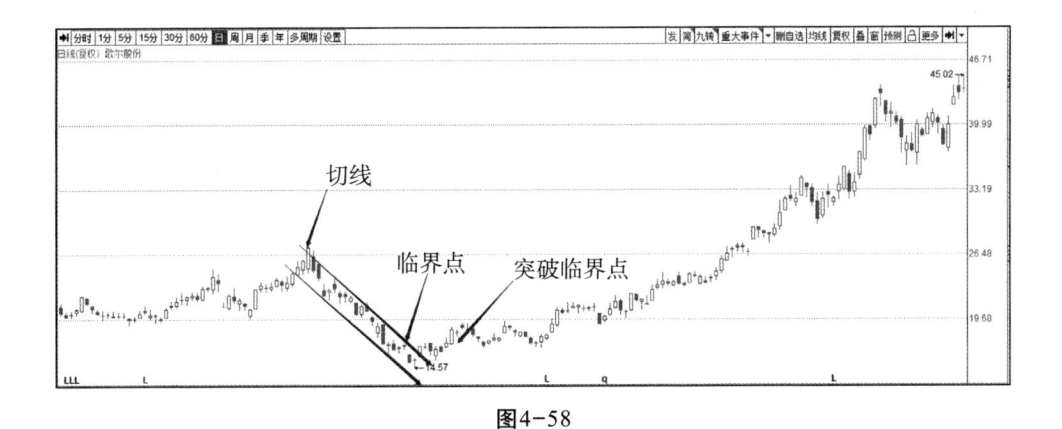

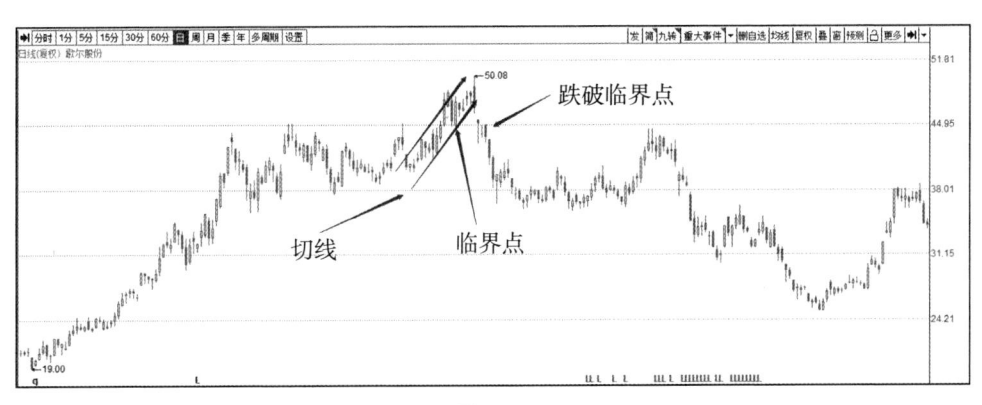

图4-59

## 2. 过滤虚假信号

临界点可以在一定程度上规避虚假信号。这虽然是一个细节性的内容，但是成败往往取决于细节，细节性越严密的交易体系越是刚性交易系统，越客观且易于操作。

图4-60为歌尔股份日线级别K线图，行情时间跨度为2019年2月19日到2019年10月31日。虽然股价跌破了切线，但是并未跌破临界点，所以我们认为行情有可能还未结束上涨趋势，后市果然股价再度回升暴涨，这就规避了传统趋势理论中的虚假信号，避免被行情杂波清洗出局。

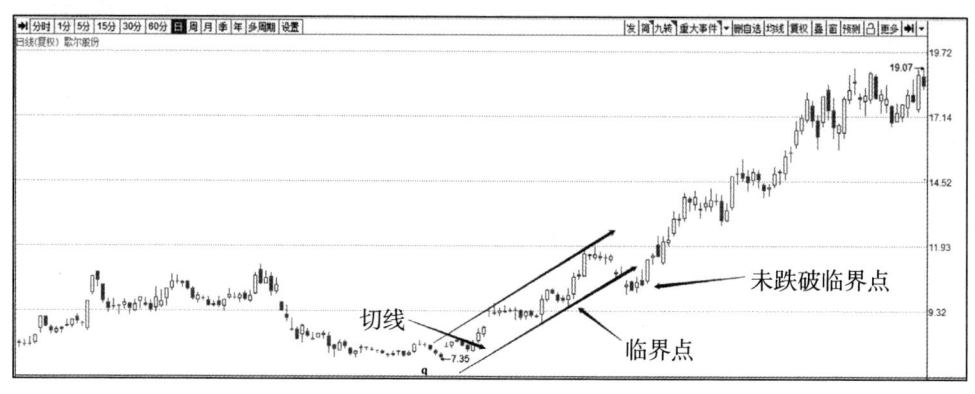

图4-60

## 第五章

# 利弗莫尔——"新"关键点

VLR模型是价值线和最小阻力线结合的战法。在阐述该战法之前，我们先根据利弗莫尔关键点的思想，从价值线和最小阻力线中提炼出利弗莫尔"新"关键点。

## 5.1 利弗莫尔关键点

我怎么强调关键价位的重要性都不为过。在我领会了其中的奥妙之后，这就成为我最重要的交易武器。在20世纪20年代和30年代，整个投机市场都没有认识到这种交易秘诀的奥妙。可以说关键价位是一个把握入场时机的利器。我利用这个方法来确定入场和离场时机。

——利弗莫尔

利弗莫尔认为关键点就是股市基本方向改变的时间点，即新方向启动的时间点。利弗莫尔的关键点一共有六种，分别是高低点关键点、新高/新低关键点、历史新高/新低关键点、整数关键点、延续关键点和反转关键点。其中延续关键点和反转关键点是从行情性质上分类的。

### 5.1.1 高低点关键点

高低点关键点是利弗莫尔在对赌行时发现的，他在记录股价的时候，发现股价数字都是按照一定的模式不断重复的，因此他认为股价走势应该也符合物理原理，也就是一个运动的物体会保持原方向运动，除非在遇到阻力时，才会停止或者改变运动方向。

利弗莫尔观察到，这些重复的模式中，每当股价遇到阻力就会反向运动，他根据此规律提炼了一套双向交易系统，多空操作应对自如。根据利弗莫尔发现的行情运动规律，结合现代的金融知识，我们可以知道，在振荡过程中的高低点就是他的关键点。

利弗莫尔的低点关键点交易法则：在下降期，股价形成一个低点之后开始反弹回升，并经过一段时间的窄幅振荡，但是最终反弹无力，股价再度下跌；在行情上升期，反之。

以下降期为例，此时分为两种情况。

第一，当股价未跌破前期低点，股价在低位附近就开始回升且超过3点（以40元为例，股价回升3元），此时就应该买入，如图5-1所示。

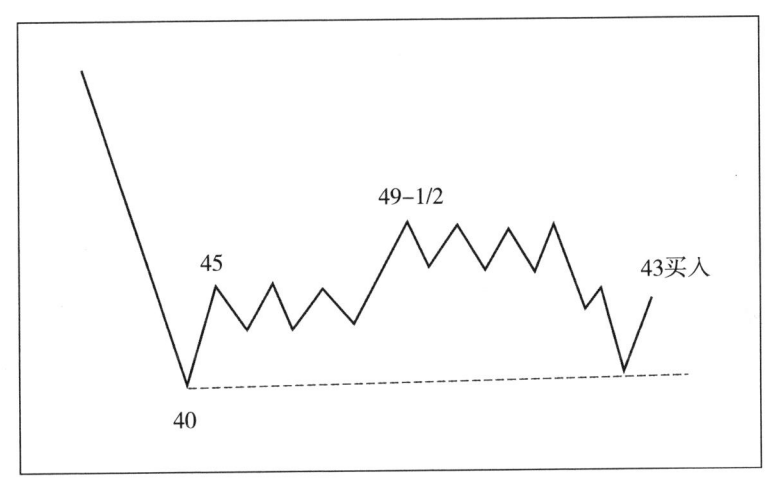

图5-1

第二，股价跌穿前期低点，但是并未跌破3点，并且再度回升超过前期低点的3点，此时就应该买入。这种情况我们现在称之为破底翻，如图5-2所示。

如果将振荡期的高低点连线，很显然就可以得到一个价格区间，这就是我们现代的区间振荡形态，如图5-3所示。

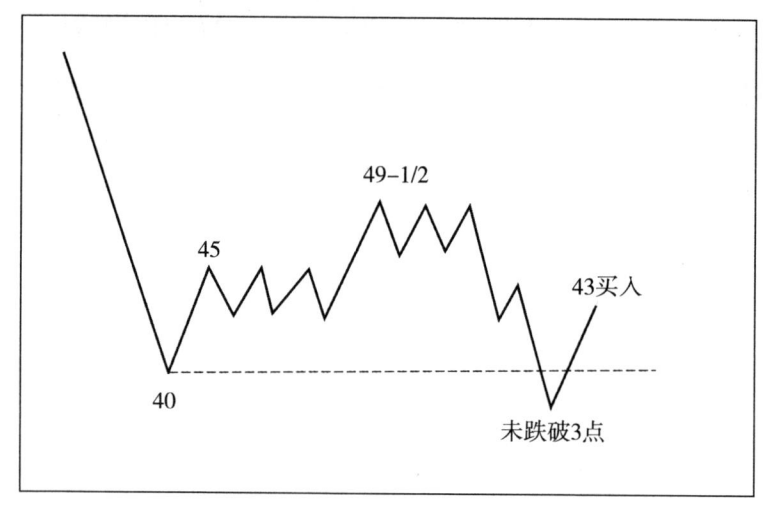

图5-2

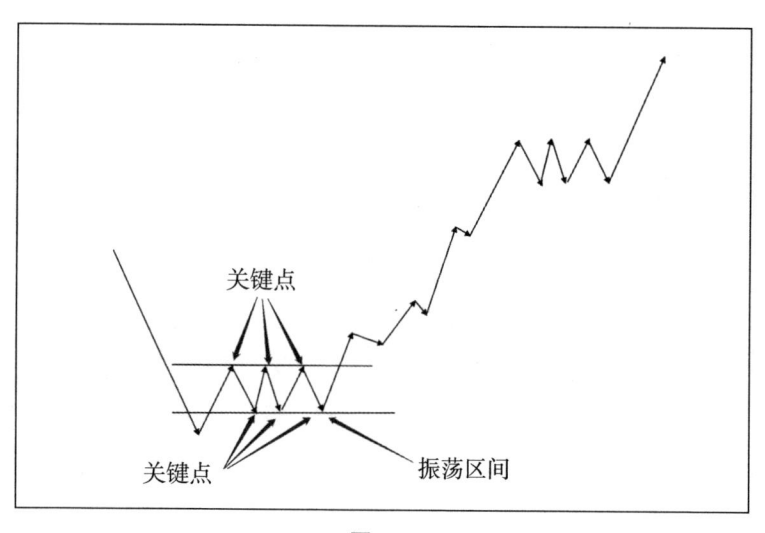

图5-3

根据振荡区间，在下轨附近做多，上轨附近卖出，就能反复获利。虽然在股价突破区间的时候会亏损，但是行情一般会反复振荡很多次，所以获利的次数总会比亏损的次数多。在对赌行10%爆仓的规则之下，往往能做到盈亏比相当，这让利弗莫尔的盈利变得非常简单。

以海通证券为例来说明利弗莫尔高低点关键点的操作方法。图5-4为海通证券日线级别K线图，行情时间跨度为2014年6月17日到2015年3月23日。在区间下轨附近买入海通证券，持有到区间上轨附近卖出，可以获利数次。

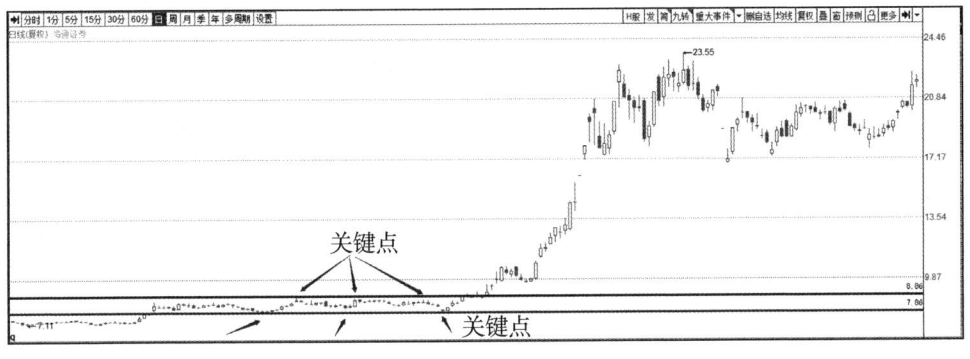

图5-4

## 5.1.2 新高/新低关键点

> 且慢！耐心！一定要等这只股票活跃起来，等它创新高。
>
> ——利弗莫尔

新高/新低是利弗莫尔在华尔街交易之初发现的关键点。

在华尔街正规交易所买卖的时候，利弗莫尔屡屡失败，但是他毫不言弃，几度杀回华尔街。他不是继续冲动盲目交易，而是经过反复的分析与总结后，他认知到只有长线交易才能规避华尔街的交易机制对其短线操作的不利影响。同时他发现当股价突破高低点时，股价会进一步涨很多或跌很多。因此他将自己的交易进一步蜕变成创新高/新低关键点买入法。利弗莫尔认为创新高是重要的时机点，股价一旦创了新高，就代表其摆脱了上方的卖压，后期沿最小阻力线将强势上扬。

利弗莫尔的创新高关键点交易法则：股价在一段时间内在某个区间振荡，一旦股价突破振荡期的所有高点，则买入，如图5-5所示；创新低关键点，反之。

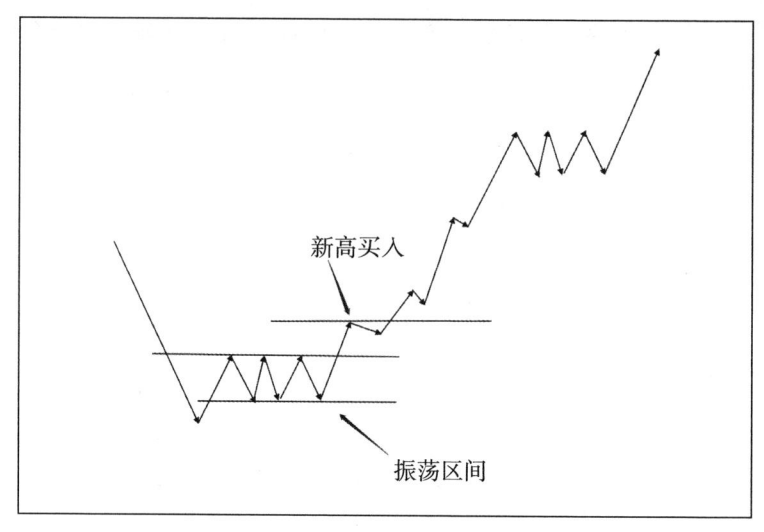

图5-5

以海通证券为例，说明利弗莫尔新高关键点的操作方法。图5-6为海通证券日线级别K线图，行情时间跨度为2014年6月17日到2015年3月23日，箭头所指位置是新高关键点，买入后获利丰厚。

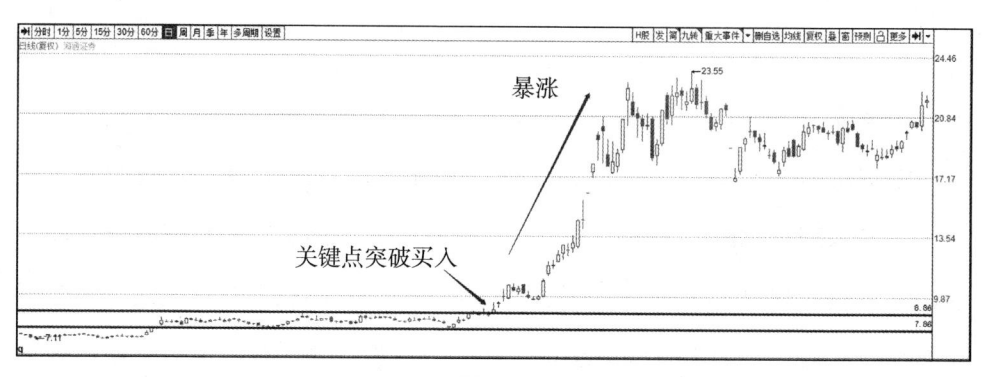

图5-6

新高/新低关键点买入法虽然买卖次数减少，但是获利远远大于区间操作。这是利弗莫尔交易系统重大跃进的一步，从此他不再关心蝇头小利，只专注于怎么赚大钱，变成了趋势交易者。

## 5.1.3 历史新高/新低关键点

一只股票上市时可能以每股50、60或70美元的价格开盘，随后因为被抛售套现而下跌20点左右，此后在最高点和最低点之间维持了一年或两年。后来，如果有一天该股票的成交价向下跌破前期历史低点，则很可能形成一轮幅度巨大的下跌行情。为什么？这说明该公司内部必定在某个地方出了岔子。

——利弗莫尔

利弗莫尔认为当某个公司创了历史新高或新低的时候，必定是该公司内部发生了实质性的变化。一旦某个公司股价创了历史新高或新低，则等到该股票触及全新高位的那一分钟再买进，通常是一个稳妥的策略。

历史新高关键点交易法则：当股价升穿历史高点后，那么股价很可能形成一轮巨幅上升。比如某个公司发生了利好事件催动股价大涨且创历史新高，则后市将会上涨更多，如图5-7所示。历史新低关键点，反之。

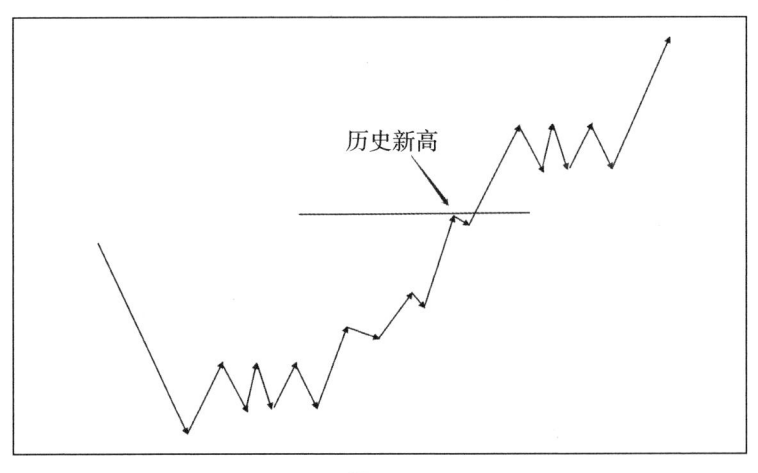

图5-7

以热景生物为例，来说明利弗莫尔历史新高关键点的操作方法。图5-8为热景生物日线级别K线图，行情时间跨度为2019年10月18日到2021年7月16日。

图5-8

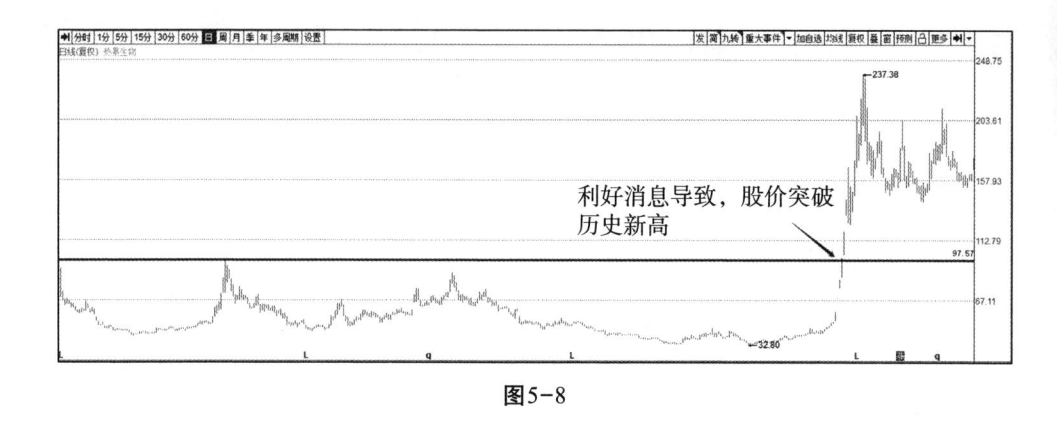

如图5-8中箭头所示,热景生物2021年4月12日晚间发布2021年一季度业绩预告,显示公司净利润同比暴涨109 125.67%到128 630.25%。另外,2021年一季度,公司的新型冠状病毒2019-nCoV抗原检测试剂盒(前鼻腔)和新型冠状病毒2019-nCoV抗原检测试剂盒(唾液)两款新型冠状病毒抗原快速检测试剂产品分别于2021年3月2日和3月22日获得德国联邦药品和医疗器械研究所用于居家自由检测的认证,可以在德国的商超、药店、互联网商店等销售,使得公司的外贸订单爆发式增长。利好消息使得股价一举击穿历史最高点,之后更是继续强劲暴涨一倍多。如果使用利弗莫尔交易法在股价触及历史新高的那一分钟买进,则将很快大幅获利。

## 5.1.4　整数关键点

多年以前,我已经开始通过这种最简便的关键点交易法来盈利。我常常观察到,当某只股票的成交价位于50、100、200甚至300美元时,一旦市场穿越这样的点位,则随后几乎总会无可避免地发生直线式的快速运动。

伯利恒的故事还没有讲完。在200美元、300美元,我依葫芦画瓢;到了令人眩目的400美元,我还是如法炮制。

——利弗莫尔

整数关键点是指当股价首次越过像50、100、200、300等这样的整数时，就是利弗莫尔关键点入场的时机，因为股价往往都会几乎不可避免地直线拉升。用我们现在的理论解释就是大众偏好，由于人们一般喜欢整数，所以总会锚定股价整数关口进行交易。比如，某个投资者在103买入股票后，他往往喜欢将止损设置为100元整数关口；如果现价是108元，那么他也很可能在100元整数关口挂单买入。

在股价上涨过程中，一旦股价涨破整数关口关键点，则倾向于进一步继续大涨，如图5-9所示。在股价下跌过程中，反之。

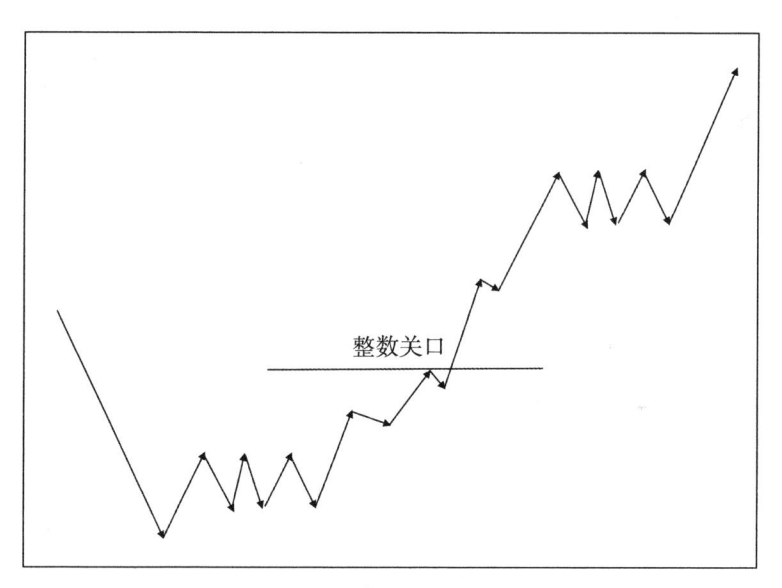

图5-9

以宁德时代为例，来说明利弗莫尔整数关口关键点的操作方法。图5-10为宁德时代日线级别K线图，行情时间跨度为2019年6月28日到2020年7月23日。宁德时代升穿100元整数关口后，股价短短一个多月，迅速冲到170元。

图5-10

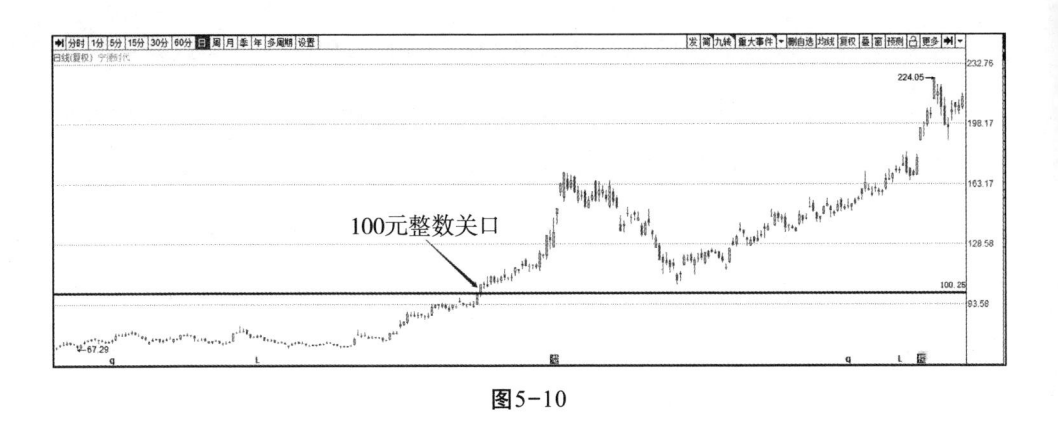

## 5.1.5 延续关键点和反转关键点

你必须认识到，一旦出现了"趋势反转的关键价位"，整个大势就改变了。还有一种关键价位，叫作"证明趋势延续的关键价位"，后者能确认行情仍然在延续。

——利弗莫尔

关键点是利弗莫尔交易技巧的重点之一，这种交易技巧在20世纪20年代和30年代早期基本上还没有哪个股票投机理论正式提出过。关键点就是定时技术，利弗莫尔以此来决定何时进入和退出股市。对于长期趋势变化发生在底部还是在顶部都无所谓，利弗莫尔的关键点都可以很好地把握。因为他既有判断行情延续的"延续关键点"，也有判断行情反转的"反转关键点"。

**1. 延续关键点**

在上涨过程中，延续关键点是指股价朝着原先的方向突破关键点，先前的盘整只是为了下一轮更好的上涨，并且成交量往往跟随放大。下跌情况同理。

利弗莫尔对于行情延续的观点是股价在上升过程中，都会伴随着小规模的调整，随后行情会再次上涨收复调整的失地，并且会继续进入更高的价格区域，然后行情再次调整。任何股票趋势明确的状态，都是按照此形式不断重复演变，且每次调整都保持最小阻力线方向不被破坏。而延续关键点往往发生在调整结束，股价向上突破的时候。下跌行情，反之。

大家可以看到利弗莫尔的这种意识的确超前，一百年前对行情的运动方式的理解，基本符合我们现在的波浪理论和趋势理论。

当股票经过一轮上涨后，价格在一个平台进行整理，随后继续向上突破振荡区间，行情延续上涨，此时价格创出的新高关键点就是延续关键点，如图5-11所示。

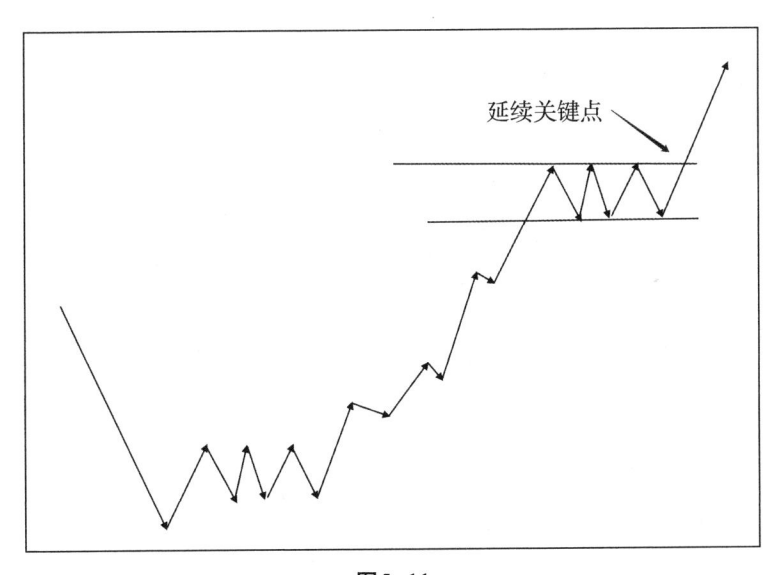

**图5-11**

以迈为股份为例，来说明利弗莫尔延续关键点的操作方法。图5-12为迈为股份日线级别K线图，行情时间跨度为2020年11月11日到2021年12月7日。当股价突破延续关键点时，成交量也急剧放大，价格沿着原先的上涨趋势继续大幅上行。

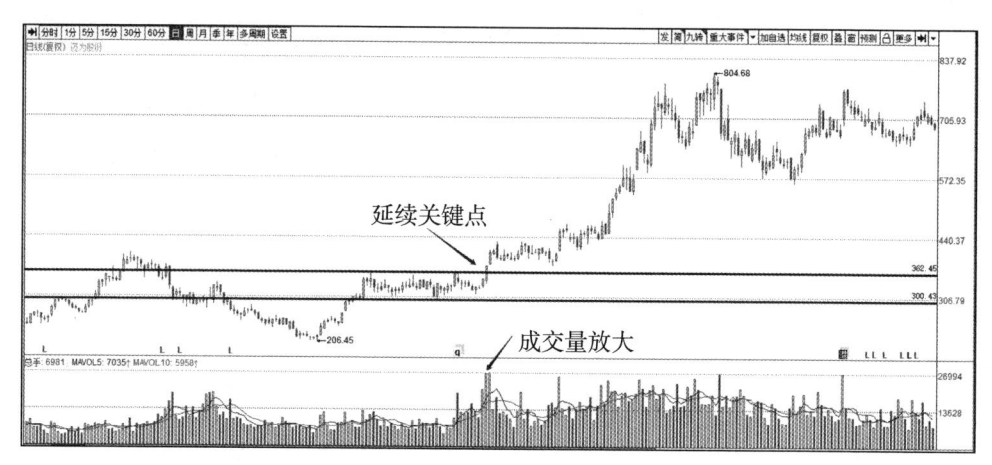

图5-12

## 2. 反转关键点

反转关键点是指股价见底或者见顶之后向反方向运动，这是利弗莫尔最中意的关键点，是他最好的交易时机。他总是喜欢在股市一片高涨的时候反向砸空，所以被称为20世纪股市的空头之王。第一次是1907年的"大恐慌"，他反向做空股市赚了300万美元，第二次则是1929年的"大萧条"，他再次反向做空股市，豪赚1亿美元。

在下跌过程中，反转关键点往往伴随着交易量的巨量增加，买盘升至高峰，但卖盘非常稀少。这是买方和卖方之间的博弈结果，预示着股市转折的开始。上涨情况，反之。利弗莫尔认为，如果想要赚大钱一定要耐心等待反转关键点的到来，因为它往往伴随的是长期反转的大行情。

当股票经过一轮下跌后，价格向上突破振荡区间，行情转势上涨，此时价格创出的新高关键点就是反转关键点，如图5-13所示。

以华致酒行为例，来说明利弗莫尔反转关键点的操作方法。图5-14为华致酒行日线级别K线图，行情时间跨度为2020年11月25日到2021年12月15日。当股价突破反转关键点时，成交量也急剧放大，价格见底后暴涨。

第五章 利弗莫尔——"新"关键点 | 179

反转关键点

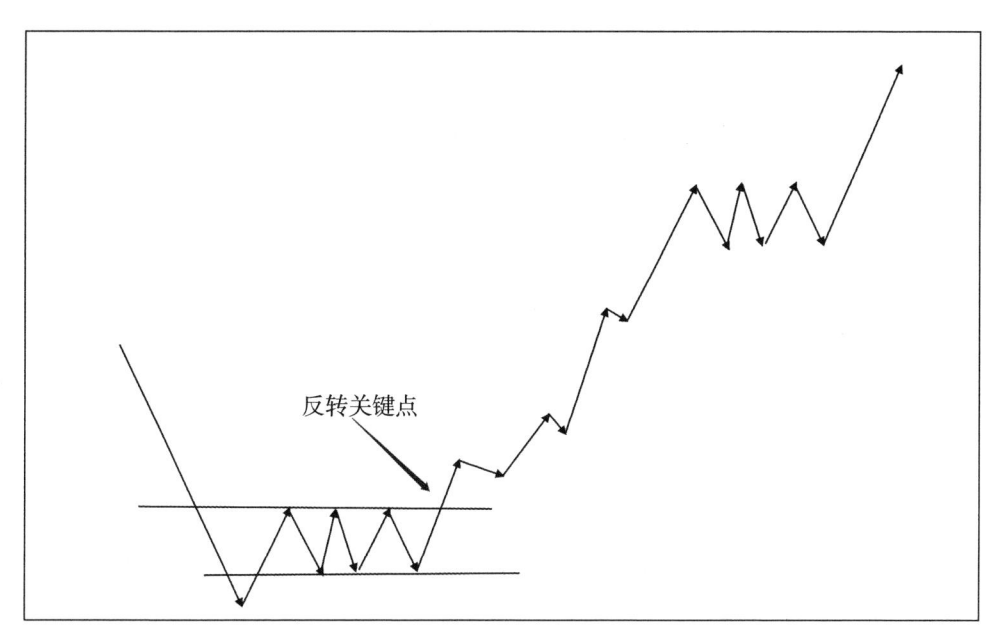

图5-13

反转关键点

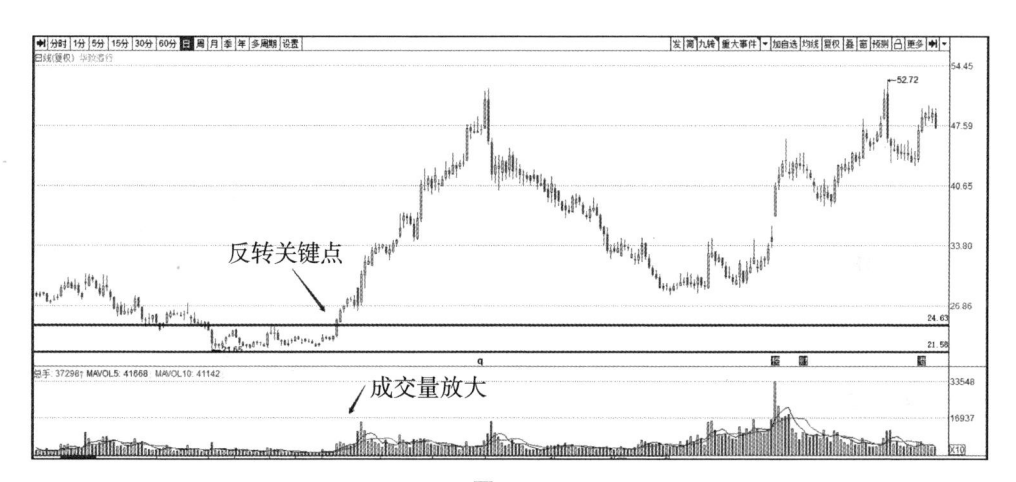

成交量放大

图5-14

## 5.2 利弗莫尔关键点的原理

在寻找"新"关键点之前，我们必须先弄明白利弗莫尔关键点的原理。根据5.1节所介绍的关键点，我们可以得出利弗莫尔关键点的三个原理。

### 5.2.1 高概率事件

不论何时，只要耐心等待市场到达我所说的"关键点"之后才动手，我的交易就总能获利。

——利弗莫尔

从利弗莫尔上面这段话我们可以判断出一条重要的线索，那就是利弗莫尔的关键点是高概率事件，因为他的交易总能获利。这一点很重要，如果是频频失利的方法，则很容易削弱信心，从而质疑自己交易方法的可靠性。所以这一点是非常有助于保持良好心态的，这也是能让利弗莫尔拒绝小道消息，坚持独立思考的重要信念来源。

### 5.2.2 买在起涨点

利弗莫尔认为人性是有局限性的，如果进场不好，那么就会容易因为市场小级别的上下波动造成的亏损而焦虑。在《股票大作手操盘术》中，利弗莫尔提到："真正从投机买卖中赚得的利润，其实都是来自那些从开始就一直盈利的头寸。"从这句话中我们可以找到另一条线索，那就是利弗莫尔的关键点是非常精准的，这是利弗莫尔成功投资最关键的一步。利弗莫尔认为买入就要盈利，因为只有现实的账面盈利才能坚定持股的信念。如果一开始没有盈利，不但说明很可能方向错了，更严重的是心态会因为头寸遭受威胁而变得脆弱，那么无论方向对错，都将很难从这笔交易中获利。

"罗马不是一天建成的，没有哪个市场的重大运动是在一天或者一周内快速完成的。"从这句话中我们可以找到另一条线索，那就是利弗莫尔的关键点是交易重大行情的，并不是短线交易。利弗莫尔的关键点发出信号时，预示着行情启动的心理时机。市场背后会有一种强大的力量，让股价直接继续向前冲。并且利弗莫尔往往会在试仓正确并出现一定的盈利后，开始逐步积累头寸，然后耐心持有，等待利润奔跑。

综上所述，我们可以知道利弗莫尔关键点做的是大趋势启动的关键位置，也就是买在起涨点。

### 5.2.3 突破关键点

想要交易成功，你唯一需要的市场信号就是突破关键点。

——利弗莫尔

利弗莫尔的关键点交易法是等待股价突破关键点时买入。

贪便宜是人的本性，所以大多数人在交易中都是越跌越买。而利弗莫尔的关键点交易法则是越贵越买，也就是逢高买入，更高卖出。这是利弗莫尔革命性的交易思想，在他那个时代很少有人会股票越涨越买。利弗莫尔认为任何股票的最佳买入点均位于其底部运动结束，股票价格创出新高之际。不要以价位高低来衡量股票，股票的上涨是因为它本身，它上涨了才变得越来越贵，而不是因为便宜。

综上所述，高概率、买在起涨点是利弗莫尔关键点的最终目的，也是其根本依据，而突破关键点则是利弗莫尔交易的形式。

## 5.3 "新"关键点

利弗莫尔认为推动股市运动的是人性，而人性永远不变，他的关键点是根据人性设计的，所以在当时是极具赚钱效应的，但历史人物都有历史局限性，时过境迁，现在的金融市场复杂程度已经远远超过利弗莫尔所在的时代。市场不乏政府部门、大机构、保险公司、量化基金、央行、银行、高频交易公司，等等。经常会出现不规则的行情结构，可以上下扫荡，也可以连续出现虚假信号，让投资者左右打脸。所以利弗莫尔的关键点在不改良的情况下，可能无法完全适合当下的金融环境。但利弗莫尔的赚钱思想永不过时，因为口袋变了，股票变了，但华尔街未改变，人性也永不变。所以我们并不是直接搬用他的关键点，而是根据他的思想寻找"新"关键点。

利弗莫尔在《股票大作手操盘术》中明确强调过，他没有进一步探究新的关键点，如果后人发掘到被他遗漏的新关键点，他一点也不会感到惊讶。我们不得不佩服利弗莫尔过人的先知能力和对金融市场发展的预判能力，他在一百年前就能预判金融市场的变化性和创造性，有这样的能力也不愧为华尔街百年以来的天才交易员。而我们要做的就是，顺从其思想，找到新的关键点，让自己也能像利弗莫尔一样在市场中轻松获利。

根据第三章和第四章的介绍，我们一共有四个股票买入点，分别为价值点、切点、限制点和临界点。根据利弗莫尔关键点的原理，可以对它们进行归类，符合利弗莫尔关键点原理的就称为"新"关键点。更多关键点，大家可以参阅另一本图书《像利弗莫尔一样交易——买在关键点》。

我们统计了贵州茅台、隆基股份、片仔癀、牧原股份、中国中免和东方财富这六只股票历史出现的所有价值点、切点、限制点和临界点的概率情况，如图5-15所示。

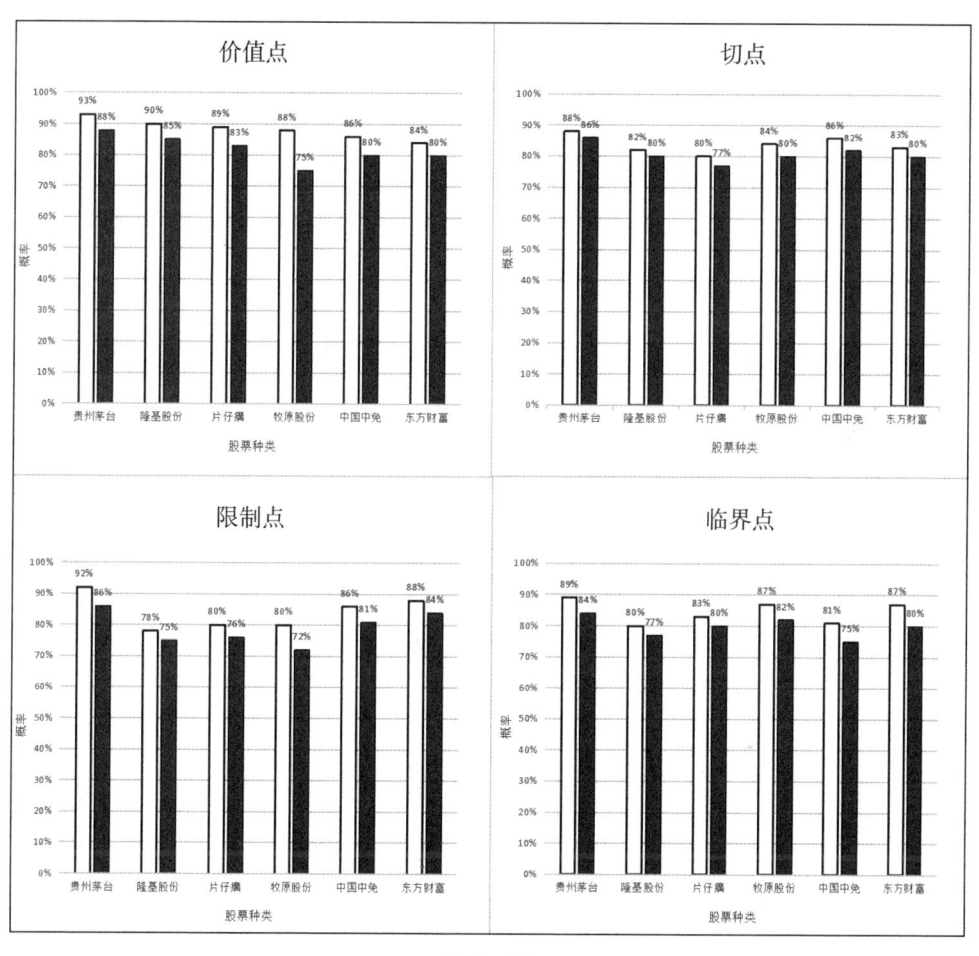

**图5-15**

横坐标为股票种类，纵坐标为概率，空心柱为成功率（以10%止损为统计标准，即买入后没有立马跌破10%的概率）、实心柱为买在了起涨点（即精准买在了低点附近）的概率。从图5-15中可见，价值点、切点、限制点和临界点都具有高概率买在起涨点的效果，所以完全符合利弗莫尔关键点的原理。

## 5.3.1 价值点

价值点买卖的原则是在价值点附近买入价值线朝上的股票，根据这一原则，价值点往往都能高概率立买立赚，符合利弗莫尔一买就赚的思想，即使不满足利弗莫尔的突破手法，但仍然属于利弗莫尔关键点中的起涨点。

图5-16为兆易创新日线级别K线图，行情时间跨度为2021年3月22日到2021年12月20日。当股价回落至价值点附近时，4次买入信号几乎都是精准地买在最低点，入场就开始赚。

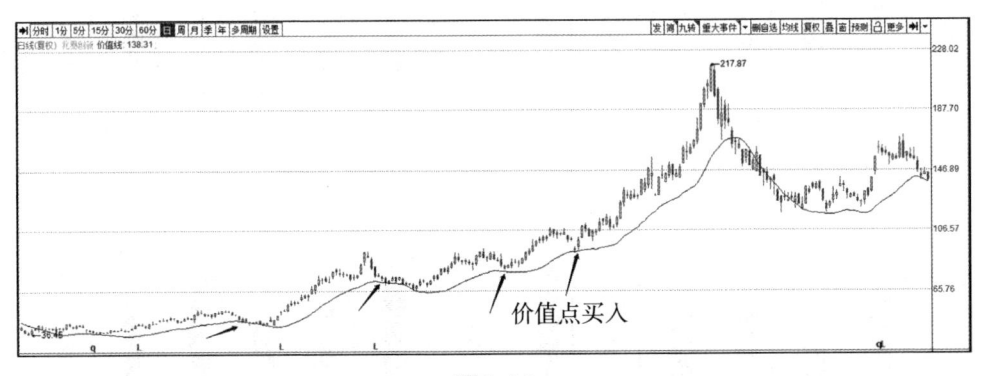

图5-16

价值点一共有两种买卖方法：其一，当价格从高位回落至价值点附近，买入价值线朝上的股票；其二，当价格从低位升穿价值点，在次日开盘确认在价值点之上后，买入价值线朝上的股票。

**注意**：第二种方法极其重要，因为它可以非常有效地过滤主力的虚假信号，让整个交易系统更加完善。极端情况下，股价可能向下大幅虚破，但随即快速回升到价值线之上，出现这种情况时，我们在股价第一次回撤触及价值线时买入，有可能被打止损，那么一旦股价再次回升价值线之上且当时的价值线是明显朝上的，那么就要重新买进，往往随后都能开启一波巨大的涨幅，因为股价破位价值线只是虚假信号，且在K线形态上表现的应该是V形反转形态。

图5-17为值得买日线级别K线图，行情时间跨度为2019年7月15日到2020年8月27日。价格突然跳空，从价值线下方，直接升穿价值线，且此时价值线朝上，所以次日开盘即可买入。

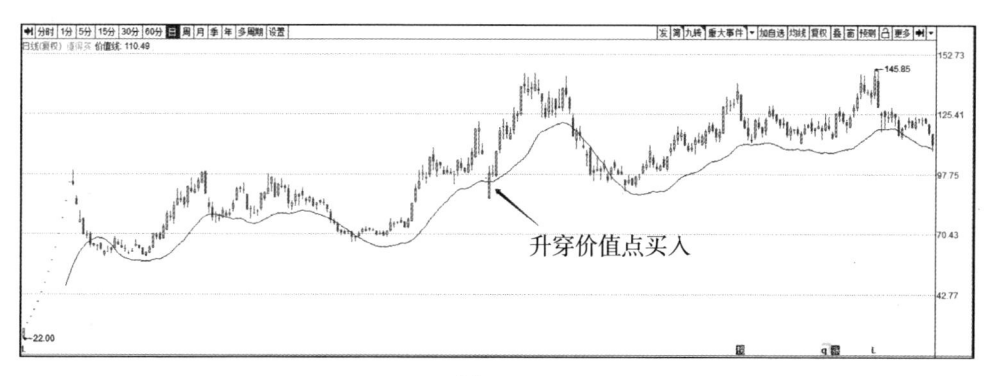

图5-17

从图5-17中我们可以看见，突破价值点买入一样是快速获利，买在起涨点。这种情况属于利弗莫尔"新"关键点中的突破关键点。

## 5.3.2 切点

切点的原理是在行情偏离轨迹程度最大时买进，所以往往能买到行情的起涨点，因此属于利弗莫尔关键点中的起涨点。

图5-18为海通证券日线级别K线图，行情时间跨度为2021年3月22日到2021年12月20日。在切点进场之后，股价都是快速上升。

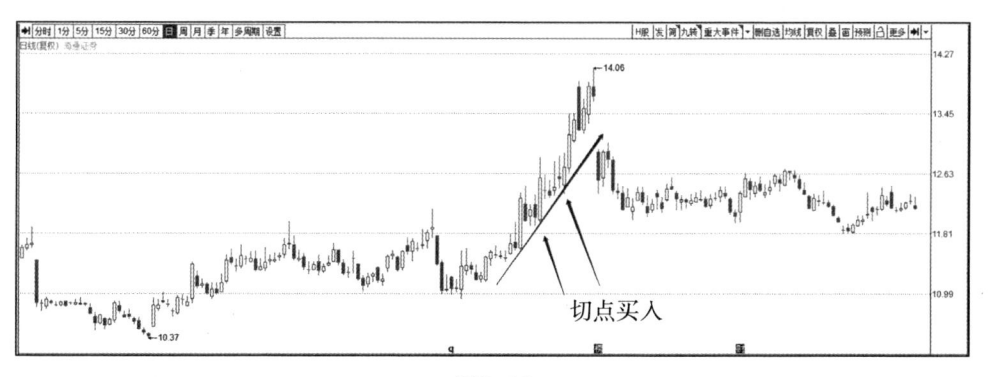

图5-18

切点一共有两种买卖方法：其一，在上升趋势中，当价格从高位回落至切点附近买入；其二，在上升趋势中，当价格从低位升穿切点，在次日开盘确认在切点之上后买入，其实这属于一种虚假信号的处理方式，当股价虚破切线之后，价格重新回归了上升趋势。

图5-19为万华化学日线级别K线图，行情时间跨度为2019年11月08日到2021年8月18日。价格短时间内跌破切线，当股价从切线下方附近重新回升至切线之上，表示股价的下跌只是虚破，虚晃一枪，价格重回原有趋势，所以次日开盘即可买入。

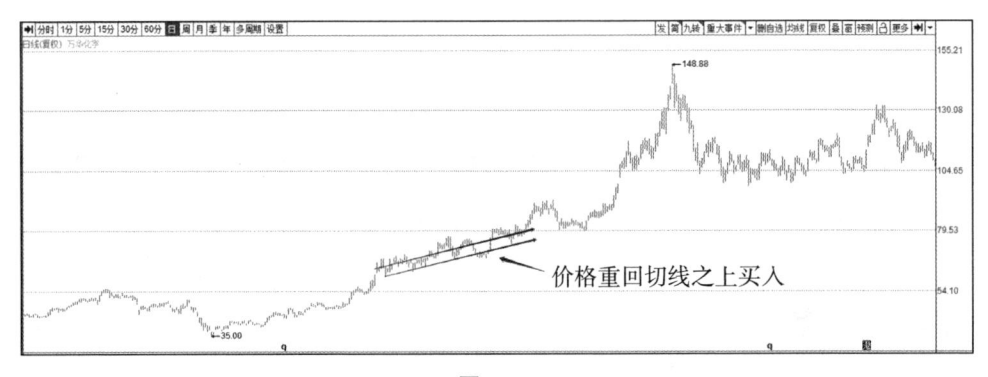

图5-19

从图5-19中我们可以看见，突破切点买入一样是快速获利，买在起涨点。这种情况属于利弗莫尔"新"关键点中的突破关键点。

## 5.3.3 限制点

在上涨行情中，当股价突破限制点的时候，表示趋势打开了新的上涨空间，所以属于突破点，并且往往能快速获利，因此属于利弗莫尔关键点中的延续关键点。

图5-20为海通证券日线级别K线图，行情时间跨度为2017年1月24日到2017年10月31日。当股价突破限制点时，往往都是另一波更强趋势的启动点。

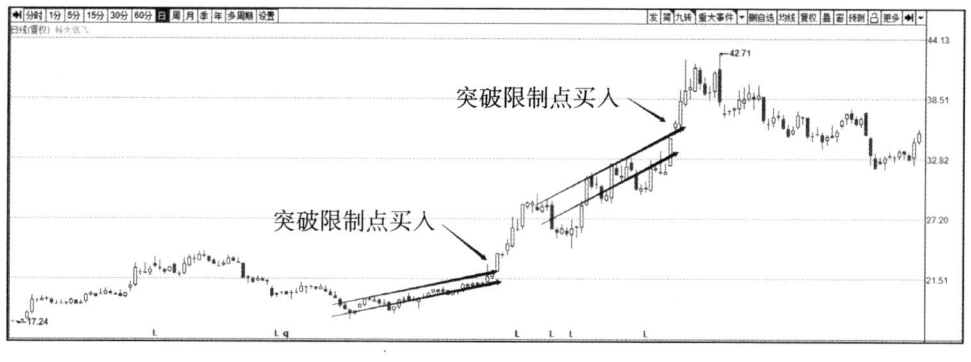

图5-20

## 5.3.4 临界点

临界点的原理是在行情单调性刚刚改变不久就入场，此时大概率是行情的底部附近。临界点属于利弗莫尔关键点中的反转关键点。这个"新"关键点往往获利空间巨大，风险最小。

图5-21为TCL科技日线级别K线图，行情时间跨度为2019年7月24日到2021年5月13日。行情突破临界点后，基本是头也不回地反转大涨。

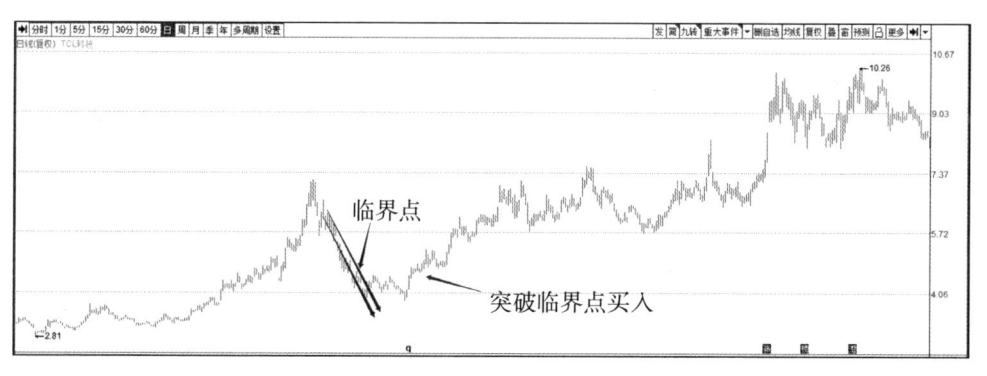

图5-21

# 第六章
# 利弗莫尔——小赔暴赚

利弗莫尔小赔暴赚的思想体现在其"轻仓试仓，浮盈加码"的操作手法之中。看起来很朴实，实际上是最精彩的地方。这也是天才利弗莫尔强调的核心思想，也正是该方法帮助他在美国股市大赚1亿美元，成为股市神话。

一方面，"轻仓试仓"杠杆式降低了风险，另一方面，"浮盈加码"杠杆式扩大了利润。

## 6.1 轻仓试仓

别一下就大笔投入——买之前先试一下，就好像指挥官先派侦察兵到前线探测、侦察敌情，了解敌人的前沿阵地。我在股市依葫芦画瓢。不管怎么说，股市也是另一种战场。

——利弗莫尔

利弗莫尔认为在一个点位上买入是很危险的，应该采用小仓试水的方式，这样可以帮你检查趋势是否正确。等市场变化证明你的观点后再果断交易，交易者兵贵神速。试仓在利弗莫尔交易原则中占据了至关重要的地位，试仓的优点主要有以下六个方面。

### 6.1.1 降低风险

利弗莫尔在资金管理原则中强调："别输钱——别输了本金，别丢了你的额度。投机商没了钱，就像是店主没了货。钱就是你的库存、你的生命线、你最好的朋友。没钱你就出局了，别丢了额度。"注意风险也是他资金管理中最重要的一条。

利弗莫尔认为，按照一个价格满仓买入是错误和危险的。因为没人能够在买入之前100%确定行情的方向，如果亏了50%，必须得赢100%才能补回来。

投资风险是由不确定的因素作用而形成的，而这些不确定因素是客观存在的，并在一定条件下风险还带有某些规律性，可减少或者规避不必要的风险，但不可能完全避免或消除。无论是技术分析还是价值投资都无法准确预测未来行情的变化，所以我们必须坦然面对风险。

墨菲定律表明，如果坏事有可能发生，不管这种可能性有多小，它总会发生，并造成最大可能的破坏。墨菲定律是一种自然规律，所以重仓交易是与天为敌。VLR模型试仓都是轻仓，所以总会在错误的时候帮助我们少亏很多钱，这样就能大大降低交易的风险。

## 6.1.2 过滤"日间杂波"

赌博和投机的区别在于前者对市场波动押注，后者则等待市场不可避免的涨跌，在市场中赌博是迟早要破产的。

——利弗莫尔

一方面，一般投资者几乎只关注价格，而事实上仓位往往比价格更重要，因为如果仓位过大，投资者可能无法容忍股价的正常波动，从而过早地从一个很好的交易中退出。头寸越大，交易员受恐惧的影响就越大。

另一方面，由于厌恶不确定性，投资者往往更偏向快速兑现既得利润，这样容易陷入市场噪声之中。市场永远是波动的，价格围绕价值上下波动，如图6-1所示。

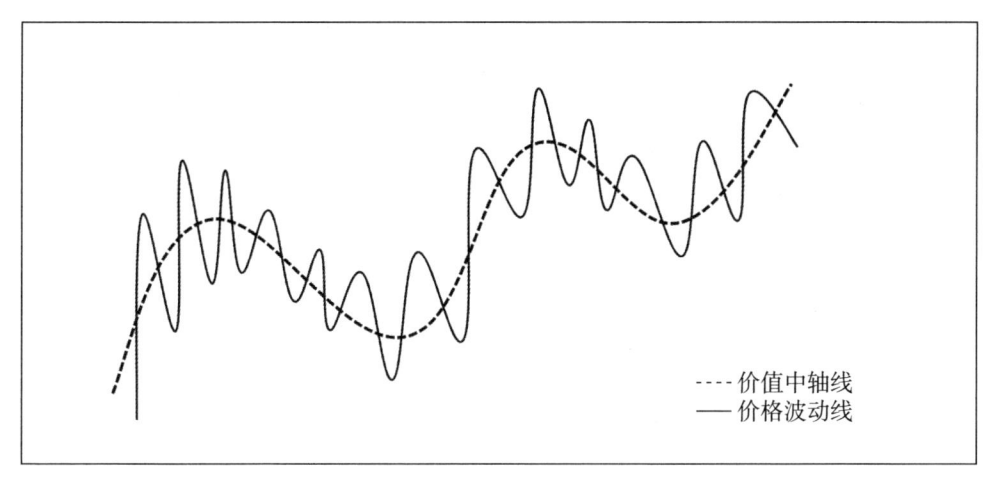

图6-1

----价值中轴线
——价格波动线

从经济学的角度,我们知道价格由供需决定,而供需被多种因素影响,因此供需的可变性导致了价格的变化。从交易行为学的角度我们知道,价格是交易者买卖的结果,而驱使交易者买卖行为的是交易者的预期,交易者的预期又会不断变化,比如受市场消息、自身因素、价格波动等影响,这就导致了价格的波动性。因此价格波动无时不在。这些小规模的波动我们称之为"日间杂波"。根据不可测定理,我们不应该沉醉于追逐市场随机报酬。而根据市场波动二象性,即小级别呈现随机性,而在大级别呈现趋势性。我们知道市场存在一种稳定性、连续性的规律,那就是长期趋势。就像利弗莫尔说的一样,应该等待市场不可避免的涨跌。

结论是我们应该坚持交易长期趋势,那么就需要过滤"日间杂波",因此相应的止损幅度也会有所提高。而当重仓操作时,对于波动率的容忍度就会降低,自然而然无法接受稍大的止损,容易陷入杂波操作,以大博小,频繁巨亏。

曾经有一位老乡,痴迷于杂波操作,在经历了连续的抗单巨亏之后,有一天他信誓旦旦地说:"我每次预测其实很准的,就是喜欢抗单,吃了心态的亏,我现在给自己下一个死目标,只要亏1%我就严格止损,赚2%我就走，我相信一定可以成功。"结果没过多久，他又因为抗单大亏。这样的决心他下了无数次，但是始终无法严格执行。究其原因，他对于杂波的预测是没有依据的，有时候确实猜对了，但因为时时刻刻都在盯盘，满脑子都是市场的起起伏伏。在这种消极的心理状态下，往往不能理性地坚持自己的交易原则。

在知乎上看到过这样一个问题。

"按照利弗莫尔的理论，他从不在回调时买入，永远都是在突破点买入。但是在大盘弱势的时候，突破买入往往然并卵。所以我的问题是，顺势交易，到底是突破买入还是回调时买入？如何才是顺势？"

上述问题的回答中最高赞的大致意思是，如果突破买入，止损会扩大；而回调买入，往往又容易错过机会。所以是一个鱼和熊掌不可兼得的问题。可能是出于风险厌恶情绪考虑，答主选择的是回调买入。其实这个问题忽略了利弗莫尔"轻仓试仓，浮盈加仓"的资金运作手法，过分地关注关键点。如果利弗莫尔来回答这个问题，他可能会说：开什么玩笑，何必纠结于那一点回调的杂波行情，轻仓试仓也不会损失多少钱，关键是一旦买对了，持续浮盈加码，盈利倍数会蹭蹭地放大，又何必陷入市场小规模的回调行情之中，应该关注市场主要趋势，那些不可避免的上升和下降趋势才能让你赚大钱。

所以真正掌握利弗莫尔的交易方法之后就会发现，突破买入还是回调买入对于"轻仓试仓，浮盈加码"来说无关紧要。轻仓操作除了可以提升心态以外，最重要的是让我们敢于适当放大合理的止损以过滤"日间杂波"，也就是提升容波率，让我们只关注市场的主要趋势，追求稳定的收益。

### 6.1.3 提升容错率

容错率，是指在某个体系中能减少一些因素或选择对这个系统产生不稳定的概率。通俗来说，容错率就是指允许错误出现的范围和概率。

根据墨菲定律，人性是容易犯错的，所以如果一直交易，一次错误也不犯是很困难的，更何况很多人的自律性不高，认知不高，心态非常差，会经常犯同样的错误。但如果是轻仓操作，哪怕万一犯了错误，也不会致命，还有多次重来的机会，总能有机会获取成功。

利弗莫尔在1929年大崩盘之前就是不断试仓，错了很多次，但是最后一次成功了，一样获得了巨大的利润。

我们知道常规思维是提高正确率，所以容错率其实是一种逆向思维。而恰恰在金融市场，逆向思维往往是市场的真理。

容错率就是要求我们尽可能地提高自己在投资过程中容纳自己犯错误的概率。如果我们只能容纳10%的错误率，那么在投资中，就必须有超过90%的概率才能取胜；如果我们的容错率是50%，那么在投资过程中，只需要50%的概率就能取胜；如果我们的容错率是90%，那么在投资过程中，仅需要10%的概率就可以轻松取胜。

大家想一想，是做到90%的概率容易，还是10%的概率容易？容错率在我们的错误率范围之内，并不能让我们失败。所以提升容错率，一定可以让成功变得更容易。而投资者通常的思维是正向地提升概率，但是提升概率不能让成功容易半分。

有些人容错率非常低，错一次就前功尽弃，那么就算将准确率提高到99%，也一样不能成功。而且在高概率的压力下，心理压力非常大，极容易犯错，交易系统极容易崩溃。但是如果反向去提升容错率来完善交易体系，那么假如你的容错率是50%，那么只需要做到50%的概率就能成功。

这就是为什么正向思维极容易失败的原因，以反向思维去提升容错率，会比追求正向准确率更容易成功。

### 6.1.4 应对时机

利弗莫尔在资金管理原则中强调，要留有足够的现金，以应对时机。而轻仓试仓也是在践行这一原则。

很多人做盈利加仓操作的时候，总是不如意，认为很难操作，那是因为他们的格局太小，视野太小了。在股市中以小博大的方式只能依靠重大行情的运动，所以钱不应该一直待在股市中，虽然市场时时刻刻都有波动，但并不是总有大机会。如果你把资金占满了，那么等重大时机来的时候，你只能与之擦肩而过。

采用轻仓试仓的方式，就能时时刻刻保持最佳作战状态，一旦机会来临，就在盈利的时候不断加仓，把资金用在最有利的机会上，把握住这个大的机会，一定会获利丰厚。

### 6.1.5 试探趋势

在市场证明你是对的之前，不要轻举妄动。

——利弗莫尔

利弗莫尔认为，在看不清市场方向的时候，就用少量仓位去试。如果错了，就止损出局；如果对了，就耐心持有，并抓住机会加仓，扩大头寸。

行情总是起起伏伏并伴随毛刺和杂波，无论用何种技术都不能完全确定当下的趋势。就算是能高概率抓对趋势的巴菲特，依然会出错，哪怕价值投资，一样也有马失前蹄的时候。比如，2020年5月巴菲特称亏本清仓了所有航空股，即使伯克希尔给了一些公司资助，但航空公司亏损很大，因此撤走了投资，承认失败。

因此，轻仓试仓有利于准确测出当下趋势的动向。用道氏理论来讲就是

"市场不是你预测会怎样，而关键是当下是怎样"。当你试仓买进，如果上涨获利，那么盈利就是鲜明的证据，不可辩驳地说明你当下是对的。相反，如果你亏损了，那就说明你一定错了。关注当下才是最大限度地保证客观性。

当你试仓盈利的时候还会发生两种情况：第一种情况是盈利之后加仓，越加越赚，趋势沿着交易的方向持续发展；第二种情况是盈利之后加仓，行情又回去了，但是盈利的时候，已经有了足够的浮盈去抵抗加仓的风险（盈利加仓的原则是不扩大浮亏加仓）。因此哪怕遭遇了第二种情况，也不会增加风险。

## 6.1.6 内部杠杆

轻仓试仓等于提供了内部杠杆，等于"杠杆式"降低了风险，同时为"杠杆式"增加利润提供了条件。比如将100万元资金10等分，以1份资金买入，就等于风险降低了10倍。轻仓"杠杆式"降低风险，单独来看好像很简单，没什么奥妙，但是重点不在于轻仓本身，而在于在市场证明是对的时候，预留出来的资金可以在盈利的情况下加仓，手上的资金就像后续部队一样，成倍成倍地冲进"战场"，在前方得利的前提下，"杠杆式"扩大胜利优势。利弗莫尔也是借此"杠杆效应"以小博大，轻松赚取了巨额利润。

综上所述，轻仓试仓在利弗莫尔赚大钱的过程中起着"千斤顶"的作用。

## 6.2 浮盈加码

> 我只在升势的时候买股票,此时我才觉得舒服。我每多进一手都一定较上一手的价格更高。
>
> ——利弗莫尔

浮盈加码是利弗莫尔交易系统中最核心的逆向思维设计,也是利弗莫尔成功的核心因素。在你学会浮盈加码放大利润之前,你充其量是个普通交易员,不是优秀交易员。有一种时候,市场的节拍出乎意料的完美,那么不要犹豫,持续增加头寸,千万不要反应迟钝,因为这样的机会并不多见。

利弗莫尔的浮盈加码主要有以下三个特征。

### 6.2.1 反向操作

> 记住,股票从来就没有太高了不能买或太低了不能卖这回事,但进场后,如果第一手没给你利润,别进第二手。
>
> ——利弗莫尔

浮盈加码在当时属于革命性的交易思想,在金融市场中,反向思维往往是最正确的思维,这是利弗莫尔能成功冕冠股市之王的重要原因。在他了解了对赌行具有95%的赚钱概率之后,就明白了华尔街不会变,股票不会变,人性永不会变的道理,所以他从不与人交流,不随大众,因为他明白,和对赌行一样站在大众的对立面,也就是站在人性的对立面,就有高概率赚钱的把握。

人性的弱点永远存在，交易最重要的阻碍就是人性，而人性永远不会变，所以逆向思维的交易方法永远是赚钱的方法。哪怕时至今日，逆向思维依旧是投资市场的真谛，因为现在的人也没变。

金融市场是根据逆向思维设计的，永远是少数人赚钱，所以逆向思维的交易必是赚钱的方法。人性都是想捞便宜货，这一点对一般投资者来说很难克服，因为盈利加仓的成本越来越高。多数人亏钱的共因就是沉迷于随机回报，不愿意亏小钱出场，期望随机概率，亏损加仓，把催命符当成救星。

## 6.2.2 指明趋势

优秀的投机家们总是在等待，总是有耐心，等待着市场证实他们的判断。要记住，在市场本身的表现证实你的看法之前，不要完全相信你的判断。

——利弗莫尔

浮盈加码是利弗莫尔重要的"时间因素"（time element）之一，浮盈的时候可指明当下交易的最小阻力线方向是对的。就像利弗莫尔表达的意思一样，任何预测趋势的方法，都没有当下头寸在持续盈利更有说服力。因为市场从来不是你判断对了，而是有其自己的生命，市场永远是正确的，当市场告诉你对了，那你就一定能获利。

趋势是具有延续性的，所以当频繁加仓、频繁盈利的时候，表明你交易的趋势一定是对的。利弗莫尔还强调必须要有耐心，不要试图最后一刻卖出或者第一时间买进，等待市场完全明确再去加仓，也就是说，不能见到利润就加仓，必须等利润跑出一段后才能加仓。一方面，因为积累了足够的利润才能抵消加仓的风险；另一方面，此时也更加能证明趋势的正确性，避免被行情杂波干扰。

### 6.2.3 利润倍增

> 在你学会放大利润之前，充其量最多是一个普通交易员。优秀的交易员善于抓住机会，在对的时候扩大利润。交易重要的地方并不是对错，而是在正确的时候要最大限度地发挥出你的力量来，一旦发现机会，一定要两只脚都踩上去。
>
> ——利弗莫尔

对于那些已经蒙受巨大损失的人，他们不愿意轻仓操作，因为筹码已经很少了，恐怕猴年马月也不能回本，索性破罐子破摔好了。这类人已经很难回头重新好好做交易了，因为急于短时间内挽回巨大的损失，会让他们频繁重仓甚至满仓，但重仓时心态又控制不好，很容易无论对错都在亏钱。没有任何胜利可言，在与人性的斗争中，已经让自己弥足深陷。

那么有没有办法可以帮助他们呢？也就是说，有没有轻仓也能大赚的方法？如果有的话，就可以解决这些人重仓和心态两难的抉择。有人说长线持有，可以增加利润，但仓位轻，即使长线也赚不了多少，而且人生时间有限，并没有几个长线机会等你。

轻仓赚大钱正是利弗莫尔的绝招，利弗莫尔的轻仓不是简单的轻仓。我们都知道杠杆的魅力是无穷的，它能够以小博大。这里指的不是融资，融资是外部杠杆，融资杠杆的确能带来数倍利润，但是也成倍地带来了风险，并不符合我们降低风险的原则。这里指的是内部杠杆，经过轻仓操作，就给我们预备了使用内部杠杆的空间。

继续用10万元本金为例，分成10等分，就当作自己只有1万元本金，其他9万元是借来的，这样我们就等于上了内部10倍杠杆。

在第一单开仓的时候，买入1万元，设置好止损10%，如果方向错误，那么最多就是亏损1 000元，也就是亏损本金的1%。如果方向正确，盈利的时候，开始加仓1万元，加仓之前先移动止损，缩小风险，并且保持风险为本金的1%不变。

如果第二单继续盈利,那么继续加仓1万元,同样加仓之前先移动止损,缩小风险,并且保持风险为本金的1%不变。

以此类推,继续盈利就继续加仓,等行情跑完一大波之后,就可以根据移动止损锁定获利,这个时候就是零风险。

如果继续盈利就继续加仓,如果行情给力,一直单边上涨,则可以无限加仓,根本不去管仓位,越加仓越赚,仓位变得越来越大,但是风险始终未扩大一分。

这是利弗莫尔交易系统中最厉害的地方。每加一次仓就等于加了一次杠杆。因为是盈利加仓,所以只增头寸不增风险,这种无风险式的杠杆操作很容易让利润滚滚奔腾。很容易就能以1%的风险赚几十甚至上百倍的利润。

我们知道利弗莫尔在棉花市场中也曾大敛横财,所以就算是在商品期货市场,盈利加仓也是"上乘之功",它会将杠杆运用到极致。

我有一位朋友是做商品期货的,在棉花大涨之中赚了近600倍的利润。

图6-2为棉花日线级别K线图,行情时间跨度为2019年7月19日到2021年12月2日。他在2020年4月棉花见底的时候进场,然后不断进行盈利加仓操作,只付出了2 000元不到的风险,大赚了100多万元。

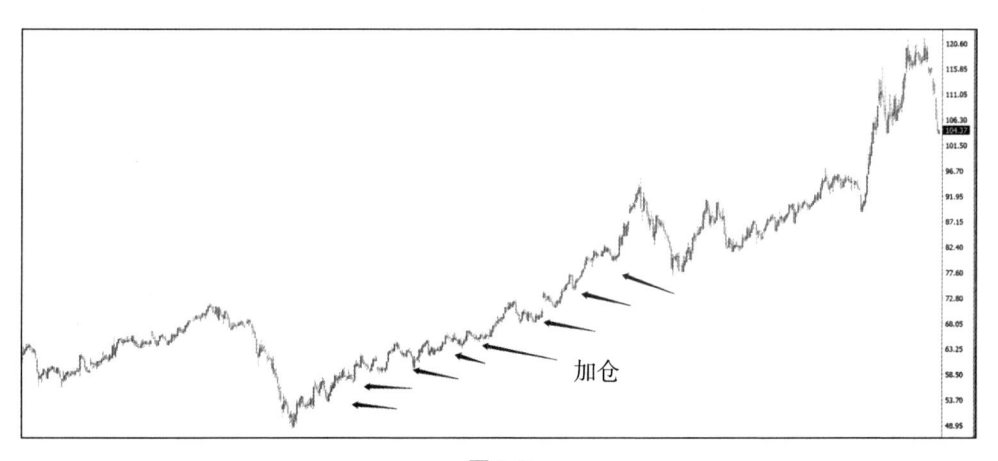

图6-2

在交易棉花的过程中，他买了超高杠杆的产品，但"轻仓试仓，浮盈加码"的操作策略，根本不畏惧高杠杆，反而杠杆越高，风险越小，越方便操作。杠杆本身不会扩大风险，决定风险大小的是头寸数目，也就是合约数目。杠杆是多数人的噩梦，其实是人们自己忘记了风险，没有弄明白低保证金制度，一次性盲目地买进了自己难以承受的风险头寸。

综上所述，盈利加仓在利弗莫尔赚大钱的过程中起着"加速器"的作用。

## 6.3 长线投资

我的行情记录明白地告诉我，它们不会帮助我追踪小规模的日内波动。但是在关键价位，就能看到重大行情即将到来的价格形态正在形成。

——利弗莫尔

### 1. 罗马不是一天建成的

"罗马不是一天建成的"，没有什么大行情会在一天或者一个礼拜就走完，行情的发展需要时间。很重要的一点是，大行情中最重要的一部分往往出现在整波行情的最后48个小时里，你要保证这个时候你自己在场内。

——利弗莫尔

利弗莫尔认为，想赚大钱就要有足够的耐心等待，大行情往往发生在整波行情的最后阶段。趋势往往不是一蹴而就，一旦证明是对的，就要耐心持有头寸，等待利润奔跑。这也是为什么他曾经做空美国股市，一直空到

JP·摩根、美国白宫求他，才愿意收手的信念来源，因为对于盈利的头寸，他知道利润会不断奔跑，因此不会轻易收手。

**2. 收益更稳定**

> 赌博和投机的区别在于：前者对市场的波动押注，后者等待市场不可避免的升和跌。在股市赌博是不会成功的。
>
> ——利弗莫尔

投资者一般都喜欢每天买卖，他们希望像做其他工作一样，每天都能拿一笔钱回家。但是任何人都不可能有足够的理由和知识使他每天的买卖都是理性的。因此无法避免的会罔顾市场情况，全凭感情杀进杀出，导致亏损累累。

不要急于去抓钱，耐心等待，让交易在被动中完成，赚钱在被动中实现。

赚钱这事，无法强求。多数人摆脱不了手痒的习惯，是因为他每次只赢一点，那么必须靠数量来积累利润，如果有巨幅盈亏比的交易系统，那么就很容易摆脱手痒的毛病。

市场具有随机和规律两个特点，我们只能赚到规律的钱。根据市场不可测定理，没有人能抓住市场所有的波动，尤其是日内杂波。所以赌博和投机的区别在于前者是对市场波动甚至是杂波的押注，后者却是等待市场不可避免的升和跌。要想稳定地赚大钱必定是大波段的顺势交易。

长线投资可以带来相对稳健的收益，其最大的"魅力"在于，你所获得的收益，很难一下子亏回去。比如，利弗莫尔每次赚就是暴赚，因此他的利润才呈指数级暴涨。当你赚一次就是100倍的时候，把全部利润亏完也不太容易。

### 3. 提高赚钱概率

经常有人说"浮盈加仓，一把亏光"。这些人否定浮盈加仓的原因是，除了关键点找得不对，技术有待提高以外，其主要原因是过分地陷入短线杂波之中。在杂波和毛刺中试仓那是无稽之谈。赚大钱必须靠长线投资，就像利弗莫尔所说："大钱不存在于股票的日常小波动，大钱只存在于大势之内。因此你需要判定大势的走向。"

短线行情都是来来回回、上下波动的，很容易在加仓的时候就被震出来。不但无法赚到指数级加仓的利润，还会出现极高的错误率。但在大行情的底部，上涨空间是巨大的，一旦趋势启动将是无法阻挡的。行情运行有一个普遍规律，那就是底部启动之前往往是反复筑底，而一旦开始启动，往往是迅速的，如果此时上车，就能快速脱离成本，很难再将你甩下车。既然手中已经有了巨大的账面利润，那么怎么浮盈加码都很难让自己陷入较大的风险之中，自然能大大提高浮盈加码的命中率。

综上所述，长线投资在利弗莫尔赚大钱的过程中起着"稳定器"的作用。

# 第七章
# 利弗莫尔模型——VLR 模型

## 7.1 VLR 模型

### 1. 定义

利弗莫尔模型是结合价值线和最小阻力线两大工具，运用"轻仓试仓，浮盈加码"的思想，依据科学的仓位管理所形成的交易模型。为了方便，简称"VLR模型"。V是价值线的英文Value Investment的首字母，L和R分别是THE LINE OF LEAST RESISTANCE中的LEAST和RESISTANCE的首字母。由于THE LINE OF LEAST RESISTANCE是出自利弗莫尔书中的核心交易原理，所以我们把VLR模型也称为利弗莫尔模型。

VLR模型以价值线为前提，以价值点、切点、限制点和临界点为"新"关键点。也就是说，在入场的时候，必须遵循价值投资、价值线朝上和靠近价值线这三大原则。

根据VLR模型三大原则我们知道，当价值线明显朝上时，最小阻力线战法的入场点（即切点、限制点和临界点）要接近价值线才能入场，如果远高于价值线则不能作为入场信号。

我们可以把价值线看作函数$M(x)$，股价看作函数$F(x)$。根据VLR模型的买点原则，所有入场点都必须靠近价值线，也就是说，所有买点都是价值线函数的导数等于股价函数导数相同的地方，即$M'(x)=F'(x)$。

"对我来说，有的危险信号非常强烈，这就是'一日反转'"。利弗莫尔对一日反转的定义是：当日最高点在昨日最高点之上，当日收盘价低于昨日收盘价，且当日成交量大于昨日成交量。大多数时候，这是趋势反转的危险信号。因为多数股票是根据自己的习性波动的，在趋势运行的时候，会沿着最小阻力线运动，但是暴涨之后立马大幅暴跌，表明股票的上涨趋势已经破坏。

在运用VLR模型的时候，要防止"一日反转"的情况。股价在牛市的最后阶段，经常会突破限制线，强劲上涨，一般这时候会远离价值线，容易出现"一日反转"，这就是我们常说的最后的疯狂。因此，当股价经历了一轮比较大的涨幅时，需要谨慎使用限制点作为入场信号。

图7-1为中信证券日线级别K线图，行情时间跨度为2021年3月22日到2021年12月20日。当股价突破限制线后，已经远离价值线，属于高估区域，行情只是小幅上涨，随后出现"一日反转"，见顶下行。

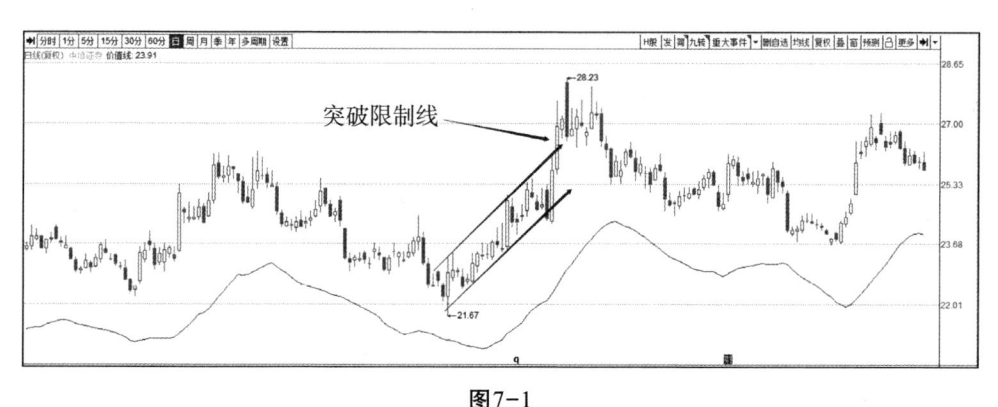

图7-1

### 2. 优点

"轻仓试仓，浮盈加码"是VLR模型的核心，可以做到攻守兼备，以小博大。可以将本无杠杆的股票运作成"杠杆效应"，这里的杠杆并不是通过融资获得的外部杠杆，外部杠杆虽然能放大获利，但同时也放大了风险。VLR投资模型是在不借助任何外部杠杆的情况下，借助利弗莫尔高超的战略，"杠杆式"降低风险的同时，"杠杆式"放大利润，打破风险随利润成正比增加的魔咒。VLR模型不光是一种交易方法，还是高于交易方法的投资战略。这正是利弗莫尔交易获取巨大成功的核心原因。

市场中赚钱的方法主要有两种：一种是价值投资；另一种是以小博大。

巴菲特是将价值投资践行到极致的人，价值投资强调的是永远要做极尽可能的确定性事件，永远不打没把握的仗。"知己知彼，百战不殆"，这是兵家的制胜法宝。但是兵家还有另一套制胜法宝，那就是"出奇制胜"。春秋时期的越王用四百死士赢得了吴越之战。股市中以小博大相对于常规操作的价值投资来说就属于出奇制胜。而利弗莫尔就是以小博大最成功的代表。价值投资的思想是极尽可能地不冒任何风险，大体量投资，讲究稳健复利，循序渐进；而以小博大的核心思想是极尽可能地去赚大钱，小体量投资，讲究巨幅回报，快速制胜。

因此，价值投资对于追求稳定的大资金来说是必要的选择，但是对于小资金来说，以小博大才是成功越阶的垫脚石。而VLR模型是把价值投资和以小博大强强结合，形成互补效应，发挥更强大的合力，在尽可能降低风险的同时又不失赚取巨幅利润的机会，既适合大资金，也适合小资金。

## 7.2　VLR 模型机制

VLR模型以轻仓试仓入场，降低风险，增加内部杠杆。在盈利的时候，保持风险不变，不断持续加仓，发挥杠杆效应，使得利润急剧倍增，很轻松可以做到利润远远大于风险，是极具进攻性的操作模型。VLR模型的机制主要有四点，分别为试仓机制、止损机制、加仓机制和出场机制。

### 7.2.1　试仓机制

"首先，利弗莫尔仔细研究市场状况，确定市场是看涨的。然后，利弗莫尔确定要买卖的股票，并开始买进。第一步是以110美元买 2 000股，如果买进后，这个股票价格上涨到111美元，利弗莫尔获利了，说明至少现在他的操作是对的。第一步的试探成功后，利弗莫尔加仓，再买进2 000股。"

像这样的试仓例子，在利弗莫尔的交易生涯中比比皆是。试仓策略帮助他度过了一道又一道难关。1929年8月，利弗莫尔在不断的头部测试交易中一共亏损了500万美元。如果不是试仓策略，他可能早就破产了，也就不会有1929年10月的暴赚1亿美元的传奇。

### 1. 长线"新"关键点试仓

试仓是第一步，也是VLR模型能否成功的关键，根据利弗莫尔"小赔暴赚"的思想，只有买在趋势行情的底部才能成功，所以需要进行长线投资。因此必须选择长线关键点进行试仓。长线"新"关键点主要有以下两种。

（1）临界点。在下跌行情中，股价突破临界点且价值线朝上时，为试仓信号。（适合日线级别以上的任何周期）

临界点是判断行情趋势转折的信号。一旦临界点被突破，就表明股价会酝酿新的大级别行情，所以临界点适合做长线投资。临界点试仓，属于反转关键点，下跌趋势确认结束，在上涨趋势起始阶段抄底进场。

图7-2为泸州老窖日线级别K线图，行情时间跨度为2018年6月1日到2020年3月7日。当行情突破临界点且价值线朝上时，试仓做多，行情立马上涨获利，且中长线转势大涨。

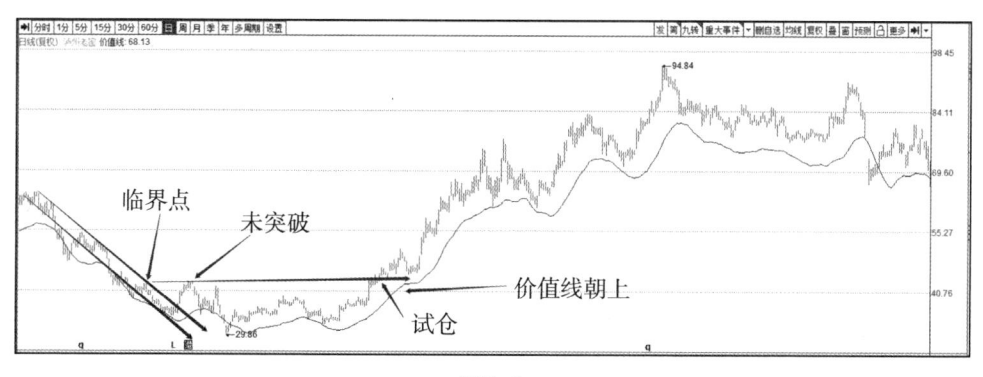

图7-2

（2）大级别"新"关键点。大级别"新"关键点试仓是指在大周期上出现价值点、切点、限制点和临界点这四个中的任意一个时，都可以作为试仓信号。

采用大周期分析行情，以月线级别为主，因为月线级别如果要上涨，往往至少都是翻倍行情。周期越大，运动级别越大，比如比亚迪，日线级别涨一根蜡烛图最多10%，而周线涨一根蜡烛图最多可以有5个连续涨停，涨幅超过50%，而月线级别涨一根蜡烛图，极限可以是连续一个月涨停，那就是翻好几倍。所以对于VLR模型来说，选择月线买点试仓的成功率会更高。

大周期月线试仓，属于买在大级别趋势的起涨点。由于采用的时间周期较长，所以机会不多，需要耐心等待，但是一旦成功，利润会非常丰厚。当然也可以用周线、季线或年线买点作为试仓信号，采用周线级别把获利预期降低即可，采用年线则需要耐心等待机会。综合来看，采用月线效果最佳。

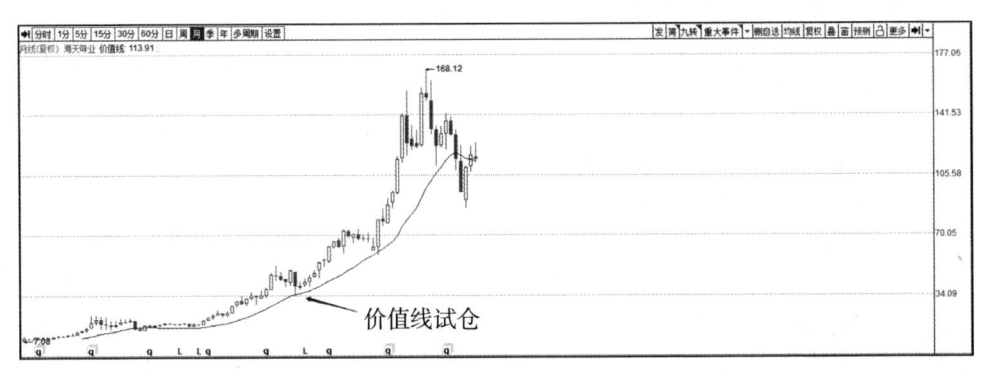

图7-3为海天味业月线级别K线图，行情时间跨度为2014年2月8日到2021年11月28日。如图中箭头所示，在月线价值点试仓，该位置刚好是长线大涨的最低点。

图7-3

图7-4为海天味业周线级别K线图，行情时间跨度为2014年2月8日到2021年11月28日。如图中箭头所示，在周线价值点试仓，刚好也是长线起涨点，一样能成功获利。

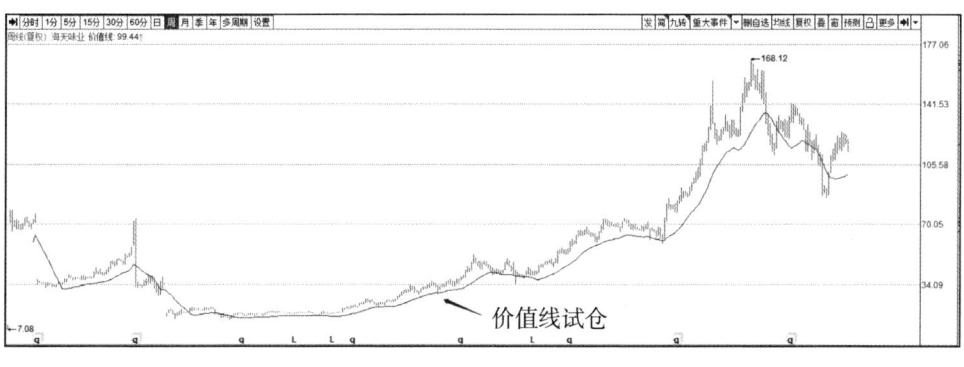

图7-4

## 2. 仓位模型

比方说，如果你总共想买1 000股，你可以这样建仓：先在一个关键价位买进200股——如果价格上涨就在关键价位附近再买200股；如果价格还在上涨就继续买200股。然后你看一下市场的反应是怎样的，如果价格继续上涨，或者回调之后继续往上走，那么就放开手把最后400股买进来。

——利弗莫尔

利弗莫尔不但强调试仓，对于仓位管理也非常重视。从上面一段话可以看出，利弗莫尔是先确定目标持股数，然后采用分批浮盈加码的策略管理仓位。

（1）仓位的重要性。重仓交易是破产的根源，仓位如果不合理，再高的胜率，再高的盈亏比，也容易血本无归。主要原因有以下三点。

第一，个人资金是有限的。

概率游戏是建立在样本无限的基础之上，只有在样本无限的条件下，才能获得既定的概率。而大部分人资金是有限的，在投资过程中，并不能支撑无限次数的投入，所以当你的仓位过大时，很容易一次就亏完。而墨菲定律说明亏一次是必然事件，那么过大的仓位，失败也会变成必然事件。

第二，交易概率非正态分布。

影响交易的因素众多，所以投资的概率并不是正态分布。如果不注意仓位，很可能在连续错误的时候，亏光了本金，等连续正确的时候，是巧妇难为无米之炊。这就是金融学中的肥尾效应。

第三，数学问题。

股票亏10%，需要盈利多少才能回本？乍一看不就是盈利10%嘛！其实并不是，如果一次亏损10%，那么本金再回到100%，则需要赚11.1%，因为基数变小了。当持续亏损，导致本金越来越少，这种情况会变得更加糟糕。比如，买入1万元后，如果亏10%，那就是损失1 000元，如果本金持续亏损，最后只剩下5 000元的时候，则需要单笔赚20%，才能赚回先前一笔10%的交易损失。

所以管理仓位非常重要，虽然VLR模型是试仓交易，但是这个试仓的比例，也直接决定了风险的大小和收益的增长速度。

（2）破产率与单笔仓位成正比关系。

第一，赌徒破产理论。

我们先来举一个赌徒的例子。假设A有资金$a$元；B有资金$N-a$元。A和B打赌，每局输赢都是1元，直到一方输完为止。假设A每局赢的概率是$p$，输的概率就是$1-p$。那么A赢的概率是多少？

我们假设$p_i$表示A资金达到$i$元时，A赢的概率，则有

$p_i=p$（当次A赢）$\times p$（最后B破产|当次A赢）$+p$（当次A输）$\times$

$p$（最后B破产|当次A输）$=p \times p_{(i+1)}+(1-p) \times p_{(i-1)}$

移动两边项得：$p \times [p_{(i+1)}-p_i]=(1-p)[p_i-p_{(i-1)}]$

进一步可得：$p_{(i+1)}-p_i=(1-p)/p \times [p_i-p_{(i-1)}]$

令 $r=(1-p)/p$，则

当 $i=1$ 时，$p_2-p_1=(1-p)/p(p_1-p_0)=r(p_1-p_0)$

当 $i=2$ 时，$p_3-p_2=r(p_2-p_1)=r^2(p_1-p_0)$

当 $i=3$ 时，$p_4-p_3=r^3(p_1-p_0)$

当 $i=4$ 时，$p_5-p_4=r^4(p_1-p_0)$

……

$$p_i - p_{i-1} = r^{i-1}(p_1 - p_0)$$

将上面所有展开式相加得：

$$p_i - p_1 = (r + r^2 + r^3 + \cdots + r^{i-1})(p_1 - p_0)$$

因此 $p_i = (1 + r + r^2 + r^3 + \cdots + r^{i-1})p_1$

当 $p=1/2$ 时，我们能推出：

$$p_i = i/N$$

当 $p \neq 1/2$ 时，综合起来，可以推导出公式满足二阶线性递推关系，这种递推关系的多项式如下：

$$X^2 - \frac{1}{p}X + \frac{1-p}{p} = 0$$

该方程有两个特征根 1 和 $r=(1-p)/p$，一般情况下，这两个根不同的话，它的通解就是这两个特征根的连续幂的组合：

$$p_i = A(1)^i + B(r)^i$$

已知 $p_0=0$，$p_N=1$，因此

$$0 = A + B$$

$$1 = A + B(r)^N$$

我们可以计算出结果如下：

$$p_i = \frac{1-r^i}{1-r^N}$$

因此 A 赢的概率是 $\dfrac{1-r^i}{1-r^N}$。

我们进一步将A看作股票交易者，A的对手B看作一个整体市场，这样整体的市场资本总额N相对于a来说是一个非常巨大的数字。根据公式可以发现，$p_i$与概率无关，当N非常大的时候，$p_i$趋近为零，也就是说无论概率如何，交易者最终都会破产。

第二，破产率计算。

我们将破产风险进行模型化，$q$代表亏损概率；$p$代表获利概率；$k$代表可用于投资的资本按照相同货币单位量均分后的份数。破产率是基于正期望交易系统中计算破产的概率，也就是盈利的概率大于亏损的概率，所以$q/p<1$。在盈亏比等于1的赌徒问题中，因为$(q/p)^N$这一项的值就趋近为零，所以破产概率公式如下：

$$p_{破} = (q/p)^k$$

从公式中可知，破产率与单笔仓位成正比。当概率一定时，$k$值越大，破产率越大。也就是说，单笔仓位越小，越不会亏完。

当盈亏比大于1时，进行公式推导。破产概率的递推公式是：

$$p_i = p \times p_{i+1} + q \times p_{i-1}$$

所以$p_i = \sum p_j \times p_j + i$，其中$p$表示每次盈利$j$单位的概率（亏损时$j$取负值）。此递推关系的数列的通项公式可以用特征根法求解，对于盈亏比是$n$（$n$为正整数）的情况，$p_i = p \times p_{i+n} + q \times p_{i-1}$，对应的特征根方程为：

$$pX^{(n+1)} - X + q = 0$$

因$p+q=1$，此方程有一特殊根$X=1$，即始终都有破产的可能。

对原方程进行分因式分析得：

$$X^n + X^{(n-1)} + X^{(n-2)} + \cdots + X^2 + X - q/p = 0$$

根据函数单调原理，可知该方程左侧对应的函数在$X>0$上是单调递增的，且值域为$-q/p$到$+\infty$，因此该方程在$X>0$时，有且仅有一实根（负根和复根不符合这里的边界条件，故不考虑），假设此实根为$y$，若$y \geq 1$，由边界条

件可得 $p$ 恒等于 1，此时对应的 $q/p \geq n$，也就是交易的收益期望 ≤ 0 的条件，此时必破产；若 $0<y<1$，对应 $0<q/p<n$，此时由边界条件可得 $p_i=y_i$。

从以上公式中可知，破产率与初始仓位成正比。当概率一定时，$k$ 值越大，破产率越大。也就是说，单笔仓位越小，越不会亏完。

综上所述，无论盈亏比如何，破产率与单笔仓位成正比关系。单笔仓位越大，破产率越高；单笔仓位越小，破产率越低。

（3）最优仓位。

根据破产率模型我们知道，如果下注量过大，在若干次下注后，破产的可能性会非常大。但是如果下注量过小，则资金的累积速度又太慢。

那么如何才能找出最优单注比例呢？可以运用数学模型设计合理的仓位。

我们先来做一个实验。假设一个赌局，初始本金是 10 元，赢的概率是 70%，输的概率是 30%。赢时的收益率是 100%，输时的亏损率也是 100%，即盈亏比一样。赌局可以进行无限次，每次下的赌注可以自己决定。那么每次下注金额占本金的比例是多少，才能使得长期收益最大化？

每次实验不同的下注量所获得的收益如图 7-5 所示。

| 局数 | 胜负 | 资金 100% | 90% | 80% | 70% | 60% | 50% | 40% | 30% | 20% | 10% |
|---|---|---|---|---|---|---|---|---|---|---|---|
| 1 | 负 | 10 | 1 | 2 | 3 | 4 | 5 | 6 | 7 | 8 | 9 |
| 2 | 胜 | | 1.9 | 3.6 | 5.1 | 6.4 | 7.5 | 8.4 | 9.1 | 9.6 | 9.9 |
| 3 | 胜 | | 3.61 | 6.48 | 8.67 | 10.24 | 11.25 | 11.76 | 11.83 | 11.52 | 10.89 |
| 4 | 负 | | 0.361 | 1.296 | 2.601 | 4.096 | 5.625 | 7.056 | 8.281 | 9.216 | 9.801 |
| 5 | 胜 | | 0.6859 | 2.3328 | 4.4217 | 6.5536 | 8.4375 | 9.8784 | 10.7653 | 11.0592 | 10.7811 |
| 6 | 胜 | | 1.30321 | 4.19904 | 7.51689 | 10.48576 | 12.65625 | 13.82976 | 13.99489 | 13.27104 | 11.85921 |
| 7 | 胜 | | 2.476099 | 7.558272 | 12.778713 | 16.777216 | 18.984375 | 19.361664 | 18.193357 | 15.925248 | 13.045131 |
| 8 | 胜 | | 4.7045881 | 13.6048896 | 21.7238121 | 26.8435456 | 28.4765625 | 27.1063296 | 23.6513641 | 19.1102976 | 14.3496441 |
| 9 | 胜 | | 8.93871739 | 24.4888013 | 36.9304806 | 42.949673 | 42.7148438 | 37.9488614 | 30.7467733 | 22.9323571 | 15.7846085 |
| 10 | 胜 | | 16.983563 | 44.0798423 | 62.781817 | 68.7194767 | 64.0722656 | 53.128406 | 39.9708053 | 27.5188285 | 17.3630694 |

图 7-5

进一步将实验结果绘成柱状图，纵轴表示 10 局结束后最终剩下的资金量，横轴表示单注的百分比，如图 7-6 所示。

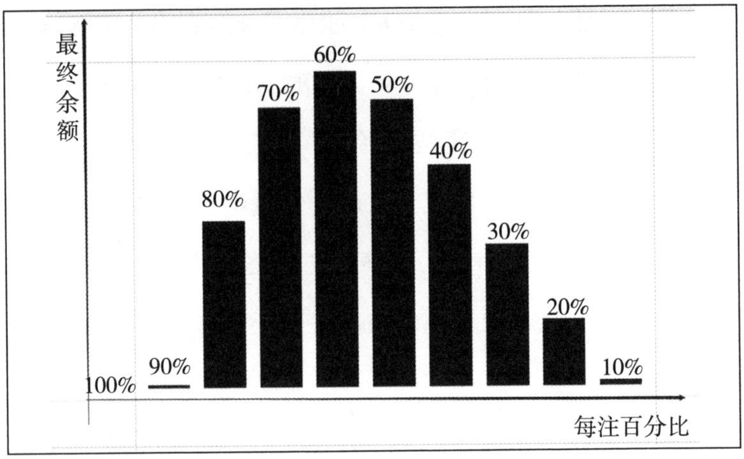

图7-6

从图7-6可以看出，虽然对于这个赌局，每局的正期望收益高达40%（70%×1-30%×1=40%），但是如果每次下注100%的本金，从长期来看，也必定会输光，因为赌输一次这个事件必然发生。所以给我们的启发是：哪怕输的概率再小，也永远不能满仓。

另外从图7-6中我们还可以看出，当把单注比例逐渐降低，从100%变成90%、80%、70%、60%、……、10%的时候，同样的10局，结果就完全不一样了。随着单注比例逐渐变小，最终收益是逐渐变大的，60%的时候收益最大，然后随着单注比例继续变小，收益又开始变小。

上述实验说明存在一个能使收益率最大化的最优下注量。这就是下面要介绍的著名的凯利公式。

凯利公式如下：

$$f = \frac{bp-q}{b}$$

公式中 $b$ 为盈亏比，$p$ 为盈利的概率，$q$ 为亏损的概率，即 $p+q=1$。

凯利公式既可以解决赌注问题，也可以解决资产配置问题。发现赌局漏洞的索普在横扫美国赌场时就应用了凯利公式来管理资金，避免破产的风险。沃伦·巴菲特的投资组合中也完美地使用了凯利公式。索普称在资产配置中，如果下注凯利公式建议的一半，将获取约3/4的回报，并且波动率只有1/2。

从凯利公式中我们可知，盈亏比越大，胜率越高，最优仓位 $f$ 就越大。所以高盈亏比和高胜率都有助于资金增长的速度。

由于凯利公式起初是针对赌场设计的，所以本质上与股票市场有一定的不同，比如赌场的盈亏比和胜率都是固定的，但股市中的盈亏比和胜率都不是固定的；再比如赌场中每次赌注都是独立事件，但是股票市场不是纯随机的独立事件。实际市场是有肥尾的，而不是标准的正态分布。从结果来看也就是容易连续盈利，也容易产生连续亏损，一旦碰到这种肥尾，对于投资者的损失必然是巨大的。凯利公式的推导是基于纯随机系统，市场只有Hurst值在0.5时，才能使用其计算 $f$ 值。而非随机的股票和期货市场中使用凯利公式时，计算出的 $f$ 值会偏大，导致资金风险极大。

所以不能生硬地套用凯利公式，VLR模型采取在凯利公式上添加一个风险系数来使用，调整后的公式如下：

$$f_v = f\beta = \beta \times \frac{bp-q}{b}$$

$$其中 \beta = \frac{最大回撤}{当下该笔预测止损} \times \frac{1}{k} \quad (k=10)$$

$k$ 代表可用于投资的资本按照相同货币单位量均分后的份数。

我们将调整后的 $f_v$ 公式称为VLR公式。该公式说明，在当下一笔交易中，如果预期止损幅度大，那就降低仓位，如果预期止损幅度小，那就增加仓位。其中 $k$ 的意义是至少将资金分成10等分，也就是至少预备10倍的内部杠杆（$k$ 取10的另一个意义是，建议刚开始使用VLR模型交易的投资者最多使用10%的仓位试仓，等交易一段时间后，可以根据自己的历史盈亏比和概率再计算出最优仓位）。

根据VLR模型统计的各个股票的历史概率和盈亏比如表7-1所示。

表7-1

| 名称 | 盈亏比 | 概率 |
| --- | --- | --- |
| 双汇发展 | 53 | 93% |
| 顺丰控股 | 80 | 90% |
| 五粮液 | 89 | 95% |
| 中国神华 | 16 | 80% |
| 片仔癀 | 77 | 80% |
| 泰格医药 | 92 | 92% |
| 兆易创新 | 60 | 81% |
| 长春高新 | 100 | 90% |
| 立讯精密 | 97 | 88% |
| 海螺水泥 | 110 | 80% |
| 隆基股份 | 100 | 91% |
| 招商证券 | 131 | 90% |
| 贵州茅台 | 98 | 80% |
| 比亚迪 | 182 | 82% |
| 宁德时代 | 230 | 78% |

比如立讯精密，历史交易概率是88%，盈亏比是97。如果最大回撤是总资金的10%，而当下极势模型的入场点是400元，合理止损价位是350元，即当下该笔交易的预测止损是12.5%。将数据代入公式就可以得到试仓量。

$$f_v = f\beta = \beta \times \frac{bp-q}{b} = \frac{最大回撤}{当下该笔预测止损} \times \frac{1}{k} \times \frac{bp-q}{b}$$

$$= \frac{10\%}{12.5\%} \times \frac{1}{10} \times \frac{97 \times 88\% - 12\%}{97} = 7.03\%$$

通过公式我们可以计算得出试仓大小为总资金的7.03%。大家参考VLR模型概率和盈亏比，根据自己在实战中的最大回撤和当下将要入场的一笔交易，由VLR模型分析出合理止损幅度，然后代入VLR公式就可以确定合理的仓位，以帮助我们在风险系数之内，使利润增长最大化。

## 7.2.2 止损机制

### 1. 止损的重要性

利润总能自己照顾自己，而亏损永远不会自动了结。投机者不得不对当初的小额亏损采取止损措施，以确保自己不会蒙受大额损失。

——利弗莫尔

利弗莫尔认为，一旦证明判断错误，市场运行出乎意料，就必须果断行动，降低损失。要小心守护账户里的资金，绝不允许亏损大到足以威胁未来操作的程度。留得青山在，不怕没柴烧。

千错万错一定是自己的错，市场从来都不会错。行情是在变化的，交易者唯一要做的是对变化做出及时的反应。不用问为什么，不需要理由，盈利了就表明对了，亏损了就表明错了。面对市场，最好不要有主见，但不能麻木，面对持续亏损不能没有反应。

亏损就像肿瘤，它会不断地扩散，让亏损面积越来越大，甚至摧毁你的交易生涯。交易者必须在肿瘤露出它丑恶的头的时候，迅速切掉它，以保证交易继续健康地进行。

止损机制是与进场配套的风控机制。巴菲特说过，保住本金，控制风险，这是所有赚钱的前提。因此一切盈利都是建立在止损之上，没有止损的交易，犹如刀口舔血，朝不保夕。

你的交易不必从头到尾一直都很优秀，事实上也没人能做到，重要的是赚的时候赚了多少，而亏的时候到底亏了多少。做好止损等于系了安全带，也能有助于我们在交易中保持心态的稳定。理论上每一单都可能会输掉，如果一开始就设止损，限制了小亏损，那么心态就会好起来，不会因为市场的风吹草动而惊慌不安，胆子也会开始大起来，能拿得住单，也更有勇气去赚大规模运动的利润。要明白作为一个投机者,应该"不怕错,错不怕,怕不错",你的心态之所以会变得好起来,并不是因为你的判断有多正确,而是因为你的严格止损,给自己买了一份最具价值的保险。

止损是生存无法节省的成本,它具有多功能性,除了能保护你,还可以在你获利的时候,通过移动止损,及时锁定利润,避免由赚变亏。重点是爱上止损,永远不要嫌弃它。

止损的核心在于让不可控的风险变得可控起来。当然也不是乱止损,止损要有意义,必须根据止损原则建立合理有效的止损。

### 2. 止损依据

你必须严格遵守自己的规则……不能自欺欺人,不能拖延,不能妄图等待。我最基本的交易原则是绝对不要承担超过本金10%的损失。

——利弗莫尔

从上面的一段话中我们可以看出,利弗莫尔采用的是10%的固定止损机制,这来源于他在对赌行的经验。固定止损无法合理地考虑行情的波动,比较被动,我们在遵从利弗莫尔的止损思想时要对止损机制进行优化。

止损的目的是在行情不利于我们的时候,尽可能地减少损失,所以止损点需要设置在合理价位。这个合理价位可以参考支撑阻力。在VLR模型中,按照趋势的定义,可以总结出四种支撑阻力:第一种是价值点;第二种是高低点;第三种是最小阻力通道的上下轨;第四种是ATR,可以作为辅助止损。

(1)价值点。价值点代表股票的内在价值,所以价值点对股价有天然的支撑作用。

图7-7为韦尔股份日线级别K线图,行情时间跨度为2021年3月23日到

2021年12月21日。图中箭头所示,当股价回落到价值点时,都出现了不同程度的快速反弹,所以价值点对股价具有很好的支撑作用。

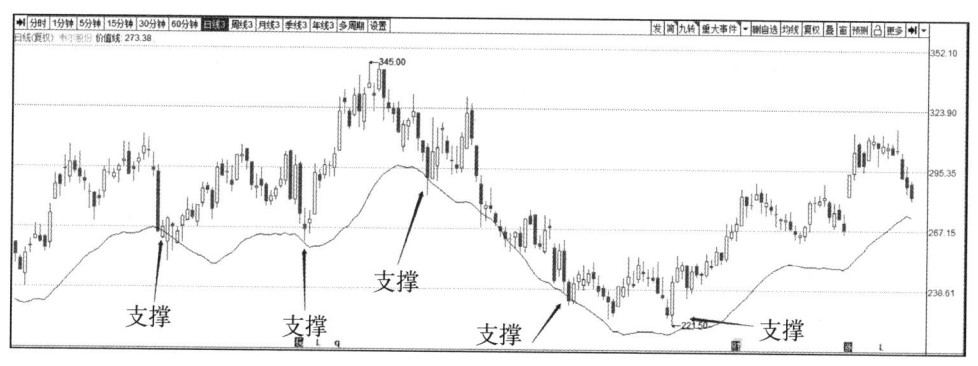

图7-7

（2）高低点。根据趋势的定义,上涨趋势是高点越来越高,且回撤不低于前一波低点;下跌趋势是低点越来越低,且反弹不高于前一波高点。我们可以知道,高低点如果被破坏,那么趋势就有可能发生反转,所以可以得出高低点是天然的支撑阻力,即波段高点具有天然的压力作用,波段低点具有天然的支撑作用。

图7-8为片仔癀日线级别K线图,行情时间跨度为2019年9月9日到2021年5月8日。图中高低点对股价都具有支撑和压力作用。

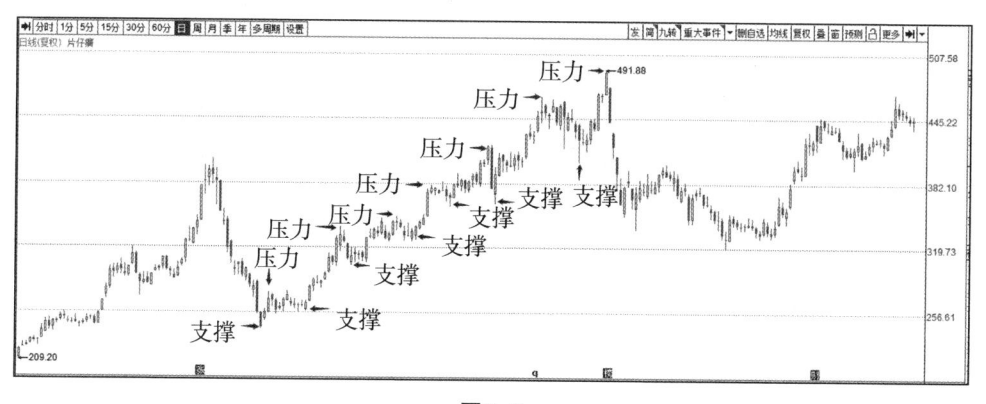

图7-8

（3）最小阻力通道。最小阻力通道的上下轨由切线和限制线组成，切线和限制线具有使价格保持在趋势通道内运行的力量，所以在上涨趋势中，限制线对价格有压力作用，切线对价格有支撑作用，下跌趋势同理。

图7-9为片仔癀日线级别K线图，行情时间跨度为2019年9月9日到2021年5月8日。图中最小阻力通道的上下轨对股价有支撑和阻力作用。

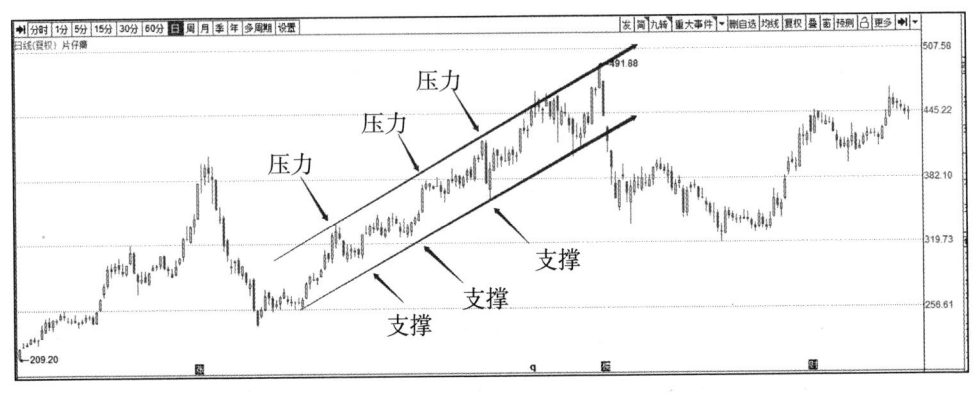

图7-9

（4）平均真实波动范围（ATR）。平均真实波动范围是一种显示市场波动率的指标，也就是衡量市场波动的强烈度。较低的ATR表示市场交投冷淡，较高的ATR表示市场买卖活跃。

ATR并不能直接反映价格走向及其趋势稳定性，只能表明价格波动的程度。但是极端的高ATR或低ATR值可以被看作价格趋势的反转或下一个趋势的开始。ATR在很长一段时间内处于低位，说明行情处于窄幅整理，很可能正在积蓄力量酝酿下一波趋势（可能是趋势的延续，也可能是趋势的反转）；而一个非常高的ATR通常是由于短时间内价格的大幅上涨或下跌造成的，通常此数值不可能长期维持在高水平。

由于ATR计算的是在某一个时间段内股价的真实波动范围，因此很多交易者会用ATR来设置自己交易的止损和止赢价位。比如，著名的海龟交易法就是参考ATR设置止损的。

短线交易者一般使用0.5倍ATR设置止损，而长线交易者一般使用2到3倍ATR设置止损。我们用近期1倍的ATR最大值作为止损参考。

图7-10为片仔癀日线级别K线图，行情时间跨度为2019年9月9日到2021年5月8日。图中箭头所示为ATR指标。

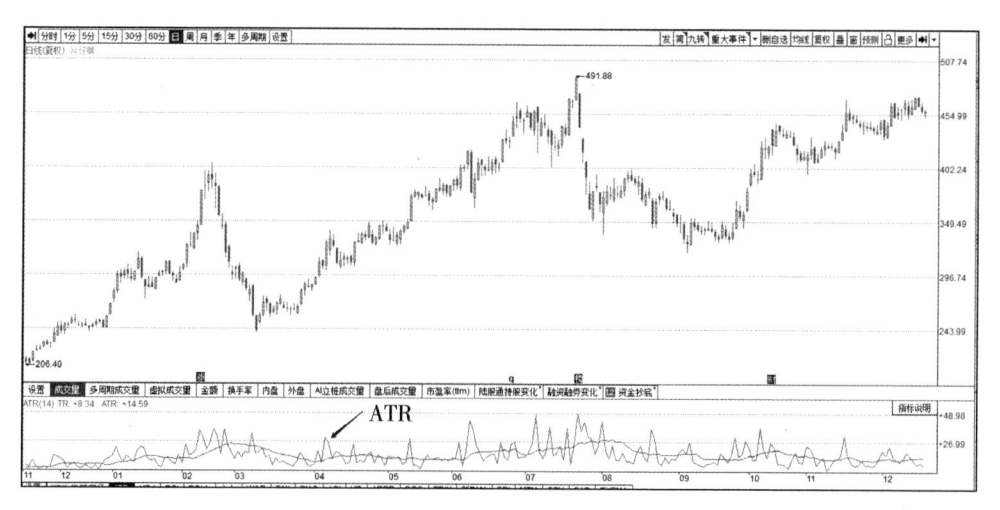

图7-10

### 3. 止损原则

同样，你也应该对何时卖股有一个明确的目标，如果股市运动与你的估计相反，一定要记着止损。

——利弗莫尔

在利弗莫尔的书中，他反复强调止损的重要性。其实股市中只有一件事，那就是要么做多，要么做空，但千万别做错。根据支撑阻力设置止损需要遵守两种原则：一种是就近原则；另一种是合理原则。

（1）就近原则。止损的就近原则是指市场的高低点有很多个，选取距离当下时间最近的一个支撑阻力点作为止损的依据。因为从交易行为学的角度讲，市场往往是逆向思维，那些历史太远的支撑阻力点已经被市场测试过，市场一般不会再次重演，所以有效性会大大降低。根据近期偏好理论，人们往往更喜欢锚定近期发生的关键点位，所以越近的支撑阻力点越有效。

图7-11为中国平安日线级别K线图，行情时间跨度为2020年4月22日到2021年4月19日。如图中箭头所示，止损点应该选择低点2，因为低点1比低点2时间久远。并且从图中我们可以看到，如果选择低点1作为止损点，那么刚好被止损后，市场大幅上涨。

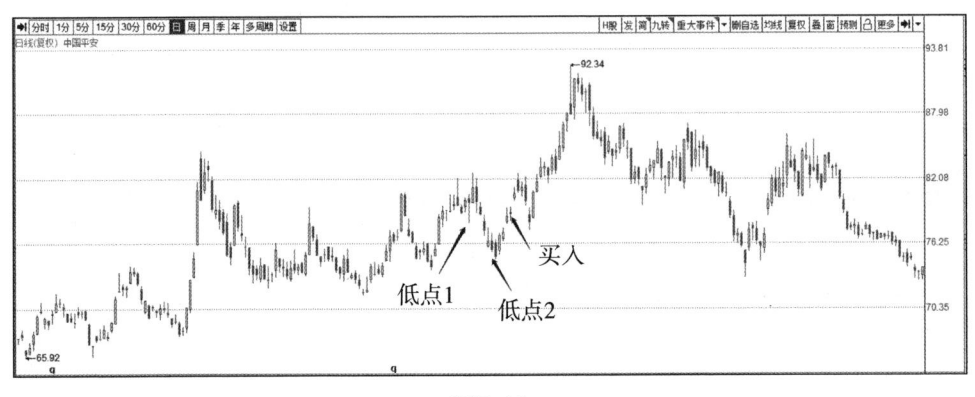

图7-11

（2）合理原则。

> 我年轻的时候是在对赌行交易的。在那里，如果投机者的保证金不够用，就会立刻被强行平仓。这就是我那个10%止损原则的来历——如果我在一笔交易上的浮亏达到10%，我就会立刻止损。我从来不去问为什么股票价格会下跌，只要下跌了，那么我就已经有了很好的离场理由。
>
> ——利弗莫尔

利弗莫尔是以10%作为止损依据的，固定止损比较被动，没有考虑到行情的波动性，不是最合理的止损标准。但是我们可以把10%作为止损的一个参数，与其他止损依据进行比较。

止损的合理原则是指既不能将止损放的太大，造成比较大的损失，也不能止损太小，导致频繁被止损。对于价值点、高低点和趋势通道上下轨三种止损依据，当三者点位比较靠近建仓点时（以10%作为参数标准），选择距离较远的那个点作为止损依据；当三者点位距离建仓点较远时，选择距离较近的那个点作为止损依据。当三者幅度都太小或者太大时，选择ATR作为止损点。

图7-12为片仔癀日线级别K线图，行情时间跨度为2020年6月9日到2020年12月03日。在切点361.4元买入时，此时切线和价值线较近，所以止损设在价值线的下方，而ATR是35.51，所以ATR止损点是325.89元（361.4-35.51=325.89），而前一波行情的低点是324.25元，因为两者相距较近，所以合理止损设置在前一波行情的低点324.25元下方。

图7-12

### 4. 初始止损机制

初始止损即试仓时所设置的止损，必须严格遵守止损依据和止损原则，控制风险。即参考价值线、高低点和趋势通道上下轨这三个标准，并以ATR

作为辅佐止损，根据止损的合理性原则，选择最优止损位。

### 5. 保护止损机制

保护止损即移动止损或追踪止损，其作用是在加仓过程中，保证初始止损风险永远不扩大。在建仓初期，因为还没有锁定利润，所以在加仓的时候，要同步移动止损到合理位置，并保证风险不被扩大；在建仓后期，如果已经锁定了大幅利润，那么为了防止被行情杂波弹出局，止损无须保守地跟进，每次止损应该移动到前一轮行情的绝对低点。

## 7.2.3 浮盈加仓机制

打个比方，你最终想买1 000股，就应该这样做：实验阶段先买200股，如果价格上升，再买200股，现在还是测试。如果还在涨，就再买200股，然后看看市场反应，如果继续上涨或者整理之后还上涨，这下你就可以放开胆，一次性买400股。

——利弗莫尔

以上是《股票大作手回忆录》中利弗莫尔实际加仓的例子，我们可以看到利弗莫尔强调的是先确定总买股量，然后使用20%、20%、20%、40%的比例分批浮盈加仓。

利弗莫尔的加仓机制非常科学，但是内部杠杆倍数不大。而VLR模型的加仓机制可以将内部杠杆无限放大。

### 1. 浮盈加仓

这一点和利弗莫尔一样，只有盈利才可以加仓，因为盈利的时候，一方面表示趋势正确，另一方面账面利润可以抵抗由于市场波动所导致的加仓浮亏。

## 2. 等量加仓原则

每次加仓量和试仓量一样，这样容易控制风险。如果加仓太重，则容易由赚变亏；如果加仓太小，意义又不大。

## 3. 依据"新"关键点加仓

根据价值点、切线、限制点和临界点进行加仓，并且在加仓的时候，必须遵循价值线朝上和靠近价值线这两条原则，如图7-13所示。

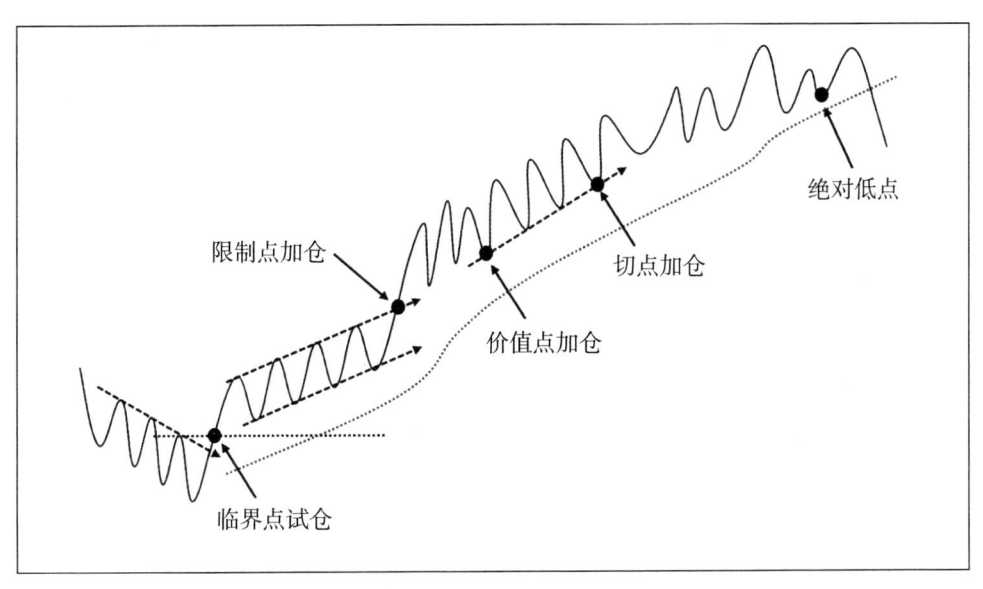

图7-13

## 4. 风险不被扩大

利弗莫尔认为每一次买入都很关键，形势一旦不利，他要么就耐心等待，要么清仓，损失全都控制在10%以内。

控制风险不变，这是浮盈加码的核心，即用同等风险，建立数倍乃至数十倍的头寸。一旦对了就是撬动了巨大的杠杆，利润也会是指数级暴增。利弗莫尔也是在加码的时候，强调应将风险控制在10%以内。

具体是在建仓初期，应谨慎加仓，需要等前一单有充足的利润出现后，才可增持仓位，即账面利润足以冲销因加仓而新增的风险（浮盈加码，风险不变）；在建仓后期，如果已经锁定大幅利润，则可以激进加仓。

打个比方，如果在100元处买入一只股票，初始止损是15%，也就是85元。股价上涨10%，即110元，此时如果出现"新"关键点买入信号，且市场出现了新的合理止损是98元，那么通过计算第一单的止损是2%｛（100-98）/100=2%｝，第二单的止损是10.9%｛（110-98）/110=10.9%｝，总风险是12.9%（2%+10.9%=12.9%）。由于两单总风险小于初始风险15%，所以可以加仓。

### 5. 不限总仓位

VLR模型不需要像利弗莫尔一样控制总仓位。因为每次加仓前都会移动止损，所以风险不会扩大，因此只要行情给力，甚至可以无限加仓，内部杠杆理论上也可以无限扩大。

**注意**：大周期"新"关键点试仓之后，需要切换到日线级别寻找加仓信号，因为月线信号加仓滞后性太大。

## 7.2.4 出场机制

不要让这只股票失去新鲜的味道。你已经取得了漂亮的账面利润，必须保持耐心，但是也不要让耐心变成约束思路的框框，以至于忽视了危险的信号。

——利弗莫尔

利弗莫尔认为，在方向正确的时候，既要耐心持有获得更多利润，同时也要关注风险，在行情不对的时候，要果断出场，兑现利润。股市中有句俗语：会买的是徒弟，会卖的才是师傅。可见出场比入场更加重要。我们把出场机制分为主动出场和被动出场。

## 1. 主动出场

主动出场是盈利的时候，在预判有压力的位置，主动获利了结，这种出场方式可以提升概率，但是很多时候也容易错失更大的行情。

图7-14为片仔癀日线级别K线图，行情时间跨度为2019年11月30日到2021年11月11日。我们在第一个箭头所指的切点附近进场，如果主动出场，那就是在股价靠近限制线附近出场，大概能获利17%左右。虽然后面股价继续大幅上涨，但是我们可以在新的切点重新买进，因此减少了单笔获利幅度，但是增加了获利。当然行情也有很多时候迅速拉升，不再给机会，导致卖飞了的遗憾。

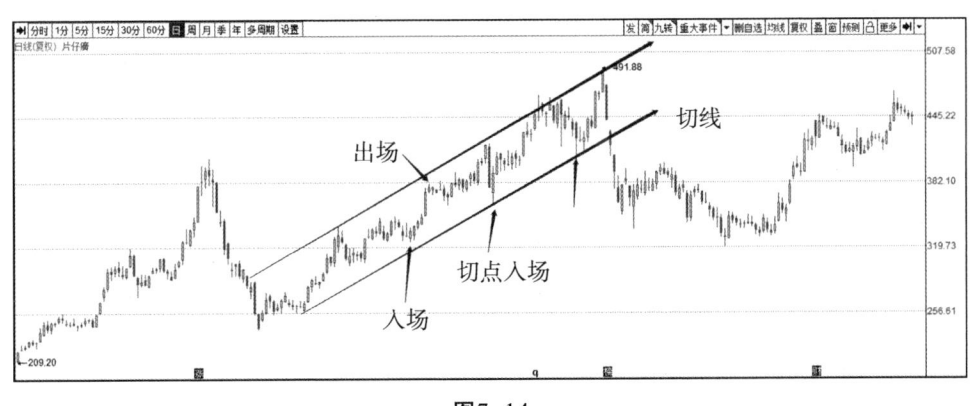

图7-14

## 2. 被动出场

被动出场是指移动止损出场，这种出场方式一定程度上会降低概率，但是可以最大限度地让利润奔跑。

图7-15为片仔癀日线级别K线图,行情时间跨度为2019年11月30日到2021年11月11日。我们在箭头所指的切点附近进场,然后在下一个切点位置加仓,如果被动出场,那就是最终在移动止损位401.85元出场(破位临界点),获利近23%,虽然对于主动出场来说少赚了几波,但是赚了此轮上涨的大部分利润。

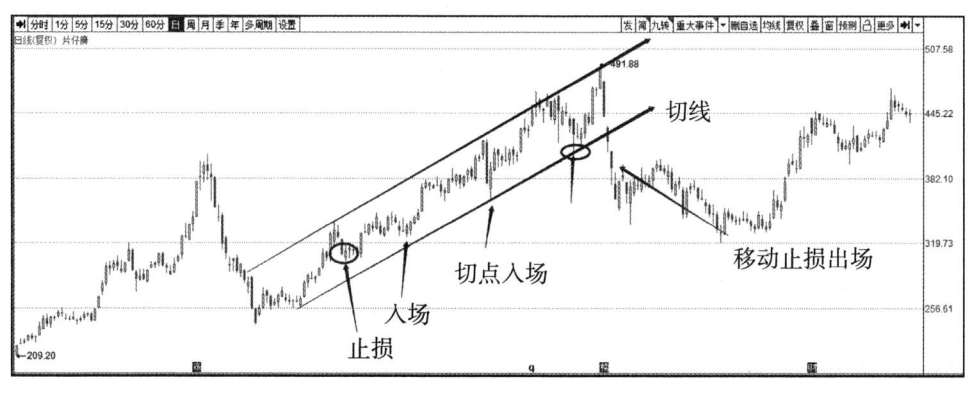

图7-15

### 3. VLR模型采取被动出场方式

(1)绝对低点。VLR模型采取被动出场方式,以前一轮行情的绝对低点且结合价值线作为出场原则。也就是说,当前一轮中期行情的绝对低点低于价值线的时候,以绝对低点为止损标准;当前一轮中期行情的绝对低点高于价值线的时候,且二者距离很近的时候,以价值线止损为标准,并且要求价值线朝下(一般价格跌破前一轮行情的绝对低点时,价值线会朝下)。

当行情没有突破高点的时候,点1就是绝对低点;当行情突破高点之后,点3就变成绝对低点,如图7-16所示。

判断绝对低点的前提是两段行情之前要有明显的趋势转换,如图7-17所示,左边行情的绝对低点是A点,因为行情没有发生趋势转换,右边行情的绝对低点是D点,因为行情由上涨转为振荡,再由振荡转为上涨,发了趋势转换。

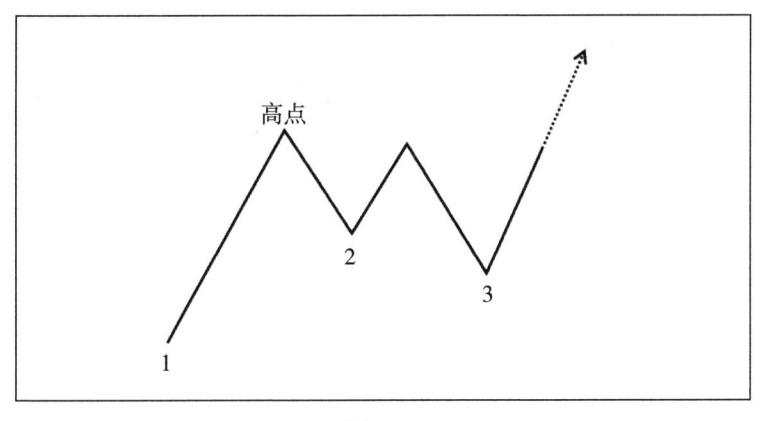

图7-16

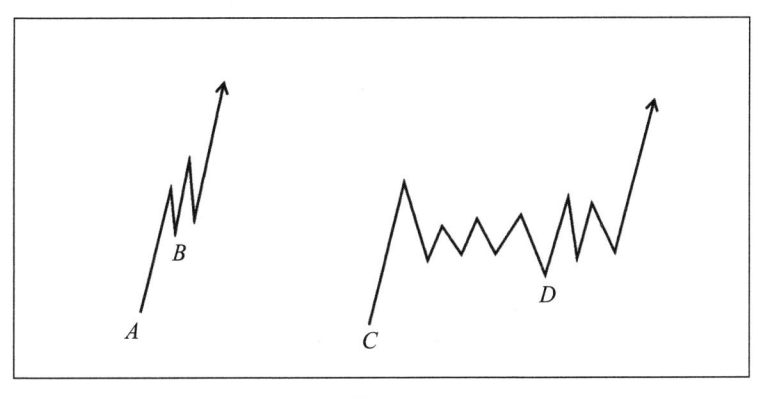

图7-17

图7-18为中国神华日线级别K线图，行情时间跨度为2020年3月12日到2021年11月17日。股价的绝对低点是图中左边箭头所指的低点，当股价跌破该位置的时候，价值线也朝下，此时就是离场信号。

（2）数学推导。绝对低点是运用VLR模型进行长线资本运作过程中，为了最大限度地扩大利润，防止行情的毛刺和杂波而规定的唯一合理的出场点。

绝对值没有任何条件限制，不受任何限制，即绝对低点不能受行情的毛刺和杂波影响。也就是说，绝对低点不能发生在同一个函数表达式的股价之内，就是两波上涨行情，必须是单调性发生了改变。

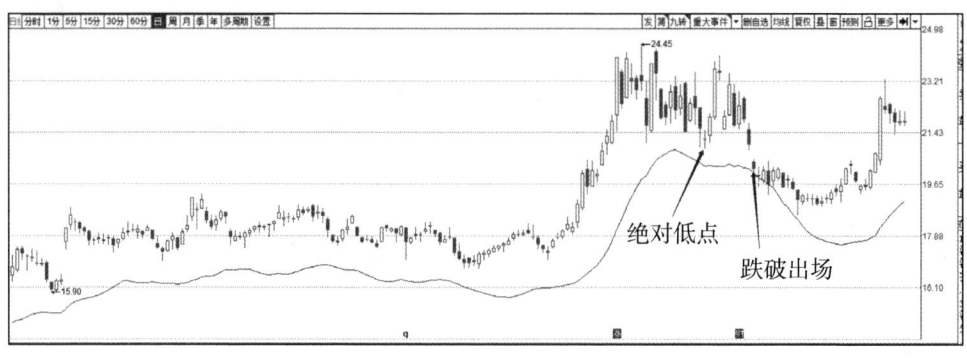

图7-18

我们将股价整个上涨和下跌趋势记为函数$F(x)$，图中$CD$段符合$y=g(x)$表达式，$AC$和$DE$段符合$y=f(x)$表达式，$EF$段符合$y=h(x)$表达式。其中$CD$属于上涨趋势中的毛刺行情，如图7-19所示。

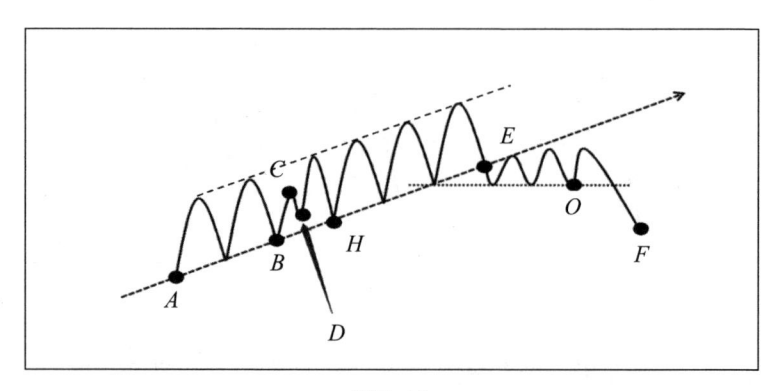

图7-19

当行情运行到$CD$段的时候出现了毛刺行情，从而形成了一个相对低点$D$，当股价继续运行至$H$点的时候，此时虽然$H$点跌破相对低点$D$，但是股价仍旧处于上升通道之中，只有股价继续跌破$H$点，那么股价的函数表达式才会发生改变，即单调性发生改变，趋势可能发生反转，根据我们的临界点原理，必须跌破$B$点才能是VLR模型的出场点，所以相对于$H$点，$B$点才是股价的绝对低点，而$D$点只是股价杂波毛刺过程中形成的相对低点，如果在$D$点出场就会卖飞，最终出场点应该是$O$点，因为股价跌破$E$点之后，股价的函数表达式就不再符合$y=f(x)$表达式。$EO$段的单调性发生了改变，所以$O$点才是股价的绝对低点，也是VLR模型最终的获利出场点。

因此，绝对低点是指股价函数单调性发生改变之前的最低点。

（3）绝对低点和前期低点的区别。跌破绝对低点代表着行情的单调性彻底改变，表明趋势发生了反转。而跌破前期低点，股价不一定发生反转。

趋势的定义认为行情呈现上涨趋势的条件是高点不断抬高，且低点也不断抬高。但在实际过程中，行情会有杂波出现，所以在上涨趋势中，价格也有可能破位前一波行情的低点，然后再拉升创新高，这样价格依旧呈现上涨趋势。所以在上涨趋势中，价格高点不断抬高是不可或缺的条件，而低点有没有不断抬高则不是必要条件。当行情跌破低点时，行情单调性不一定发生改变，也有可能是行情的杂波干扰。所以选择绝对低点作为出场依据是最科学的。可以有效避免卖飞行情，让利润最大化。

图7-20为泸州老窖日线级别K线图，行情时间跨度为2021年1月5日到2021年7月15日。$A$点的前期低点是$C$点，而绝对低点是$B$点，很明显行情跌破$C$点只是杂波而已，股价不但没有继续下跌，反而快速掉头继续大涨。

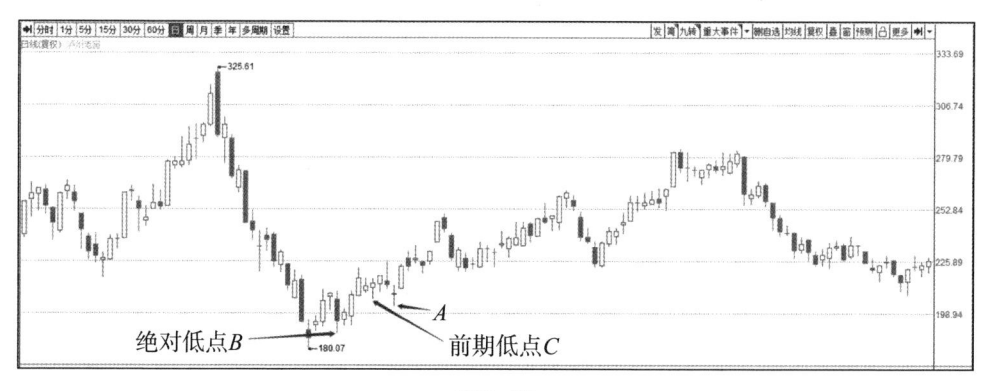

图7-20

## 7.3 VLR 模型案例

根据VLR模型原则，我们可以得出VLR资本运作模型的步骤，如图7-21所示。本节将举三个例子，帮助大家进一步熟练掌握VLR模型的运作方法。

### 7.3.1 百万利润

第一个例子是用VLR模型指导朋友在隆基股份这只股票上赚了100万元，下面详细讲解一下买卖隆基股份的资本运作过程。读者重点学习试仓、加仓、止损和移动止损等细节性内容，这是VLR模型成败的关键。

我有个酒厂的朋友老何，他平时喜欢炒股，在2020年的一天叫我帮他选一只好股票。当时我一直在关注光伏板块，其中有一只股票是隆基股份，该股历经一个多月的下跌，底部区域可能快要形成了，于是我就叫他等隆基股份的入场机会。

**1. 试仓**

图7-22为隆基股份日线级别K线图，行情时间跨度为2019年10月25日到2020年11月19日。隆基股份在2020年3月25日升穿了切线，但一直未能突破临界点（18.09元），价格在低位持续振荡。

2020年4月17日，股价跳空高开，直接开盘在临界点之上，我迅速建议他在19.5元附近试仓买入，并设置止损为16.3元。他的账户有300万元的余额，本想满仓买进，但是我让他只买30万元（根据历史操作数据，用仓位模型计算得出试仓仓位），打算用VLR模型教他运作300万元资金。他的初始风险为16.4%，即4.9万元左右。

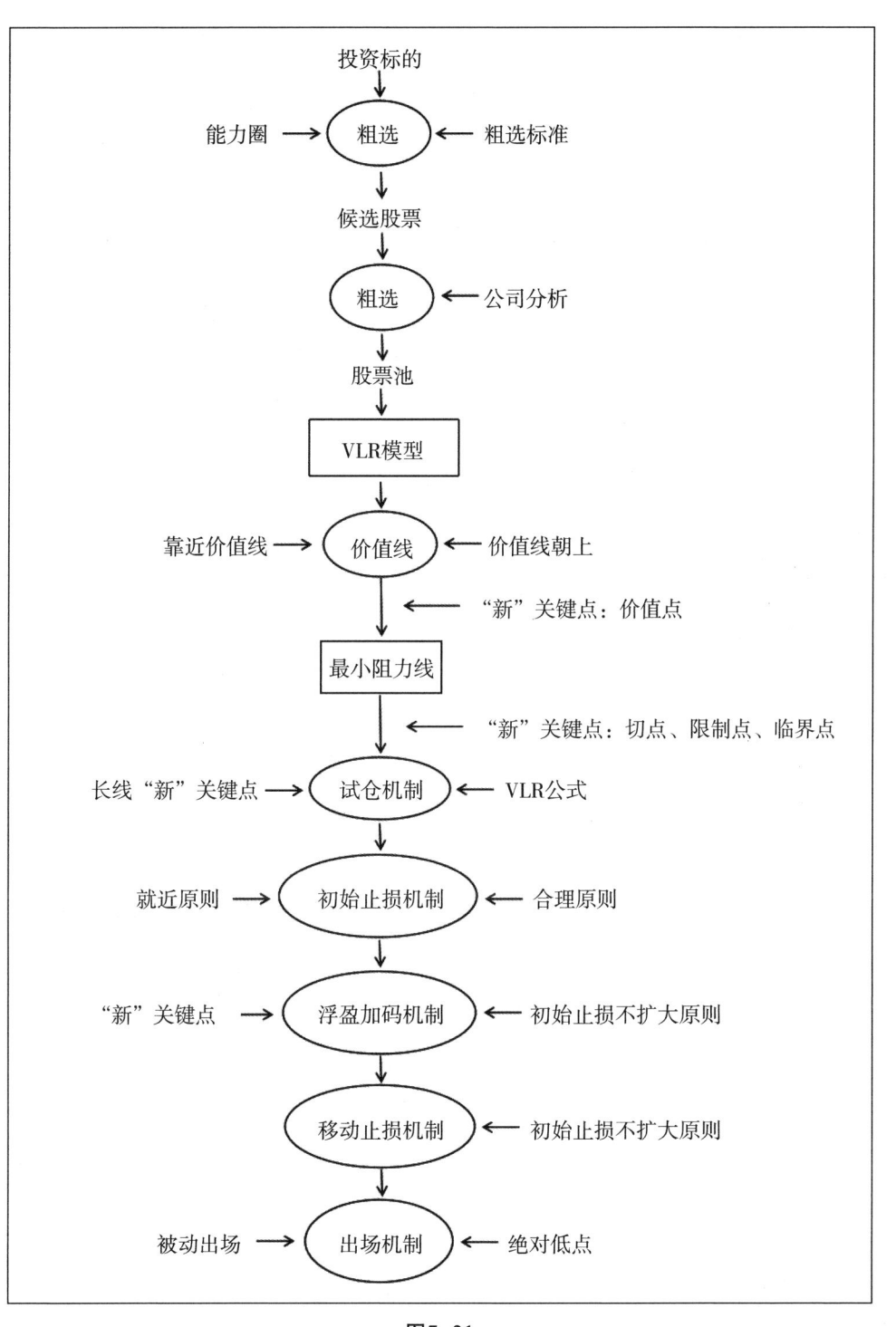

图7-21

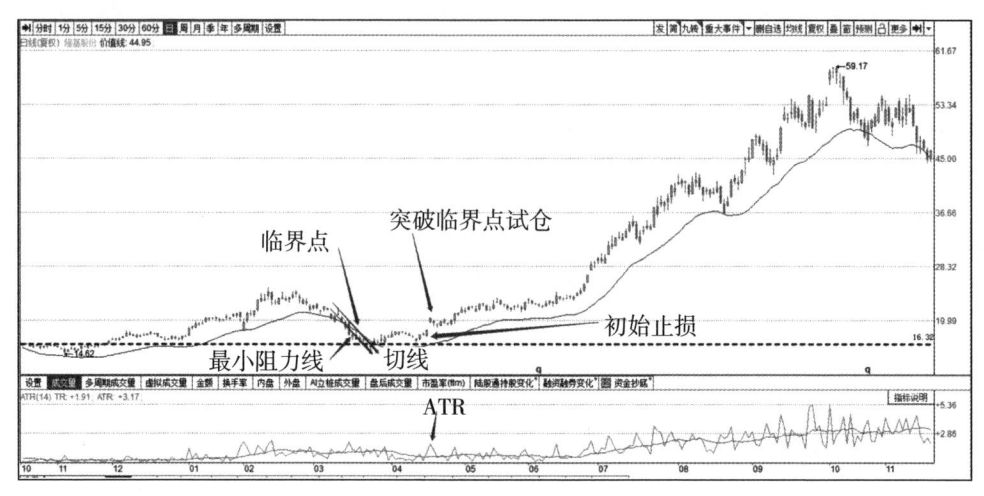

图7-22

**止损理由**：前一波低点在16.52元，价值点16.4元，ATR为1.88，根据止损的合理性原则，应该设置在价值点16.4元下方。所以我建议他将止损设置为16.3元。（实际操作过程中，止损一般都是设置在支撑位的下方一点点，因此我们计算盈亏的时候是近似计算。）

**风险状况**：第一单风险16.4%左右。

### 2. 第一次加仓

行情高开之后直接涨停，但是次日低开，经过一周的横盘振荡之后，再度向上突破，然后一路振荡走高。2020年5月15日，股价回调，当价格触及切点21.4元附近时，我建议他以等量仓位加仓买进，并设置止损为18.75元，如图7-23所示。

**止损理由**：前一波低点为18.77元，价值点为19.37元，ATR近期最大值为1.11，根据止损的合理性原则，止损应该设置在价值点18.77元下方。所以我建议他将止损设置为18.75元。

**风险状况**：第一单风险3.8%左右，第二单风险12.4%，整体风险16.2%。

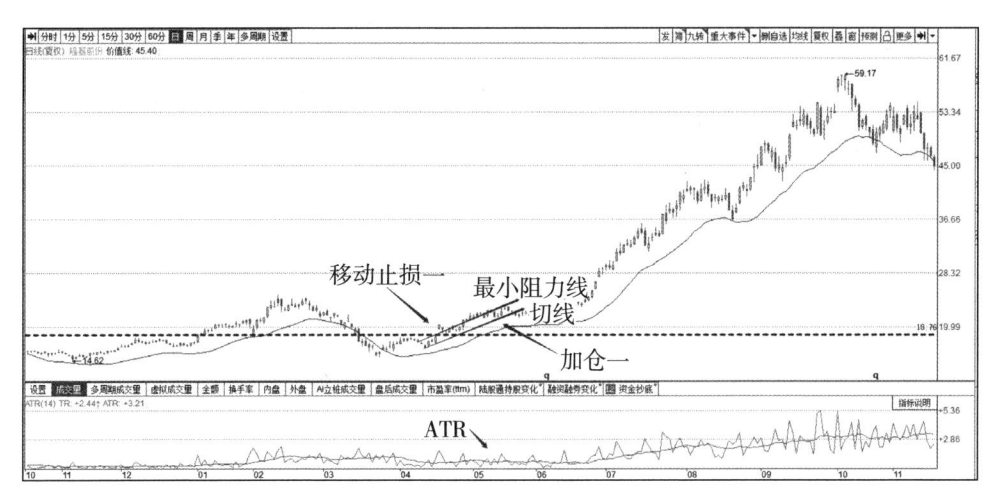

图7-23

## 3. 第二次加仓

切线加仓后，股价就在高位形成振荡区间，虽然2020年6月11日股价升穿限制线（即振荡区间上轨），但是第二天开盘在限制线之下，根据行情确认方法可知是虚假信号，所以不能买入。2020年6月19日，股价再度突破限制线，此时开盘在限制线上方，所以属于真实突破，因此我建议他在23.6元继续加仓买进，并把止损移动到21元，如图7-24所示。

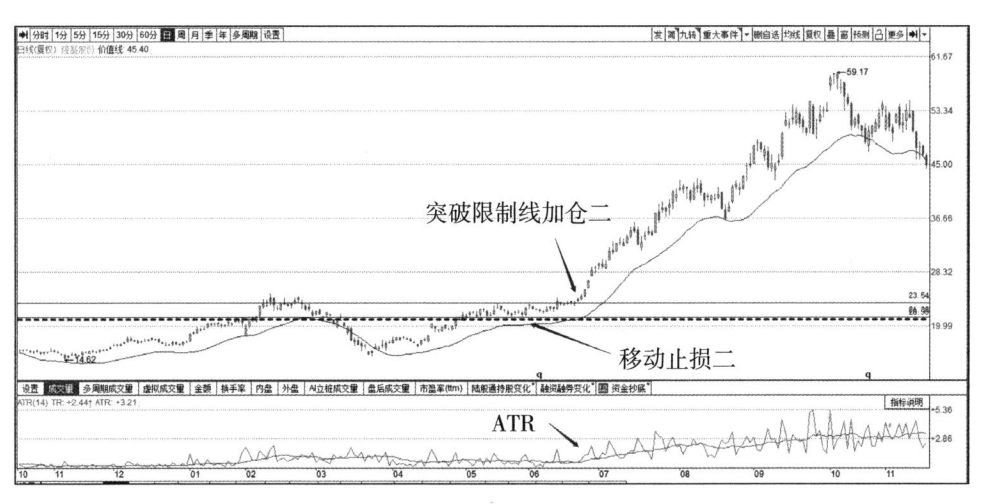

图7-24

**止损理由**：前一波低点是21.07元，价值点是21.1元，ATR近期最大值为1.84，根据止损的合理性原则，止损应该设置在价值点21.07元下方，所以我建议他将止损设置为21元。

**风险状况**：第一单锁定获利7.7%左右，第二单风险为1.8%，第三单风险为11%，整体风险为5.1%。

### 4. 第三次加仓

股价突破限制线后连续涨停，以更强的上涨趋势攀升。由于利润大幅增加，所以此时加仓和移动止损都可以稍微激进。2020年7月10日，股价回落至切点32.2元附近，我建议他继续加仓买入，并移动止损到26.65元，如图7-25所示。

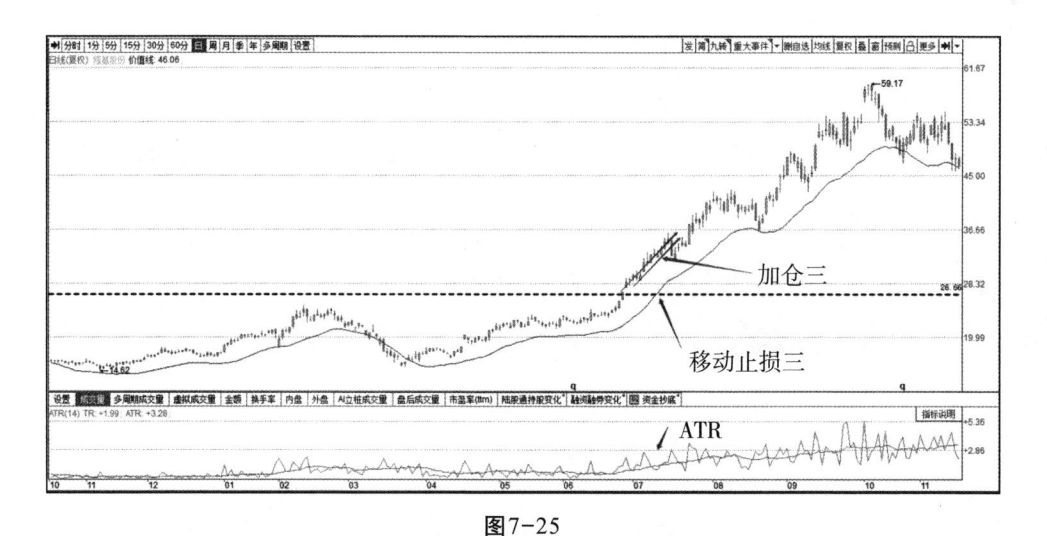

图7-25

**止损理由**：前一波低点是28.69元，价值点为26.8元，ATR近期最大值为2.61，根据止损的合理性原则，止损应该设置在价值点26.8元下方，所以我建议他将止损设置为26.65元。

**风险状况**：第一单锁定获利36.7%左右，第二单锁定获利24.5%，第三单锁定获利12.9%，第四单风险为17.2%，整体锁定获利56.9%。

## 5. 第四次加仓

切点加仓之后，立马拉升，快速脱离成本，但是股价在36元受阻快速回落。正准备价值点加仓，股价却掉头急涨。2020年7月29日，股价再次回调到切线附近。在切点37元附近，他按照我的建议，又加仓了一次，并且移动止损至31.4元，如图7-26所示。

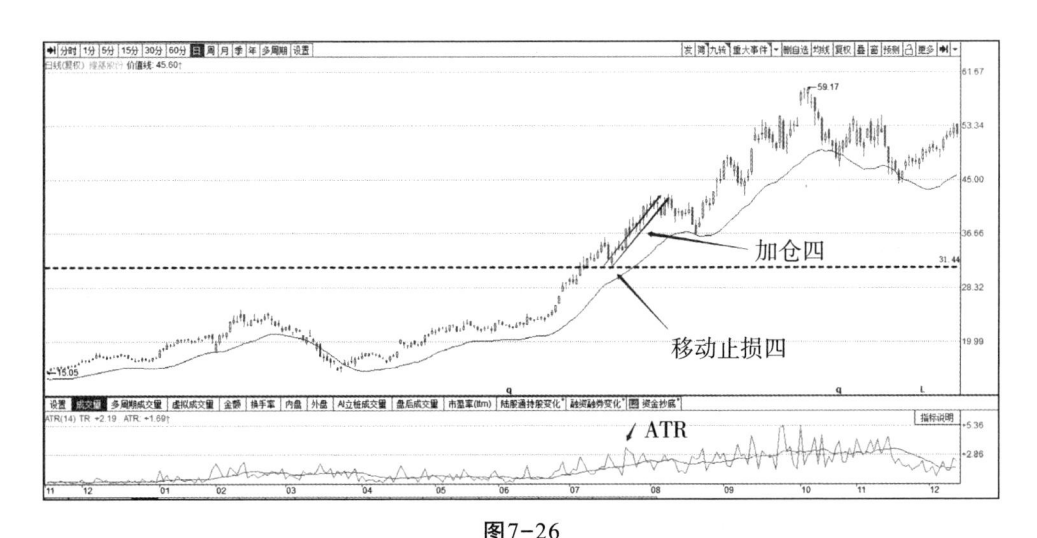

图7-26

**止损理由**：前一波低点为31.55元，价值点为32.06元，ATR近期最大值为3.42，根据止损的合理性原则，止损应该设置在价值点31.55元下方，所以我建议他将止损设置为31.4元。

**风险状况**：第一单锁定获利61%左右，第二单锁定获利46.7%，第三单锁定获利33%，第四单风险为2.5%，第五单风险为15.1%，整体锁定获利123.1%。

## 6. 第五次加仓

股价从切点位置又是精准回升，但是在42.5元附近连续受阻。振荡一个星期之后，继续下跌，他在40元的时候反复问我，要不要继续加仓。我提前告诉他，等股价触及价值线时加仓。

2020年8月20日，股价快速跌至价值线附近，他在36.5元进一步加仓，虽然此时上一单并未盈利，但是由于已经锁定了大幅利润，所以可以激进加仓，并且我建议他维持31.4元止损不变，因为绝对低点未变，如图7-27所示。

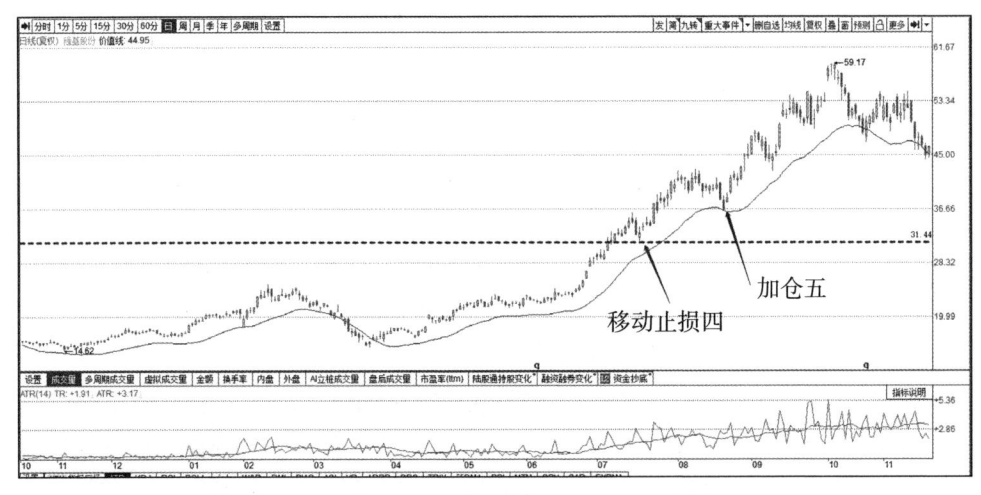

图7-27

**止损理由**：因为2020年8月3日的高点42.47元并没有被升穿，且股价没有发生趋势转变，因此绝对高点是42.47元。绝对低点是2020年7月17日的低点31.55元，所以维持31.4元止损不变。

**风险状况**：第一单锁定获利61%左右，第二单锁定获利46.7%，第三单锁定获利33%，第四单风险为2.5%，第五单风险为15.1%，第六单风险为14%，整体锁定获利109.1%。

### 7. 第六次加仓

价值点加仓后，股价立马精准反转。2020年9月9日，股价从高位回落，最低跌至前期的长下影线42.2元附近，且此时已经接近价值线，因此我继续建议他加仓，并且把止损移动到36元，如图7-28所示。

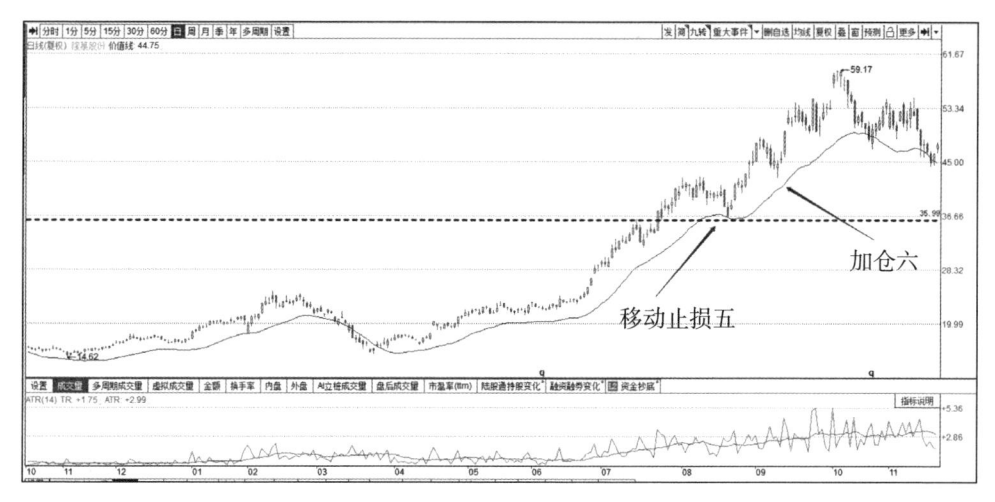

图7-28

**止损理由**：此时已经大幅锁定利润，根据VLR模型原则，大幅获利之后，不需要谨慎移动止损，直接将止损设置到绝对低点，以免被行情杂波震出局。绝对低点是36.34元，所以将止损设置为36元。

**风险状况**：第一单锁定获利84.6%左右，第二单锁定获利68.2%，第三单锁定获利52.5%，第四单锁定获利11.8%，第五单风险为2.7%，第六单风险为1.3%，第七单风险为14.75%，整体锁定获利198.4%。

### 8. 第七次加仓

股价从价值线附近迅速回升大涨。连涨一个月之后，再次调整。这次调整又刚好触及切线。于是我建议他在49元附近第七次加仓，并且移动止损至42元，如图7-29所示。

**止损理由**：绝对低点是42.35元，所以将止损设置为42元。

**风险状况**：第一单锁定获利117.2%左右，第二单锁定获利96.2%，第三单锁定获利78%，第四单锁定获利30.4%，第五单锁定获利13.5%，第六单锁定获利15%，第七单风险为0.4%，第八单风险为14.2%，整体锁定获利335.7%。

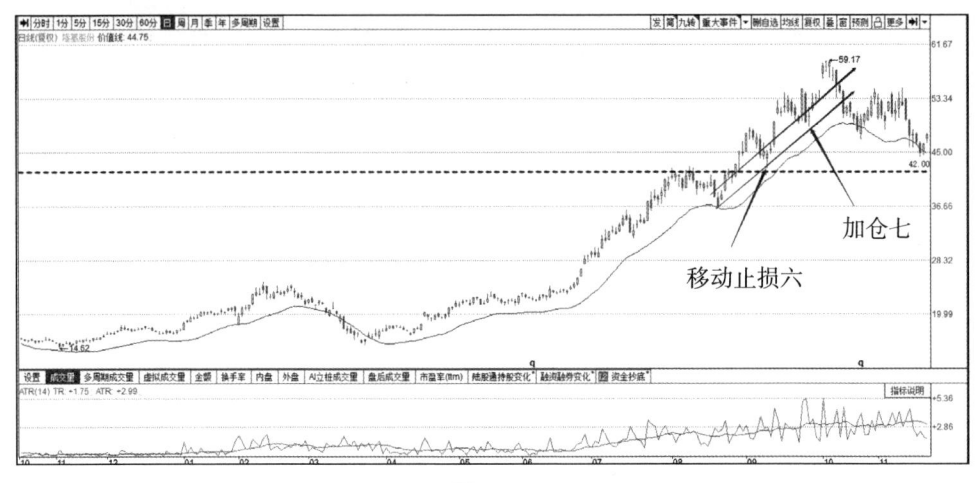

图7-29

### 9. 获利出场

第七次加仓又买在了起涨点，股价跳空涨停，但是在59元处连续三次未能击穿，这时我建议他将止损进一步提升到48.5元，并提示行情风险可能来临，注意移动好止损。最后行情果然反转回落，在行情跌破48.5的时候，跌破了绝对低点，同时价值线也开始向下拐头，两个信号提示出场，如图7-30所示。所有单子全部获利出场。

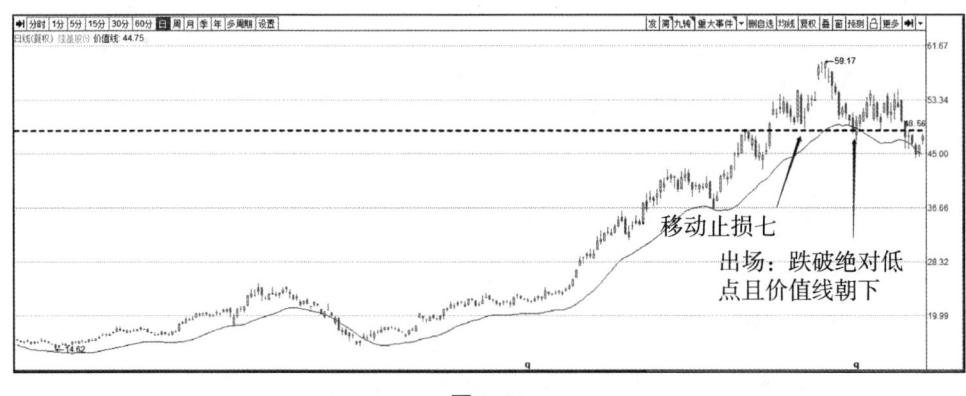

图7-30

**止损理由**：绝对低点是48.8元，所以将止损设置为48.5元。

**风险状况**：第一单锁定获利148.7%左右，第二单锁定获利126.6%，第三单锁定获105.5%，第四单锁定获利50.6%，第五单锁定获利31.1%，第六单锁定获利32.8%，第七单锁定获利14.9%，第八单风险为1%，整体锁定获利509.2%。

这波操作他一共赚了152万元左右，而初始的风险只有4.9万元。在整波操作过程中，虽然仓位在不断增加，但是风险始终没有增加，也就是说，他用1倍的风险赚了31倍利润。仓位风险图如图7-31所示。

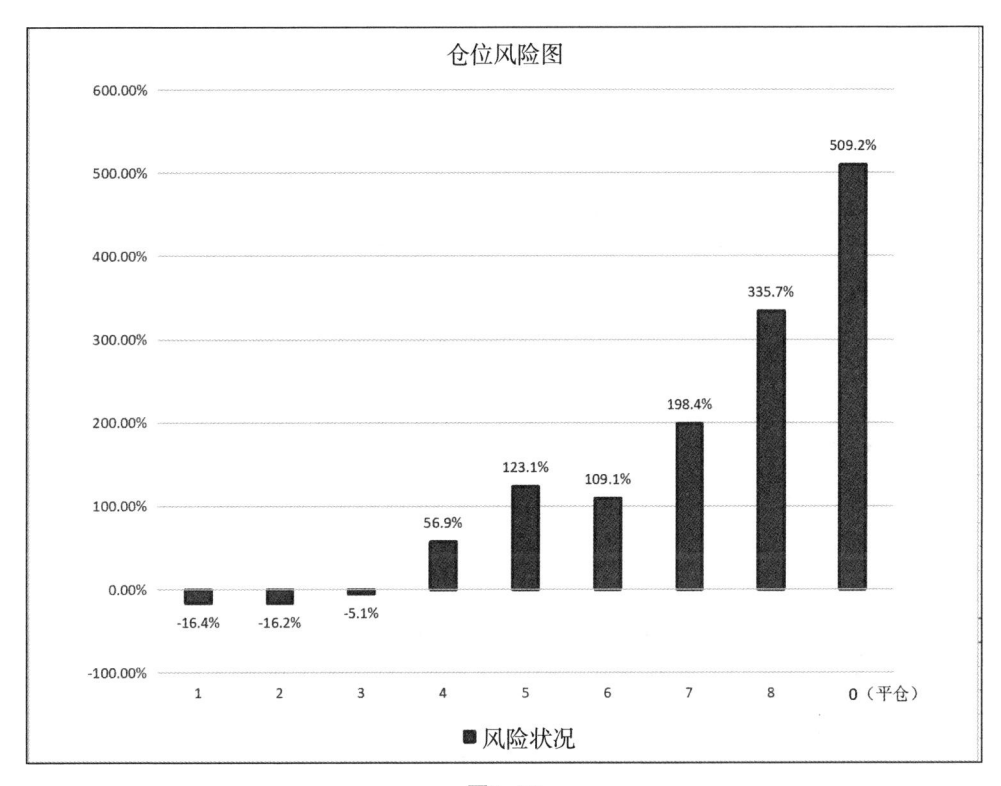

图7-31

## 7.3.2 百倍利润

第二个例子是充分运用VLR模型，在海天味业这只股票上赚了116倍利润，下面详细讲解一下这次的资本运作过程。大家可以借助这个例子，再一次巩固模型的运作机制。需要强调的是，VLR模型是在价值投资股票池上使用，所以必须先分析好公司的基本面，然后才能套用模型进行资本运作。

我有一位卖服装的老板朋友，我们经常一起喝茶聊天，偶然一次机会聊到股票上，他说自己断断续续炒了十几年的股票，一向都是重仓操作，亏了不少钱。聊得起劲的时候，他想让我帮忙看看有什么好的投资机会。其实当时有一只股票符合VLR模型，但因为他一向赌性很大，我担心他会赌博式操作，所以没有跟他透露。过了几天，他又专程来找我，非常恳切地希望我能帮他一次。思虑再三，我决定用VLR模型指导他买卖一次，但要求他最多投入100万元，并强调不能重仓，采用轻仓试仓的思路，错了就小亏，对了再加仓。

截至2018年10月30日，海天味业连续调整了5个月，终于跌到了月线级别价值点，这是近两年来价格首次向价值回归，而且价值线朝上运行。基本面上，市场持续下跌了近一年，投资者情绪极度悲观，上证指数跌破2015年疯牛的最低点。在市场完全非理性的状态下，资本市场自身已经接近失灵。而就在前几天，主管金融的领导和一行两会负责人，前所未有地联合密集发声力挺股市。这代表政府对股市政策的重大转向。可以预料的是接下来相关部委会有一系列利好股市的政策出台。因此对于股市这将具有历史转折意义。

### 1. 试仓

我知道这是千载难逢的机会。第一，股市大环境可能开始反转；第二，海天味业作为调味行业的龙头，未来发展趋势非常好；第三，股价近两年来首次回归到月线价值点。因此我打电话让他在价值点33.5元试仓买入10万元海天味业，并带上29元的止损。此时他的初始风险为13.4%，折合本金的1.34%，即13 400元左右。

根据历史操作统计，海天味业盈亏比为103倍，概率为91%，最大回撤为15%，当下该笔预测止损为13.4%，由VLR公式可以计算出试仓仓位：

$$f_v = f\beta = \beta \times \frac{bp-q}{b} = \frac{最大回撤}{当下该笔预测止损} \times \frac{1}{k} \times \frac{bp-q}{b}$$

$$= \frac{15\%}{13.4\%} \times \frac{1}{10} \times \frac{103 \times 91\% - 9\%}{103} \approx 10\%$$

读者在使用VLR模型的时候，可以根据自己的历史操作数据来计算最佳试仓仓位。

图7-32为海天味业月线级别K线图，行情时间跨度为2016年8月2日到2021年11月28日。

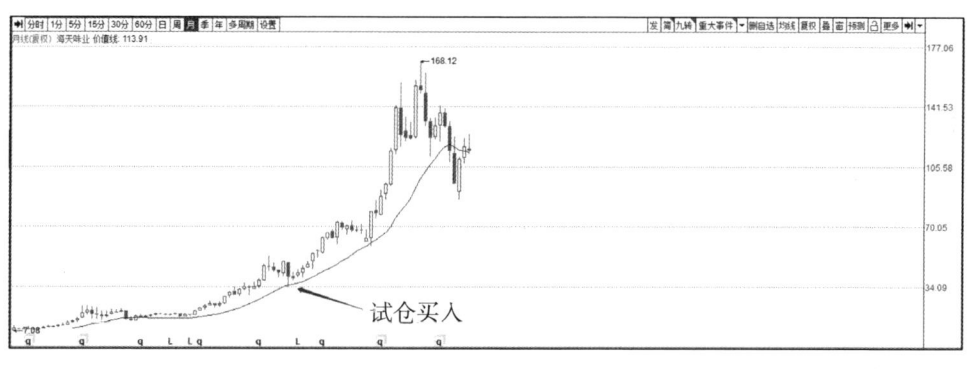

图7-32

图7-33为海天味业日线级别K线图，行情时间跨度为2017年9月25日到2019年7月12日。

**止损理由**：绝对低点为32.47元，ATR是4.15，所以合理止损应该以ATR（33.5-4.15=29.35）为标准，因此止损设置为29元（ATR下方）。

**风险状况**：第一单风险13.4%。

图7-32中的月线价值点就像一个被压缩的巨大弹簧，股价刚一触及价值线就被迅速弹"飞"，日线级别形成V形反转，如图7-33所示。股价重回价值线之上，表明短暂的虚破价值线属于对估值的错杀，行情大概率会启动长线上涨。但朋友跟我说他想平仓，因为他一向是赚几个点就走，这才4天就赚了20%多，觉得非常满足了。这让我有点哭笑不得，忍俊不禁地说："还

没开始撒网，你就要收了啊。这只是试仓，还要持续加仓的。"

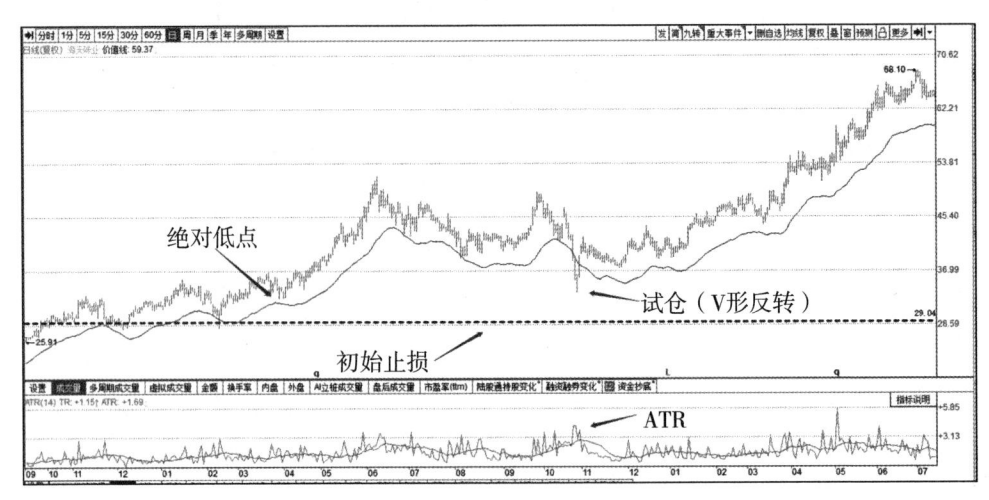

图7-33

### 2. 第一次加仓

股价升穿价值线后，继续振荡上升，价值线也慢慢开始往上拐头。2018年12月21日，当股价回落至日线级别价值线附近时，我建议他在39元处等量加仓，并将止损移动到36.3元。（注意：VLR模型的原则是，加仓必须采用日线级别周期，不能直接使用周线、月线等大级别周期。）

图7-34为海天味业日线级别K线图，行情时间跨度为2018年10月12日到2020年7月24日。

**止损理由**：前期低点为37.16，价值点为37.43，ATR是2.53，所以合理止损以ATR（39-2.53=36.47）为标准，因此止损设置为36.3元（ATR下方）。

**风险状况**：第一单锁定获利8.4%，第二单风险是6.9%，整体锁定获利1.3%。

### 3. 第二次加仓

日线价值点加仓之后，行情先是低位整理了一段时间，随后大阳拉升，强势突破区间，开启了步步高升之路。

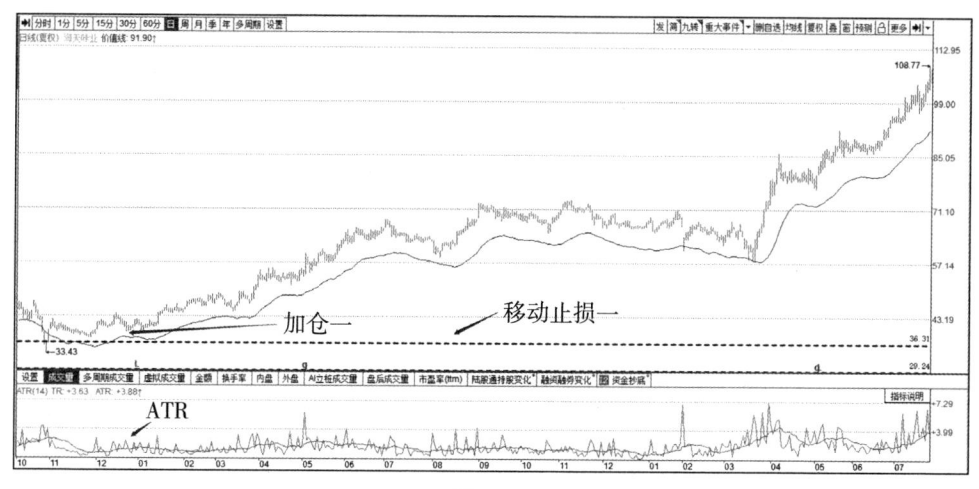

图7-34

图7-35为海天味业日线级别K线图,行情时间跨度为2018年10月12日到2020年7月24日。2019年4月23日,在股价触及切点50.8元的时候,我提示他再次加仓且将止损移动到43.5元。

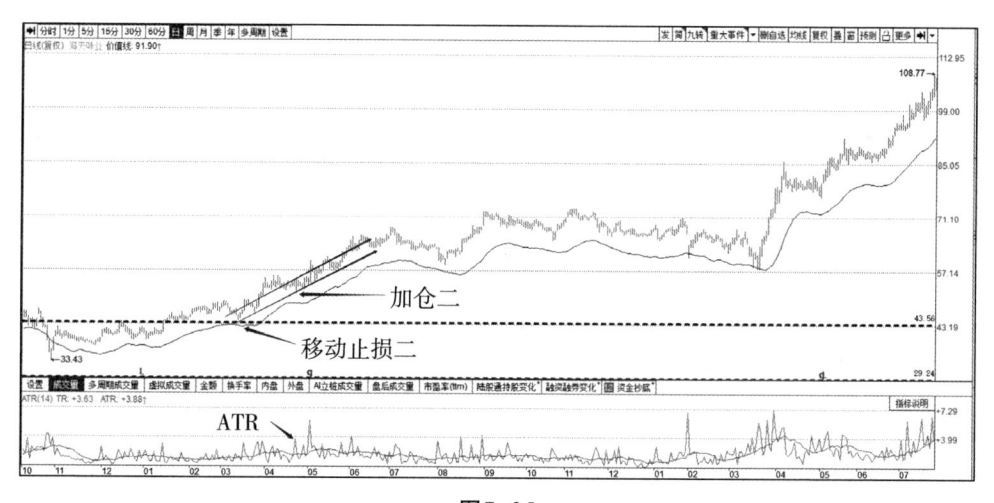

图7-35

**止损理由**:前期低点为43.93,价值点为48.44,ATR是3.65,所以合理止损以43.93为标准,因此止损设置为43.5元。

**风险状况**:第一单锁定获利29.9%,第二单锁定获利11.5%,第三单风险为14.4%,整体锁定获利27%。

### 4. 第三次加仓

切点加仓之后，股价蜻蜓点水般即刻回升，完全诠释了利弗莫尔一买就赚的思想。但是上涨没有延续，而是连续回撤三个交易日。股价第二次回落到切线，但此时不能加仓，因为距离前一次加仓太近。同理，2019年5月6日，股价第三次触及切线也不能加仓。

直到股价第四次触及切线，股价稍微远离前一次加仓点之后，我才建议他继续在切点54元处加仓，并移动止损到49.3元，如图7-36所示，行情时间跨度为2018年10月12日到2020年7月24日。

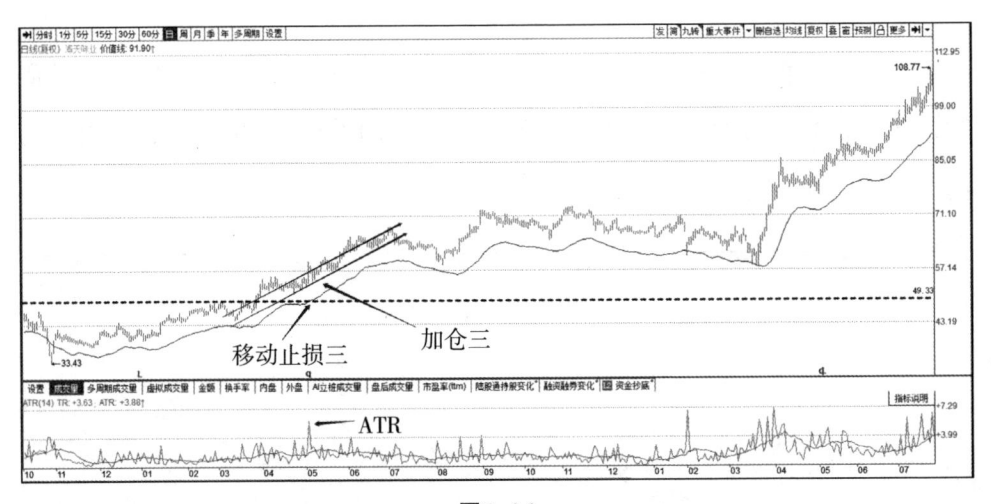

图7-36

**止损理由**：前期低点为50.77，价值点为49.48，ATR是5.85，所以合理止损以价值点为标准，因此止损设置为49.3元。

**风险状况**：第一单锁定获利47.2%，第二单锁定获利26.4%，第三单风险为3%，第四单风险为8.7%，整体锁定获利61.9%。

### 5. 第四次加仓

第四单布局之后，又是马上开始获利。股价连续回升，但承压前高，上攻未果，再次回撤至切线附近。2019年5月24日，我继续建议他在切点附近57.5元处买入，同时移动止损到50.6元，如图7-37所示，行情时间跨度为2018年10月12日到2020年7月24日。

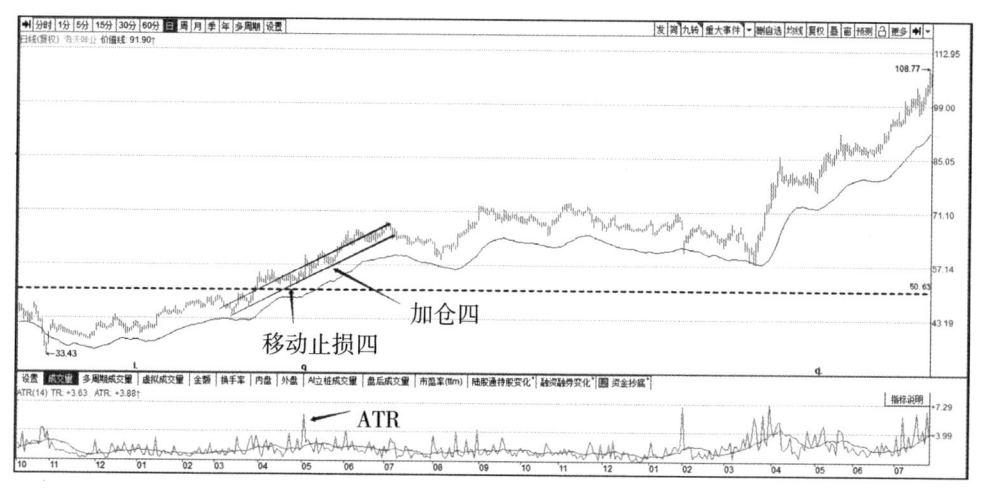

图7-37

**止损理由**：前期低点为50.77，价值点为52.58，ATR是5.85，所以合理止损以前期低点为标准，因此止损设置为50.6元。

**风险状况**：第一单锁定获利51%，第二单锁定获利29.7%，第三单风险为0.4%，第四单风险为6.3%，第五单风险为12%，整体锁定获利62%。

### 6. 第五次加仓

这次切点加仓，同样是立竿见影，股价立马起涨。2019年6月24日，行情在小幅创新高之后，就开始滞涨，振荡近半个月后，再度回落到切线之上。这次他似乎看懂了原理，自己直接在切点63元附近加了仓。我连忙称赞他学会了举一反三，并建议止损保持在50.6元不变，如图7-38所示，行情时间跨度为2018年10月12日到2020年7月24日。

**止损理由**：因为绝对低点没有变，所以止损继续维持在50.6元不变。

**风险状况**：第一单锁定获利51%，第二单锁定获利29.7%，第三单风险为0.4%，第四单风险为6.3%，第五单风险为12%，第六单风险为19.6%，整体锁定获利42.4%。

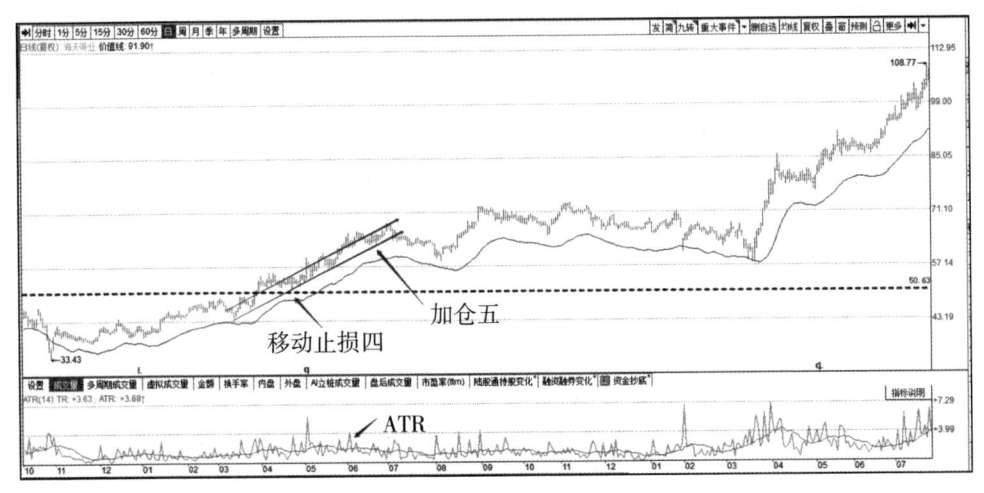

图7-38

第六单进场之后，虽然也是立马走高，但是股价明显上涨乏力，在68元附近见顶之后，振荡下行。股价一度跌破第六单的进场价，且价值线也朝下运行。但股价在前期密集成交区附近受到支撑，再次强劲反弹。在股价创新高之余，我建议他将止损移动到57元，如图7-39所示，行情时间跨度为2018年10月12日到2020年7月24日。

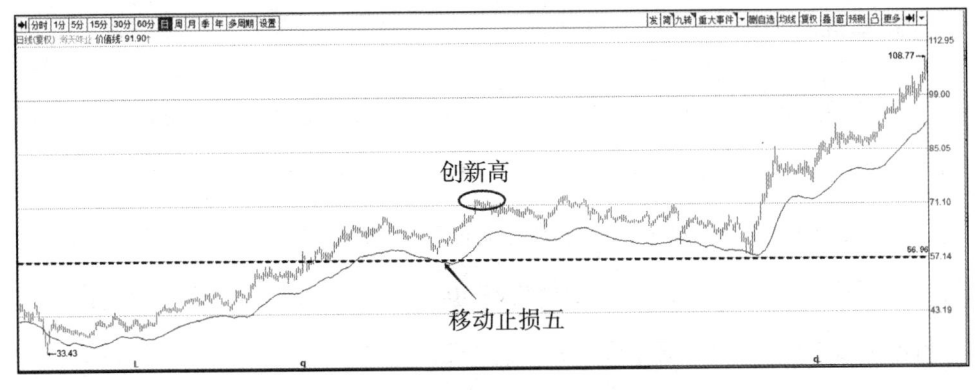

图7-39

**止损理由**：出现了新的绝对低点58.3元，并且第六单的切点在57.5元附近，所以综合起来，根据止损的合理性，应该把止损移动到57元。

**风险状况**：第一单锁定获利70.1%，第二单锁定获利46.2%，第三单锁定获利12.2%，第四单锁定获利5.5%，第五单风险为0.8%，第六单风险为9.5%，整体锁定获利123.7%。

### 7. 第六次加仓

移动止损到57元时，他就锁住了大量的利润，所以可以激进加仓。2020年2月3日，股价在价值线下方低开，但是低开高走，大阳回升，强劲收在价值线上方，并带动价值线略微向上拐头，表明价值回升，且下方买盘强劲。最主要是手中持有大量浮盈的头寸且股价又一次接近月线价值线。

图7-40为海天味业月线级别K线图，行情时间跨度为2016年8月2日到2021年11月28日。

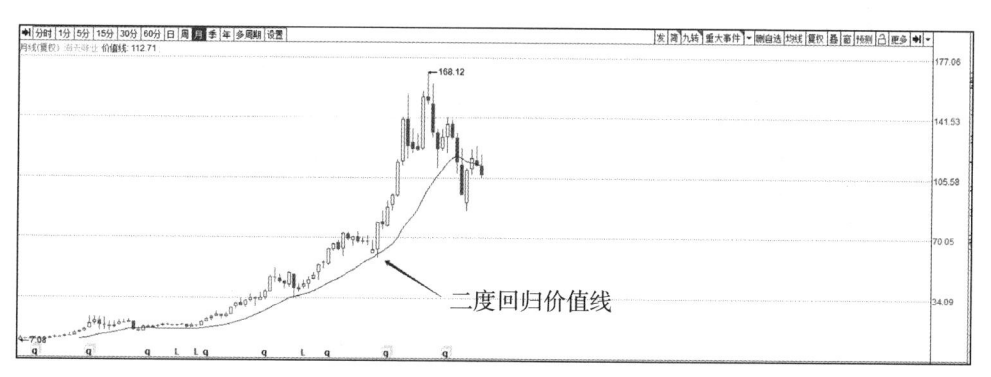

图7-40

因此再次建议他次日在64元附近激进加仓（根据行情确认方法，需要等次日开盘，价格开在价值线上方，才能确认），同时建议他止损保持在57元不变，如图7-41所示，行情时间跨度为2018年10月12日到2020年7月24日。

**止损理由**：绝对低点未变，因此止损保持在57元不变。

**风险状况**：第一单锁定获利70.1%，第二单锁定获利46.1%，第三单锁定获利12.2%，第四单锁定获利5.5%，第五单风险为0.8%，第六单风险为9.5%，第七单风险为10.9%，整体锁定获利112.7%。

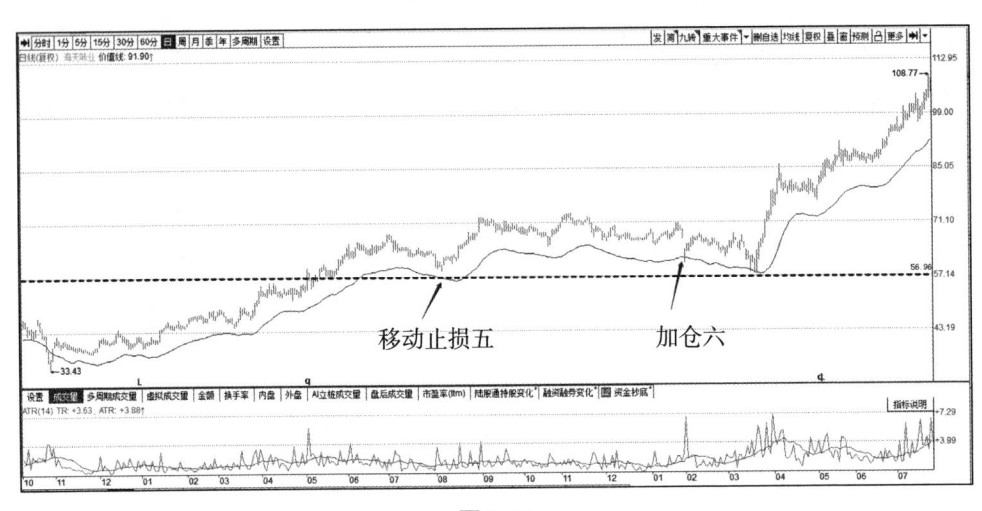

图7-41

### 8. 第七次加仓

月线价值点附近加仓之后，股价短线快速反弹，但在68元处受阻，掉头下跌。股价在价值线附近精准反弹（既是日线价值点又是月线价值点）。2020年3月26日，月线的价值线像一个强力橡皮绳，再次将股价射高，且直接穿越临界点。当股价次日开盘开在临界点之上时，我果断建议他在70.8元加仓，并强调维持57元止损不变，如图7-42所示，行情时间跨度为2018年10月12日到2020年7月24日。

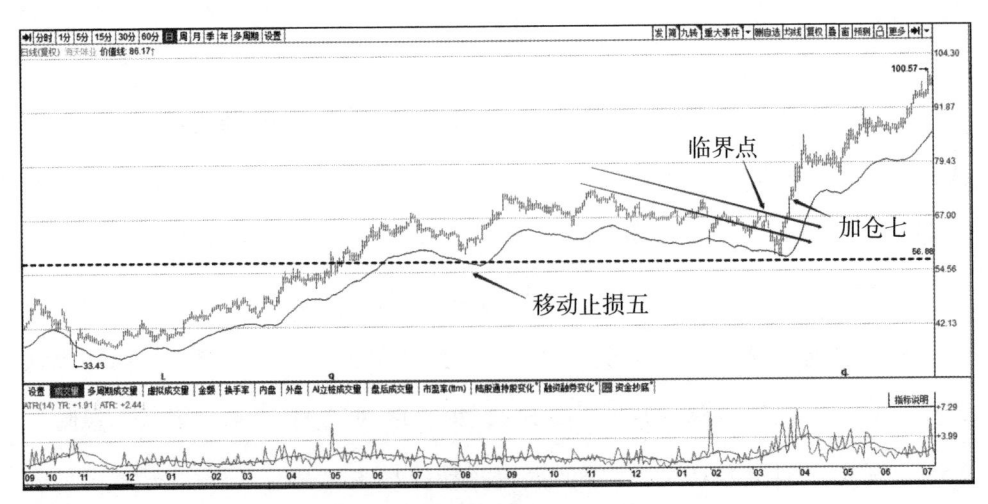

图7-42

**止损理由**：绝对低点未变，因此止损保持在57元不变。

**风险状况**：第一单锁定获利70.1%，第二单锁定获利46.1%，第三单锁定获利12.2%，第四单锁定获利5.5%，第五单风险为0.8%，第六单风险为9.5%，第七单风险为10.9%，第八单风险为19.5%，整体锁定获利93.2%。

不出所料，临界点加仓也是一买就赚，并很快进入了加速上涨态势。2020年5月21日，行情创出新高之后，我立马建议他将止损移动到75元，如图7-43所示，行情时间跨度为2019年11月8日到2021年8月19日。

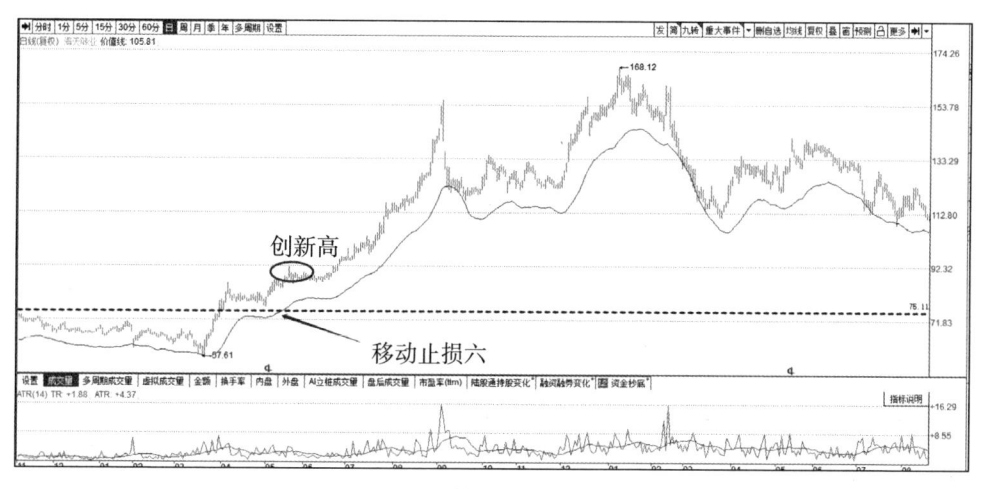

图7-43

**止损理由**：出现了新的绝对低点76.11元，因此将止损移动到75元。

**风险状况**：第一单锁定获利123.9%，第二单锁定获利92.3%，第三单锁定获利47.6%，第四单锁定获利38.9%，第五单锁定获利30.4%，第六单锁定获利19%，第七单锁定获利17.2%，第八单锁定获利5.9%，整体锁定获利375.2%。

### 9. 第八次加仓

移动止损后，他的所有单都处于获利状态，因此加仓和止损都可以采取相对激进一点的策略，不需要对加仓点要求太严格，止损也不需要移动过于紧凑。2020年7月7日，股价回撤至切点95元附近时，一样的原理，我建议他再次加仓买进，并将止损设置为84.6元，如图7-44所示，行情时间跨度为2019年11月8日到2021年8月19日。其间他一直跟我说："资金不够用了，是否差不多可以收手了？"我强烈阻止他想了结头寸的想法，刚开始建议少入一点资金，是担心他会重仓乱买，但此时已经是零风险，所以我建议他大胆调资金过来，继续加仓，用零风险博更大的利润。

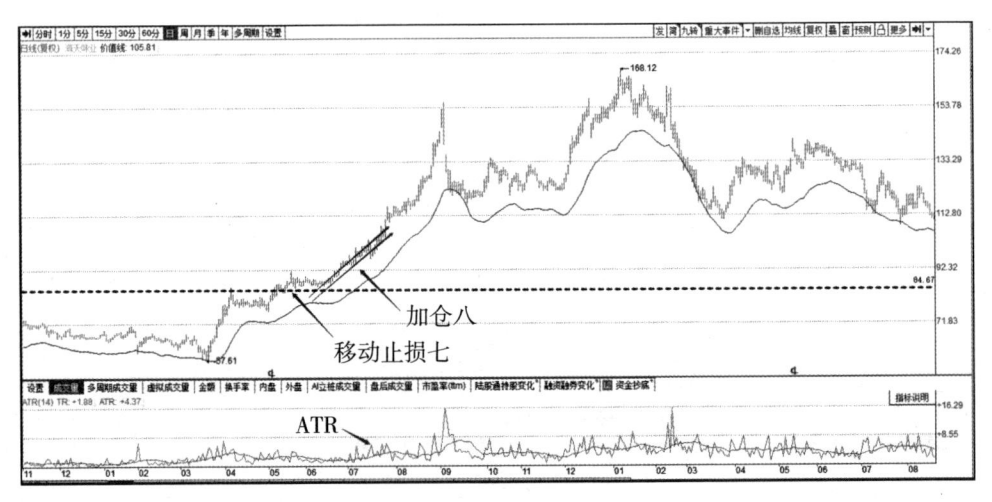

图7-44

**止损理由**：绝对低点是84.82元，因此将止损移动到84.6元。

**风险状况**：第一单锁定获利152.5%，第二单锁定获利116.9%，第三单锁定获利66.5%，第四单锁定获利56.7%，第五单锁定获利47.1%，第六单锁定获利34.3%，第七单锁定获利32.2%，第八单锁定获利19.5%，第九单风险为10.9%，整体锁定获利514.8%。

## 10. 第九次加仓

2020年7月16日，股价调整到切线的时候，我建议他在切点99元又加了一次仓，并保持84.6元的止损不变，如图7-45所示，行情时间跨度为2019年11月8日到2021年8月19日。

**止损理由**：绝对低点没有变，因此止损维持84.6元不变。

**风险状况**：第一单锁定获利152.5%，第二单锁定获利116.9%，第三单锁定获利66.5%，第四单锁定获利56.7%，第五单锁定获利47.1%，第六单锁定获利34.3%，第七单锁定获利32.2%，第八单锁定获利19.5%，第九单风险为10.9%，第十单风险为14.5%，整体锁定获利500.3%。

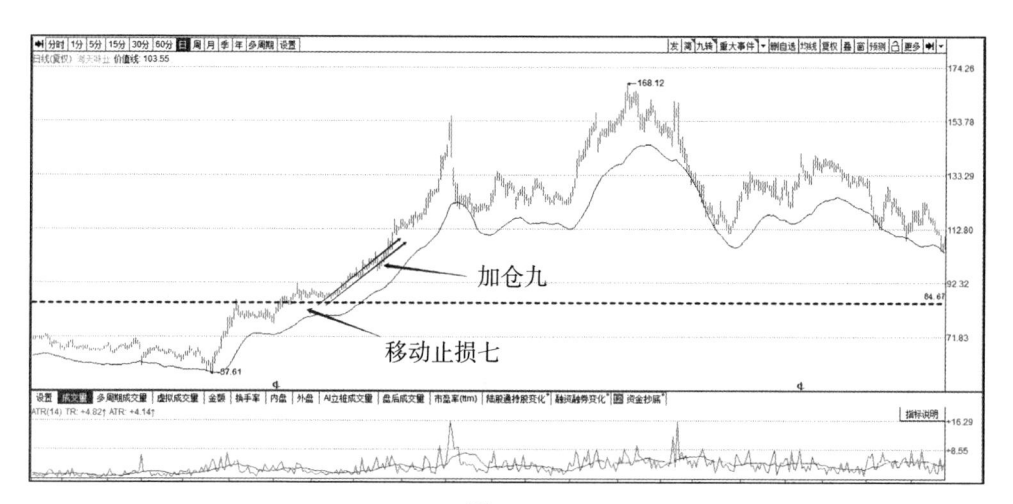

图7-45

### 11. 第十次加仓

第十单切点进场之后，价格虚破切线，但快速重回上涨通道之内。股价重新靠近切线104元的时候，我建议他继续加仓操作，并把止损移动到88元，如图7-46所示，行情时间跨度为2019年11月8日到2021年8月19日。

**止损理由**：前期低点为96.13，价值点为91.41元，ATR为6.48，因此合理止损应该设置在88元。

**风险状况**：第一单锁定获利162.6%，第二单锁定获利125.6%，第三单锁定获利73.2%，第四单锁定获利63%，第五单锁定获利53%，第六单锁定获利39.6%，第七单锁定获利37.5%，第八单锁定获利24.3%，第九单风险为7.3%，第十单风险为11.1%，第十一单风险为15.4%，整体锁定获利545%。

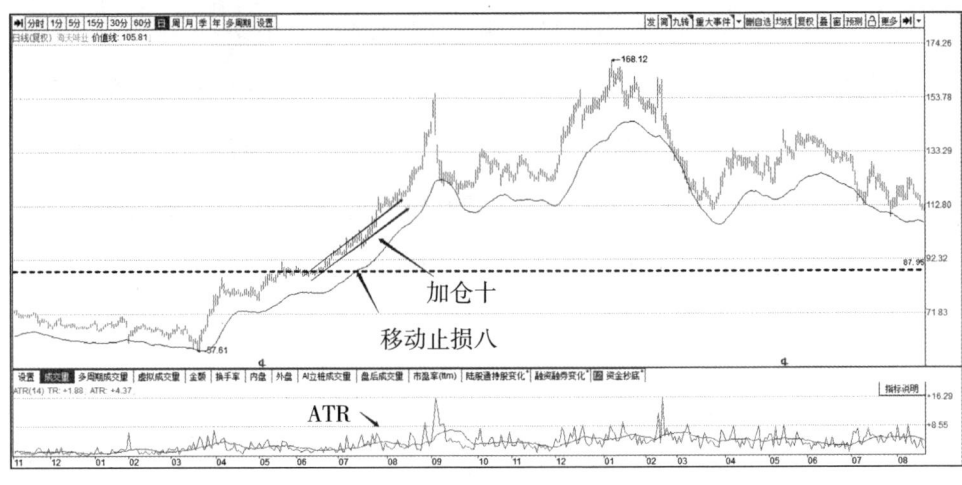

图7-46

## 12. 第十一次加仓

这次切点加仓，又买在了行情的起涨点，股价强劲拉升，并一举突破限制线。2020年7月28日，股价开盘在限制点之上，因此我自信地叫他在112元附近继续增加头寸，同时把止损移动到93元，如图7-47所示，行情时间跨度为2019年11月8日到2021年8月19日。

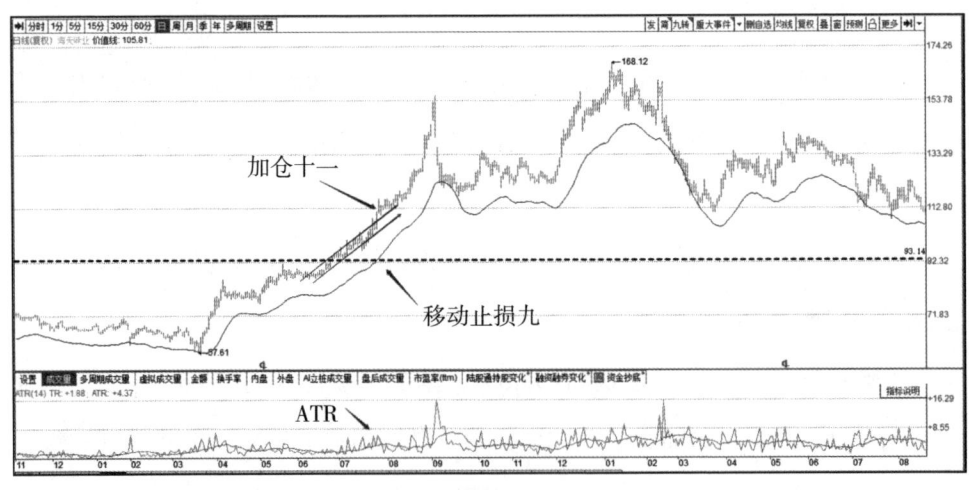

图7-47

**止损理由**：前期低点为96.13元，价值点为93.77元，ATR为6.61，因此合理止损应该设置在93元。

**风险状况**：第一单锁定获利177.6%，第二单锁定获利138.4%，第三单锁定获利83%，第四单锁定获利72.2%，第五单锁定获利61.7%，第六单锁定获利47.6%，第七单锁定获利45.3%，第八单锁定获利31.3%，第九单风险为2.1%，第十单风险为6%，第十一单风险为10.5%，第十二单风险为16.9%，整体锁定获利621.6%。

**13. 第十二次加仓**

限制线被突破之后，股价直接开足马力，疯狂暴涨，短短一个月涨了近40%，最高触及155.36元。但股价从高位快速形成倒V形反转，迅速跌回价值线。股价快速反转，从技术上像极了牛市见顶，但是根据VLR模型，没有到止损价位就坚决不出场，始终保持被动出场机制，这样可以帮助我们很容易地赚到超级大单边的行情。因此在价值点123.5元附近的时候，我仍然毫不犹豫地建议他加仓，同时提示把止损设置到95元，如图7-48所示，行情时间跨度为2019年11月8日到2021年8月19日。

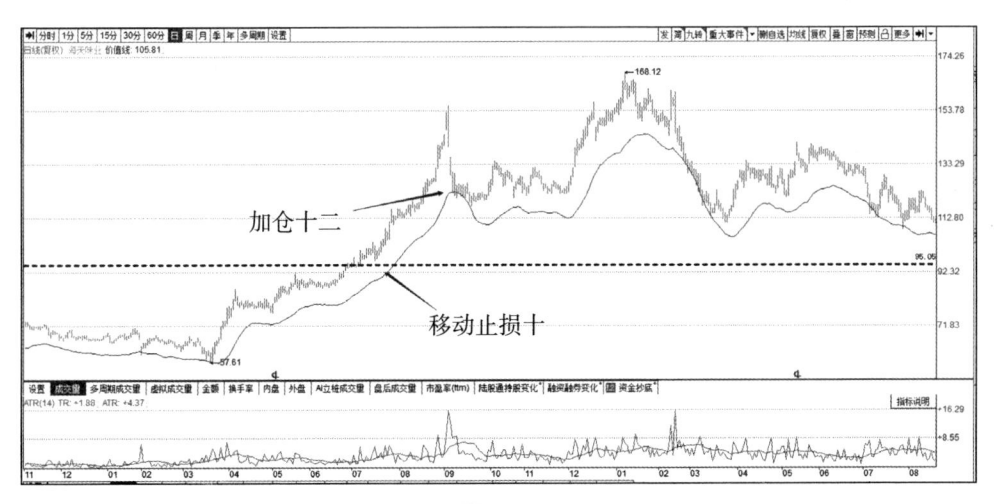

图7-48

**止损理由**：绝对低点是96.13元，因此止损设置为95元。

**风险状况**：第一单锁定获利183.5%，第二单锁定获利143.5%，第三单锁定获利87%，第四单锁定获利75.9%，第五单锁定获利65.2%，第六单锁定获利50.8%，第七单锁定获利48.4%，第八单风险锁定获利34.2%，第九单风险为0%，第十单风险为4%，第十一单风险为8.6%，第十二单风险为15.1%，第十三单风险为23%，整体锁定获利637.8%。

由于短期股价回落太大，所以多头动能削弱，股价一直在价值线附近徘徊近3个月，才启动上涨。在股价创出新高的时候，我建议他把止损移动到116元，如图7-49所示，行情时间跨度为2019年11月8日到2021年8月19日。

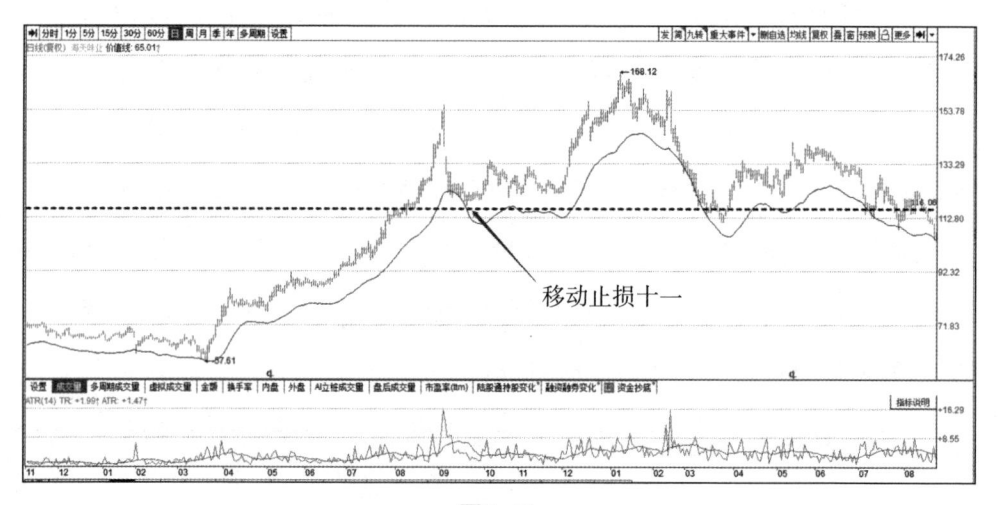

图7-49

**止损理由**：新的绝对低点是116.9元，因此止损设置为116元。

**风险状况**：第一单锁定获利246.3%，第二单锁定获利197.4%，第三单锁定获利128.3%，第四单锁定获利114.8%，第五单锁定获利101.7%，第六单锁定获利84.1%，第七单锁定获利81.3%，第八单锁定获利63.8%，第九单锁定获利22.1%，第十单锁定获利17.2%，第十一单锁定获利11.5%，第十二单锁定获利3.6%，第十三单风险为6%，整体锁定获利1066.1%。

## 14. 获利出场

股价触及168.12元最高点之后，几次上攻未果，开始振荡下行，于是我建议他把止损提到140元。最终行情跌破了140元，他的13张单子全部被动止盈出场，如图7-50所示，行情时间跨度为2016年8月2日到2021年11月28日。值得注意的是，在绝对低点出场的时候，价值线也朝下运行，二者形成共振，预示股价见顶概率增加。进一步验证了我们绝对低点作为被动出场点的科学性。

**止损理由**：新的绝对低点是141.52元，因此止损设置为140元。

**风险状况**：第一单锁定获利317.9%，第二单锁定获利259%，第三单锁定获利175.6%，第四单锁定获利159.3%，第五单锁定获利143.5%，第六单锁定获利122.2%，第七单锁定获利118.8%，第八单锁定获利97.7%，第九单锁定获利47.4%，第十单锁定获利41.4%，第十一单锁定获利34.6%，第十二单锁定获利25%，第十三单锁定获利13.4%，整体锁定获利1 555.8%。

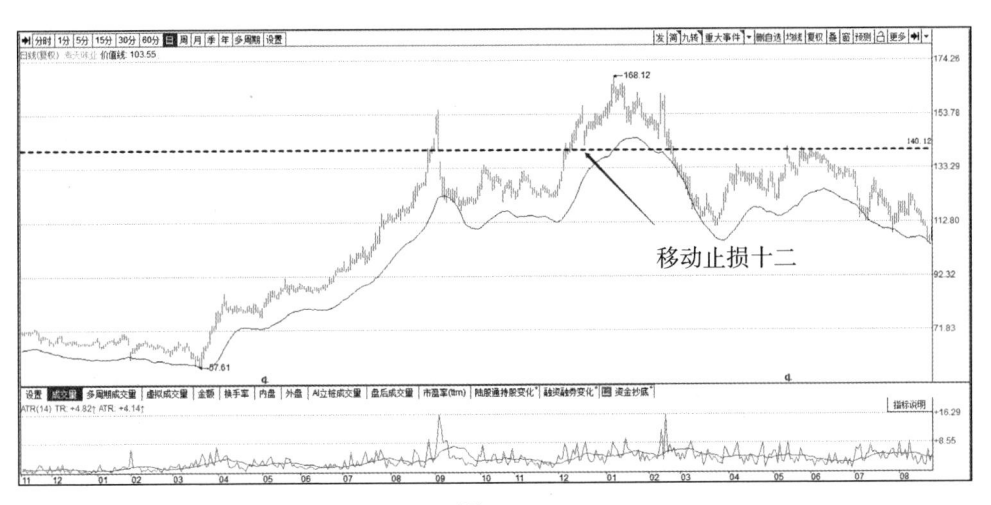

图7-50

这波操作中他一共赚了155万元左右，直接翻仓，而初始的风险只有1.34万元。

在整波操作过程中，虽然仓位在不断增加，但是风险始终没有增加，说明他用1倍的风险赚了116倍的利润，如图7-51所示。

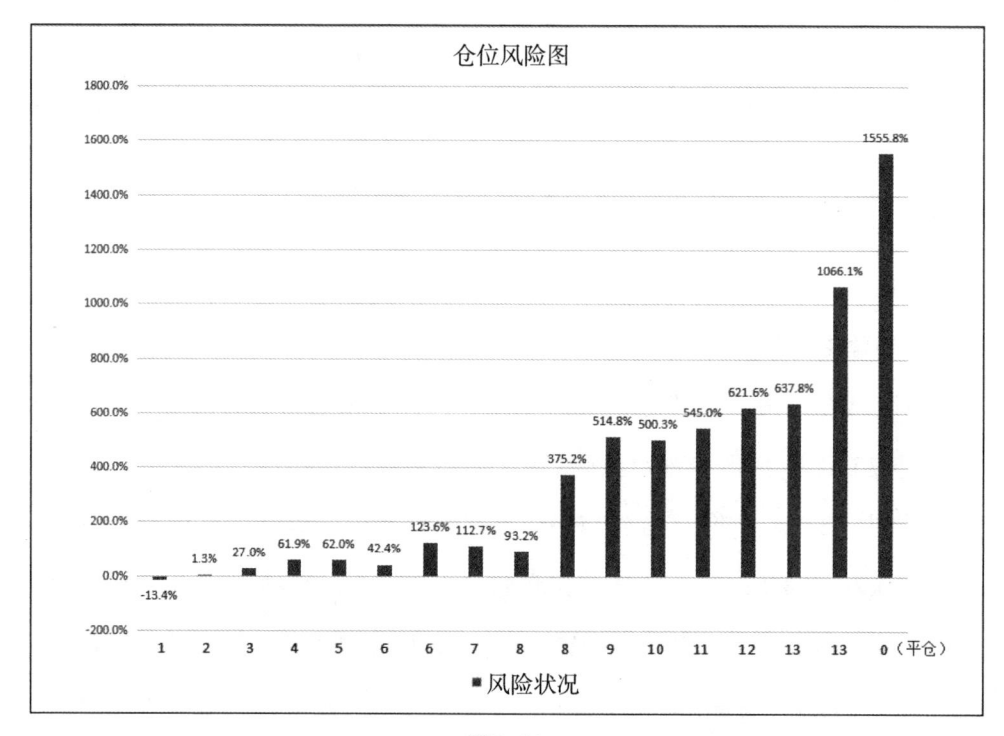

**仓位风险图**

| 阶段 | 风险状况 |
|---|---|
| 1 | -13.4% |
| 2 | 1.3% |
| 3 | 27.0% |
| 4 | 61.9% |
| 5 | 62.0% |
| 6 | 42.4% |
| 7 | 123.6% |
| 8 | 112.7% |
| 9 | 93.2% |
| 10 | 375.2% |
| 11 | 514.8% |
| 12 | 500.3% |
| 13 | 545.0% |
| 14 | 621.6% |
| 15 | 637.8% |
| 16 | 1066.1% |
| 0（平仓） | 1555.8% |

图7-51

从隆基股份和海天味业两个例子中，我们可以看出VLR模型强大的盈利能力，其盈亏比往往都非常高，甚至几百倍都有。"浮盈加码"这四个字，看似普通，却是利弗莫尔革命性的交易思想，也是精华之处。再配合"新"关键点和巴菲特的价值投资思想，为小资金稳定赚大钱提供了确定性。

所以无论你当下亏多少，无论你当下剩余资金有多小，跟着利弗莫尔的思想走，严格运用VLR模型，都有可能成功。

### 7.3.3 不以上帝视角炒股

不要站在上帝视角去评判任何人或者事物！更不能站在上帝的角度去炒股。比如，经常有价值投资者或技术投资者跟我说，如果十年前买贵州茅台或者买美的电器，早就财务自由了。而他们不会说，当年乐视网红极一时，被无数人称赞，腾讯、京东、苏宁体育、TCL等巨头纷纷投资入股，贾跃亭布局的电视、体育、汽车、手机、金融等几大生态，勾勒出生态化的美丽蓝图，无数明星大佬纷纷为其站台，最后一样是退市的悲惨命运，无数投资者血本无归。

就像世界上聪明的人很多，不乏智商远高于巴菲特的人，那么为什么只有巴菲特买苹果、可口可乐、比亚迪等公司赚了大钱。

第一，认知有限。

当年做家电的有名企业有很多，比如春兰空调、新飞冰箱、奥马冰箱、TCL电视、澳柯玛、海信、容声、海尔等，但目前的三巨头是海尔、美的、格力。由于认知的局限性，所以散户不一定能从中找出最有价值的投资标的。

第二，非理性。

一方面，由于市场是无时无刻不在波动的，所以一旦赚钱了，投资者就会害怕既得利润又没了，就容易促使他过早地卖出。比如2015年比亚迪暴跌，很多人都嘲笑巴菲特炒股不行，结果比亚迪又涨了近10倍。

另一方面，很多时候投资者并不能买在最低点，如果2018年在45元买了比亚迪，结果一直阴跌至36元，加上极度低迷的市场，即使有心拿住，也很容易被吓退出来，之后股价又大幅暴涨。

芸芸众生，皆是凡人，所以只有普适性的方法才能帮助大多数散户。因为他们不可能具有巴菲特那样绝对的估值能力，也不可能有完美的技术分析能力，更不可能有上帝视角。而VLR模型是对估值能力、技术分析和心态要求都很低的方法，容错率很高，适合一般散户。

用利弗莫尔的话说：市场永远是对的。所以遵循VLR模型原则，重点关注市场发生了什么，而不是我们判断了什么，跟着市场走，就能获得成功。

举一个例子，假设我们由于自己认知的局限性和非理性买进了一只垃圾股，如果使用VLR模型依然不会出现很大的风险，甚至还可能赚钱的话，那么就能说明VLR模型的普适性和在任何状况下的有效性。

图7-52为乐视退月线级别K线图，行情时间跨度为2010年8月31日到2020年7月20日。

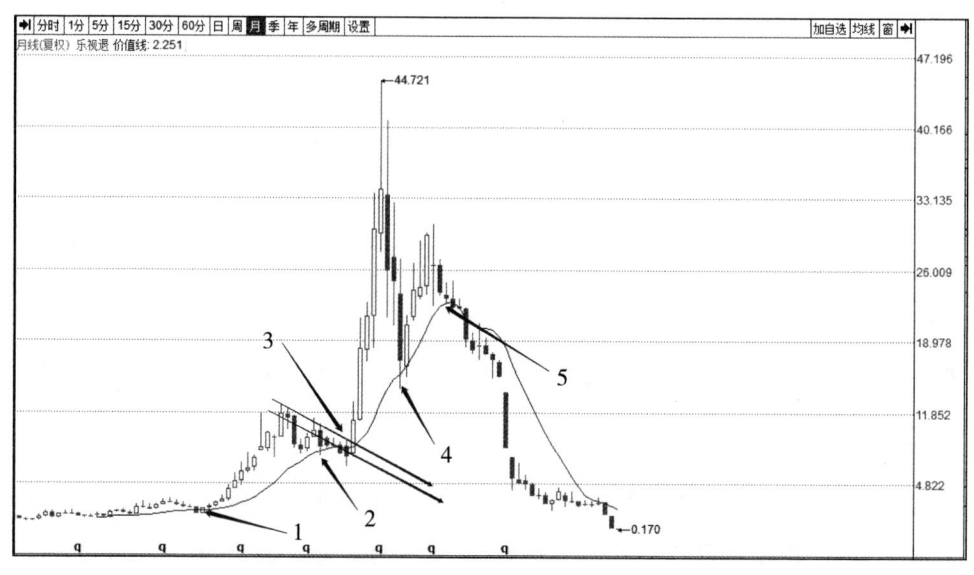

图7-52

乐视网月线级别上一共有5次试仓机会，下面分别来讲解这5次机会可能会出现的结果。

第一次：2012年11月，在价值线1.98元附近试仓，按照VLR模型，止损是以2012年1月的前期低点1.38元为基准，最高涨至12.5元左右。很显然这会是一笔成功的投资，按照VLR模型在"新"关键点持续加码，至少会盈利200倍以上。

第二次：2014年7月，在价值线7.9元附近试仓，按照VLR模型，止损以2013年12月前期低点7.25元为基准，股价最低跌至6.369元，这笔试仓失败，亏损8%左右，这只是试仓亏损，如果是按照十分之一仓位试仓，那么等于亏损总本金的0.8%而已。

第三次：2015年1月，在突破临界点8.96元附近试仓，按照VLR模型，止损是以2014年12月前期低点6.369元为基准，这笔将会是非常有意义的投资，股价直线暴涨4倍多，按照VLR模型在"新"关键点持续加码，至少会盈利100倍以上。

第四次：2015年8月31日，在价值线15.5元附近试仓。按照VLR模型，止损以日线级别ATR（2.75）为基准，即12.75元（15.5-2.75），因为前期低点止损过大，不符合止损的合理性。而这轮的低点是14.08元左右，所以第四次试仓是成功的，股价反弹了近1倍，按照VLR模型在"新"关键点持续加码，至少会盈利几十倍。

图7-53为乐视退日线级别K线图，行情时间跨度为2014年12月13日到2016年11月12日。

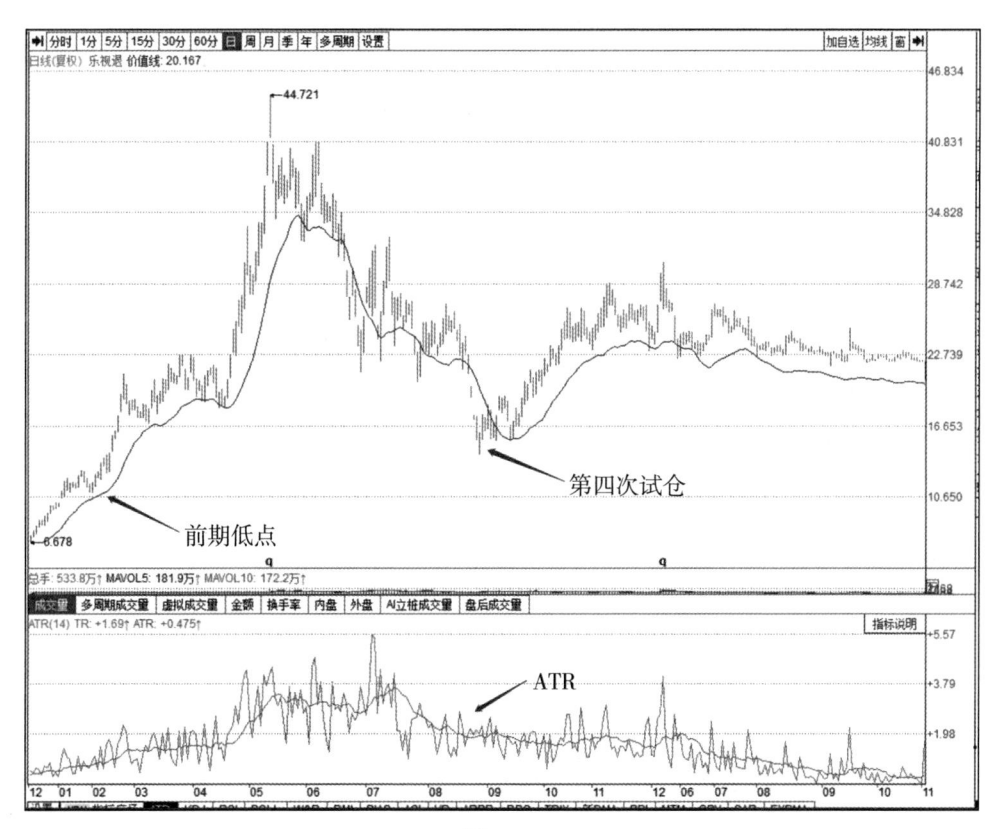

图7-53

第五次：2016年8月31日，在价值线22.5元附近试仓，按照VLR模型，止损是以日线级别ATR（2.1）为基准，即20.4元（22.5-2.1），因为前期低点止损过小，不符合止损的合理性。乐视网股价小幅反弹之后，跌破价值线，之后就一路下跌。这笔试仓失败，亏损9.3%左右，这只是试仓亏损，如果按照十分之一仓位试仓，那么等于亏损总本金的0.93%而已。

图7-54为乐视退日线级别K线图，行情时间跨度为2015年8月7日到2018年5月9日。

图7-54

乐视网在第五次试仓失败之后，价值线一直朝下，没有任何买点。5次试仓中，只有第二次和第五次试仓失败，且总共亏损只有总本金的1.73%左右，其余三次都赚很多，盈利远远超过风险的几百倍。并且第二次和第五次试仓，买进就开始获利，但我们也以最坏的情况假设没有移动止损，而是默认亏损出场。

综上所述，即使在最坏的情况下买中了垃圾股，VLR模型的风险也非常小，并且还能带来巨大的利润。纵使是在仁东控股这样的暴雷股上，VLR模型一样可以轻松应付。所以VLR模型具有普适性，适合一般的投资者，因为在任何极端情况下，都不会让投资者陷入巨大的风险之中。永远都是小风险，但是一旦对了，就会大赚，不但诠释了利弗莫尔以小博大的交易思想，而且对其交易方法进行优化后，彰显出了极强的稳定性。

# 第八章
# 利弗莫尔成功之源

## 8.1 勤奋学习

投机成功只有一条路——辛勤工作，不懈地努力工作。如果随便都能赚到钱，也没人会想着给我——这一点我心里清楚。

在投机和投资事业里，成功只属于为之尽心尽力的人，这句话说再多次都不过分，即使钱从天上掉下来，也不会有人愣要把它塞进你的口袋。

——利弗莫尔

在利弗莫尔的书中，他通篇反复强调这样的观点。想要投资获益，必须尽心尽力地学习总结规律，并认真地研究分析市场。

一方面，市场是非常深奥的，潜在的知识和规律非常多，他认为交易是艰难且需要恒心的行业。投资者要么全心投入，要么很快就会亏损殆尽。你可能偶尔幸运地在一只股票上获利，但你不能永远获利。当你学得越多，越会发现自己的无知，越会明白在股票市场停止学习、不思进取就是自取灭亡。

另一方面，市场虽然看起来是随意波动的，但是它确实存在一定的模式，具有内在的规律性。利弗莫尔很早就发现，华尔街没有什么新东西，今天在股市发生的一切都在以前发生过，也将在未来不断地重演。股票投机和股票投机客，过去和今天基本上没有差别。股票投机游戏不会改变，人性不会改变。所以潜心学习和研究是有意义的，你能找到其中的规律，并借此获利。利弗莫尔在从事报价员工作的时候，通过在随身携带的本子上记录股价，总结出了股价区间振荡的规律，并以此作为预测的依据，当他每次预测错误的时候，总是会反复思考和总结，因此他的振荡交易系统不断精进，预测概率也不断提升，以至于最后在对赌行的超短线交易中，几乎能百战百胜，让全美的对赌行闻风丧胆。强悍的超短线获利能力是他关键点交易系统中最耀眼的光芒之一。

## 8.2　独立思考

> 一个人必须相信自己才能在这行生存。我从不接受别人的点子或内幕消息。我的经验告诉我，没有任何人的点子或内幕消息能给我比自己的判断更多的利润。
>
> ——利弗莫尔

独立思考和勤奋学习一样，在利弗莫尔的书中都被反复提及，反复举例强调其重要性。

利弗莫尔从14岁接触股市开始，他就是依靠自己对行情数据的观察和分析，总结出了股价经常会出现相似的波动，从而根据自己总结出的规律进行交易。即使第一次交易伯灵顿股票的时候，就算同事告诉他有内幕消息，他依旧根据自己总结的经验，从自己的价格记录本上得出伯灵顿股票真的显示要涨时才出手交易。这种独立思考的习惯，让他进步神速，交易方法具有创造性，少走很多弯路。

我们都知道机构和散户永远是对立的，机构赚钱是市场不变的定律。由于散户是非理性的，有从众心理，所以这也给了机构可乘之机，他们会利用舆论导向让散户跟风跳进陷阱，以此不断地收割散户。而不喜欢独立思考的投资者，就算交易时间再久，也积累不了任何有用的经验，因为他所获取的都是错误的思想和经验，更不用说要成功获利。

利弗莫尔在对赌行的工作，让他深谙此理，后来也一直坚持自己交易，不听信小道消息。在他偶然一次听信"棉花大王"看似精明的小道消息而破产之后，他也能很快总结这一错误经验，再次凭借自己的独立分析东山再起。独立思考在他的整个交易生涯中具有重要作用，正因为他的独立思考才鞭策他不断地总结经验，不断地摸索市场，久而久之形成了自己极具特色的一买就赚的关键点交易法。

## 8.3 逆向思维

逆向思维是利弗莫尔能成功冕冠股市之王的重要原因。

人性的弱点永远存在，交易最重要的阻碍就是人性，而人性永远不会变，所以逆向思维的交易方法永远是赚钱的方法。哪怕时至今日，逆向思维依旧是投资市场的真谛，因为现在的人也没变。我们从现代所有优秀的交易方法中，几乎都能找到利弗莫尔反向交易思想的影子。

"华尔街永远不变，口袋变了，股票变了，华尔街却从来没变，因为人性没变。"

"如果已经尽人皆知了再去行动，那就只能错失良机了。"

逆向思维、逆情绪是金融市场运行的主旋律。利弗莫尔认为，大众总是想要有人领导、有人指挥、有人告诉他们怎么做。他们总是集体行动，成群结队，觉得待在人群里才安全。如果持相反意见，那么感觉犹如一头小牛独自站在荒凉无人、野狼出没、危机四伏的草原上。而利弗莫尔总是会留意市场的变化，随时准备脱离大众，朝着相反的方向前进。而恰恰反方向是对的，因为胜利永远属于少数人。比如利弗莫尔喜欢在突破关键点买入，但那个时代，在股价创出新高的时候买入以及在股价创出新低的时候做空，还只是少数人认同的观点。

在1906年旧金山地震前夕，市场一片高涨，身边的朋友都在重仓买涨，而他反向连续做空，朋友对他冷嘲热讽，认为他脑子进水了，然后没过多久，在地震的影响下股价暴跌，市场一片狼藉，惨不忍睹，独他获利丰厚。

当代股神巴菲特的名言"在别人贪婪时恐惧，在别人恐惧时贪婪"就是典型的逆向思维。在20世纪90年代初，美国西海岸陷入严重衰退的阵痛之中，各银行因为市场担忧其商业和住房抵押贷款业务而惨遭抛售，当时的富国银行暴跌程度最为惨烈，短短数月跌幅高达50％。巴菲特则在一片风声鹤唳中逆势买入，结果大赚特赚。

比如，现代投机大师索罗斯的反身性理论运用的也是逆向思维。反身性的观点是：我们每个人的世界观都有缺陷和扭曲，因此我们对现实的理解是不完全的。我们的不完全认知是影响事件的一个因素，而被影响的事件又反过来影响着我们的认知。这个过程就是一种反身性过程。反身性理论认为投资者要对市场未来的走势做出准确判断，把握好由量变到质变的临界点，在市场的转折处进行投资，然后一直坚定地走下去。反身性理论最重要的实用价值就在于利用它来发掘过度反应的市场。

比如，2020年2月突发新冠疫情，大盘在年后的第一个交易日直接跳空暴跌，两市股票几乎集体跌停，包括一些大龙头、大蓝筹。而外围更是惨绝人寰，美股几度熔断，连巴菲特都未能幸免，在抄底航空股中铩羽而归，不禁在媒体中感慨活久见。其他市场也是血雨腥风，贵金属市场大幅重挫，原油则直接达到负数。在极度恐慌的环境之下，A股逆风上涨，很多板块都创出历史新高。如果使用利弗莫尔的逆向思维和关键点交易法就能获利颇丰。

图8-1为上证指数日线级别K线图，行情时间跨度为2019年11月21日到2021年11月24日。

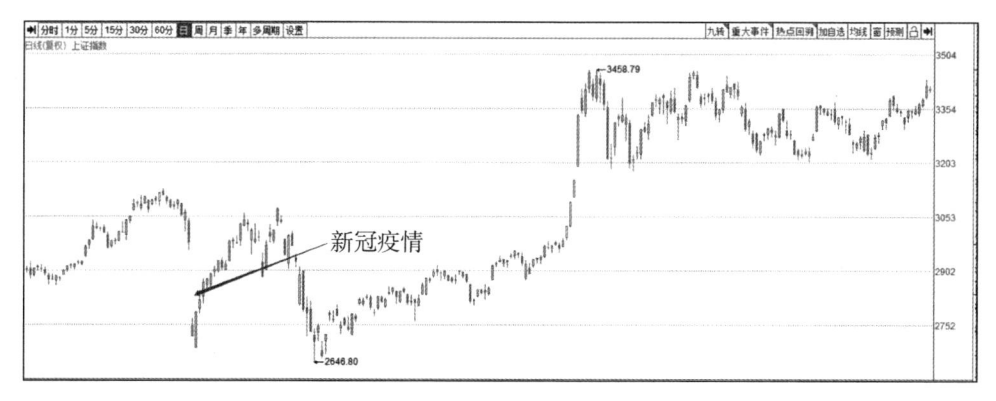

图8-1

## 8.4 保持耐心

"保持耐心，等待最佳信号"是利弗莫尔在《股票大作手操盘术》中反复强调的"时机因素"（time element）。

然而大多数人容易沉浸在交易中，一天到晚坐在电脑前盯着行情，生怕错过一丝机会，这样往往会让自己的格局变小，对市场的每一个波动都草木皆兵。其实我们应该耐心地等待真正的信号出现，并在进场之后，耐心地等待头寸获取利润，并让利润奔跑。就像利弗莫尔说的一样："我要告诉你的是，我赚到大钱的诀窍不在于我怎么思考，而在于我能安坐不动，坐着不动！明白吗？在股票这行，能够买对了且能安坐不动的人少之又少，我发现这是最难学的。"

事实上一直陷入行情之中，根本不会提高效率，反而很难保证拥有清晰的思路，很难置身事外，容易导致过早卖出好的股票和过度交易。有句话叫"当局者迷"，所以最高明的交易方法是"盘外"。我们不必一直交易，找点其他事情来填补时间，不要盯得市场太紧，像利弗莫尔一样，边度假边交易，赚了钱之后就去放松游玩，抽着雪茄，喝着白兰地，让自己远离行情，避开市场过多的虚假信息。

　　赚大钱的机会不是天天都有，宁可为一次成功的交易去等待数天，也不要为蝇头小利去抢一秒，一双只看得见利润而看不见风险的眼睛终将被陷阱吞噬，市场并不是不允许冒险，而是要恰到好处地出击。所以应该保持足够的耐心，把交易看作被动收益，闲坐之时赚大钱，把简单惬意的生活变成现实。

# 附录 A
# 基础财务知识——公司分析的补充

上市公司一经上市，开始融资活动就需要让国家相关管理部门和投资者及时掌握公司的存续和经营状况。公司有义务向社会提供公司的基本信息，让社会公众对公司有一个初步的了解和判断。我们从公司的财务报表中往往就能判断出公司的真实情况。不过需要注意的是，看财务报表的目的是排除一家公司，而不是选择一家公司，比如出现不符合常识的、过于优秀的、关联交易的、大存大贷的、股权质押过高的（若质押比例过高，一般把30%看作分界线，当公司股价极速下跌时，就容易发生爆仓）、商誉过高的（平均4.5%）等情况，都要引起足够的关注，尽量排除中雷的风险。

## A.1 财务报表

股票投资涉及公司的财务数据研究分析，所以公司的三张财务报表就提供了非常翔实的数据和数据之间的钩稽关系。其中资产负债表就是一年年终的一张照片，拍摄下了当时那个时间点的公司资产负债情况。利润表是一个时间段内的公司经营财务数据。现金流量表是固定时期内的现金情况。一般上市公司每个季度都要发财务报表，我们通常称其为一季报（Q1）、二季报（Q2）、中报（H1）、三季报（Q3）、年报。其中的中报是一季报和二季度（1到6月）公司财务数据，年报是全年的公司财务数据，年报是经过审计的。除此之外，公司还会发布业绩预告和业务公告。这些报表信息都可以在巨潮咨询网找到，或者券商软件中找到，其中极具价值的就是年报了。我们重点学习和了解财务报表中三张表中的具体财务信息，为我们做基本面研究打下坚实的基础。

**1. 资产负债表**

（1）资产负债表分为"资产"与"负债和权益"两大区域，其中的钩稽关系是：

$$资产-负债=所有者权益$$

"资产"分为"流动资产"和"非流动资产"。"流动资产"包括现金、应收账款、存货和其他流动资产。"非流动资产"包括股权投资、有形资产、无形资产和其他非流动资产。

图A-1是美的集团资产负债表2017—2019年资产部分情况示例。

对于资产表要重点分析以下三点。

①分析货币资金的真实性。要重点查看货币资金的附注里有多少是现金及现金等价物，有多少是受限资金。"受限资金"是指已经被指定某种用途，不能挪作他用的资金，如汇票的保证金、提供担保的保证金，所以对于应付票据比较多的公司，或者经常给未纳入合并范围的子公司提供担保的公司，一定要留心其有多少货币资金是受限资金，如果受限资金太大，就要注意了。

在分析货币资金的时候，一定要把季报、年报连起来看。有些公司可以在财务报表日拆借大笔资金到公司账户上，以应付审计。可以通过查看财务费用和投资收益来佐证货币资金的真实性，比如财务费用为负数时，则表示公司基本没有负债，没有利息支出。如果有大额的银行存款利息收入，就造

| 流动资产 | | 2017年年报 | 2018年年报 | 2019年年报 |
|---|---|---|---|---|
| 货币资金 | 上市前/上市后 | 上市后 | 上市后 | 上市后 |
| 交易性金融资产 | 报表类型 | 合并报表 | 合并报表 | 合并报表 |
| 衍生金融资产 | 公司类型 | 通用 | 通用 | 通用 |
| 应收票据 | 1 流动资产: | | | |
| 应收账款 | 2 货币资金(万元) | 4,827,420.00 | 2,788,828.00 | 7,091,684.10 |
| 应收款项融资 | 3 交易性金融资产(万元) | | | 108,735.10 |
| 预付款项 | 4 衍生金融资产(万元) | 35,332.70 | 22,019.70 | 19,741.20 |
| 发放贷款和垫款 | 5=6+7 应收票据及应收账款(万元) | 2,838,294.30 | 3,194,646.80 | 2,343,233.90 |
| 其他应收款 | 6 其中:应收票据(万元) | 1,085,422.60 | 1,255,629.40 | 476,852.00 |
| 存货 | 7 应收账款(万元) | 1,752,871.70 | 1,939,017.40 | 1,866,381.90 |
| 其他流动资产 | 8 应收款项融资(万元) | | | 756,577.60 |
| 流动资产合计 | 9 预付款项(万元) | 167,224.80 | 221,588.80 | 224,617.70 |
| 非流动资产 | 10 其他应收款合计(万元) | 265,756.80 | 297,136.80 | 271,297.40 |
| 可供出售金融资产 | 11 其他应收款(万元) | 265,756.80 | 297,136.80 | 271,297.40 |
| 长期应收款 | 12 存货(万元) | 2,944,416.60 | 2,964,501.80 | 3,244,339.90 |
| 发放贷款和垫款 | 13 合同资产(万元) | | | |
| | 14 一年内到期的非流动资产(万元) | | | |
| 长期股权投资 | 15 其他流动资产(万元) | 4,684,727.10 | 7,647,382.70 | 6,501,102.70 |
| 其他非流动金融资产 | 16 流动资产其他项目(万元) | 1,217,895.30 | 1,132,839.20 | 1,086,939.60 |
| 投资性房地产 | 17=2+3+4+5+8+9+10 +12+13+14+15+16 流动资产合计(万元) | 16,981,067.60 | 18,268,943.80 | 21,648,269.20 |
| 固定资产 | 18 非流动资产: | | | |
| 在建工程 | 19 发放委托贷款及垫款(万元) | | | 79,010.10 |
| 无形资产 | 20 可供出售金融资产(万元) | 183,105.10 | 190,687.80 | |
| 商誉 | 21 长期应收款(万元) | 36,224.80 | 3,481.50 | 120,807.90 |
| 长期待摊费用 | 22 长期股权投资(万元) | 263,369.80 | 271,331.60 | 279,080.50 |
| 递延所得税资产 | 23 其他权益工具投资(万元) | | | |
| 其他非流动资产 | 24 其他非流动金融资产(万元) | | | 175,010.70 |
| 非流动资产合计 | 25 投资性房地产(万元) | 42,080.20 | 39,176.50 | 39,933.50 |
| 资产总计 | 26 固定资产(万元) | 2,260,072.40 | 2,243,721.20 | 2,166,468.20 |
| | 27 在建工程(万元) | 87,957.60 | 207,762.10 | 119,465.00 |
| | 28 无形资产(万元) | 1,516,703.60 | 1,618,667.50 | 1,548,417.90 |
| | 29 开发支出(万元) | | | |
| | 30 商誉(万元) | 2,890,378.50 | 2,910,039.00 | 2,820,706.50 |
| | 31 长期待摊费用(万元) | 85,910.60 | 119,137.30 | 126,712.70 |
| | 32 递延所得税资产(万元) | 402,333.40 | 442,131.30 | 576,899.30 |
| | 33 其他非流动资产(万元) | 61,482.20 | 55,035.20 | 494,760.30 |
| | 34 非流动资产其他项目(万元) | | | |
| | 35=19+20+21+22+23 +24+25+26+27+28+29 +30+31+32+33+34 非流动资产合计(万元) | 7,829,618.20 | 8,101,171.00 | 8,547,272.70 |
| | 36=1+18=17+35 资产总计(万元) | 24,810,685.80 | 26,370,114.80 | 30,195,541.90 |

图A-1

成了财务费用为负数,也能说明货币资金的真实性,比如一些优秀的消费类公司,财务费用长期为负,如五粮液、涪陵榨菜、美的集团。

利润表中投资收益的明细里,如果有大额理财产品收益的话,也可以佐证货币资金的真实性。

②分析款项。款项是指资产负债表里各种应该收而又没有收到,或者应该付而又没有付出的钱,包括应收账款、应收票据、其他应收款、预付账款、应付账款、应付票据、其他应付款、预收账款。这些科目关系着企业的盈利质量,代表着企业在产业链中的地位。重点查看应收项目。

对于应收类的科目,一是看它占营收的比重,越低越好。对于行业上游厂家,往往是存在应收的,重点关注应收大幅增长的情况。查看应收增长和整体业绩增长是否匹配。二是看应收账款的账期情况,一年内到期、二年内到期的应收账款分别占多少。必须连续查看多个会计期间，如果每个会计期间都是一年内到期的应收账款占绝大部分比例，则可以适当放宽30%的警戒线。

应收票据最好是银行承兑的，这样基本上风险很小，如果是商业承兑的票据就要当心了。

③存货。库存再怎么重视都不为过。一旦形成库存，就可能意味着巨额的资产减值。特别是针对产品更新换代特别快的科技型企业，高库存可不是什么好事。

（2）负债是指企业过去的交易或者事项形成的，预期会导致经济利益流出企业的现时义务。公式表示为：

$$负债 = 资产 - 所有者权益$$

"负债"分为"流动负债"和"非流动负债"。"流动负债"包括短期借款、应付（票据和账款）和其他流动负债。"非流动负债"包括长期借款、应付债券和其他非流动负债。

图A-2是美的集团2017—2019年资产负债表负债部分情况示例。

因为流动性负债是短期内要还的债务，所以流动性资产最好大于流动性负债，否则企业的资金链就极容易断。流动资产除以流动负债，是财务中的"流动比率"指标，通常最好大于200%。比如，乐视网是因为流动比率过小，短期资产没法有效偿还短期债务，所以只能拖欠供应商的款项，从而导致资金链断裂。再比如，京东多年连续亏损，但还是运转良好，就是因为流动比率还不错，短期资产能够轻松地覆盖短期债务。

（3）所有者权益指企业投资者对企业净资产的所有权。包括企业投资者投入的资本，以及在企业经营活动中形成的资本公积金、盈余公积金和未分配利润。它是企业资产取得的来源。公式表示为：

$$所有者权益 = 资产 - 负债$$

| | | 2017年年报 | 2018年年报 | 2019年年报 |
|---|---|---|---|---|
| | 上市前/上市后 | 上市后 | 上市后 | 上市后 |
| | 报表类型 | 合并报表 | 合并报表 | 合并报表 |
| | 公司类型 | 通用 | 通用 | 通用 |
| 流动负债 | 流动负债: | | | |
| 短期借款 | 1 短期借款(万元) | 258,410.20 | 87,039.00 | 570,183.80 |
| 向中央银行借款 | 2 向中央银行借款(万元) | | 9,975.40 | |
| 吸收存款及同业存放 | 3 吸收存款及同业存放(万元) | 10,892.60 | 4,438.60 | 6,247.70 |
| 衍生金融负债 | 4 衍生金融负债(万元) | 9,043.20 | 75,629.90 | 2,710.00 |
| 应付票据 | 5=6+7 应付票据及应付账款(万元) | 6,035,256.20 | 6,022,674.10 | 6,642,737.70 |
| 应付账款 | 6 其中：应付票据(万元) | 2,520,778.50 | 2,332,511.50 | 2,389,160.00 |
| 预收款项 | 7 应付账款(万元) | 3,514,477.70 | 3,690,162.60 | 4,253,577.70 |
| 应付职工薪酬 | 8 预收款项(万元) | 1,740,906.30 | 1,678,166.60 | 1,623,185.40 |
| 应交税费 | 9 合同负债(万元) | | | |
| 其他应付款 | 10 卖出回购金融资产款(万元) | | | |
| 一年内到期的非流动负债 | 11 应付职工薪酬(万元) | 524,750.00 | 578,800.40 | 643,610.90 |
| 其他流动负债 | 12 应交税费(万元) | 354,415.40 | 387,529.80 | 509,626.70 |
| 流动负债合计 | 13=14+15+16 其他应付款合计(万元) | 336,052.30 | 334,612.90 | 380,056.80 |
| | 14 其中：应付利息(万元) | 9,480.10 | 9,485.20 | |
| | 15 应付股利(万元) | 9,531.70 | 11,119.50 | |
| | 16 其他应付款(万元) | 317,040.50 | 334,612.90 | 380,056.80 |
| | 17 一年内到期的非流动负债(万元) | 13,660.50 | 712,271.20 | 146,011.70 |
| 非流动负债 | 18 其他流动负债(万元) | 2,625,799.00 | 3,131,970.90 | 3,907,477.70 |
| 长期借款 | 19=1+2+3+4+5+8+9+10 +11+12+13+16+17+18 流动负债合计(万元) | 11,909,185.70 | 13,023,108.80 | 14,431,848.40 |
| 长期应付款 | 20 非流动负债: | | | |
| 预计负债 | 21 长期借款(万元) | 3,298,632.50 | 3,209,143.90 | 4,129,837.70 |
| 递延收益 | 22 应付债券(万元) | 455,305.40 | | |
| 长期应付职工薪酬 | 23 长期应付款(万元) | 24,803.60 | 8,889.00 | 3,364.60 |
| 递延所得税负债 | 24 长期应付职工薪酬(万元) | 246,585.40 | 248,031.80 | 241,856.30 |
| 其他非流动负债 | 25 专项应付款(万元) | 250.00 | | |
| 非流动负债合计 | 26 预计负债(万元) | 33,073.60 | 26,888.70 | 35,326.90 |
| | 27 递延收益(万元) | 53,644.30 | 64,758.30 | 61,715.50 |
| | 28 递延所得税负债(万元) | 397,282.30 | 442,207.40 | 455,600.20 |
| 负债合计 | 29 其他非流动负债(万元) | 99,405.90 | 101,635.20 | 86,382.60 |
| | 30 非流动负债合计(万元) | 4,608,983.00 | 4,101,554.30 | 5,014,083.80 |
| | 31=19+30 负债合计(万元) | 16,518,168.70 | 17,124,663.10 | 19,445,932.20 |

图A-2

所有者权益包括股本、公积金、归属于母公司所有者权益、少数股东权益和最后的所有者权益合计。资本公积除了可以用来填补亏损以外不得使用，不能分红，只能转增股份。盈余公积是公司历年来积累下来的纯利润。未分配利润就是积累下来没有分配给股东的利润。

图A-3是美的集团2017—2019年资产负债表权益部分情况示例。

| | | 2017年年报 | 2018年年报 | 2019年年报 |
|---|---|---|---|---|
| | 上市前/上市后 | 上市后 | 上市后 | 上市后 |
| | 报表类型 | 合并报表 | 合并报表 | 合并报表 |
| | 公司类型 | 通用 | 通用 | 通用 |
| 股东权益 | 所有者权益(或股东权益): | | | |
| 股本 | 1 实收资本(或股本)(万元) | 656,105.30 | 666,303.10 | 697,190.00 |
| 资本公积 | 2 资本公积(万元) | 1,591,150.40 | 1,845,130.70 | 1,964,031.30 |
| 减：库存股 | 3 减：库存股(万元) | 36,684.20 | 491,842.70 | 375,973.20 |
| 其他综合收益 | 4 其他综合收益(万元) | -24,469.20 | -133,215.30 | -71,155.40 |
| 一般风险准备 | 5 盈余公积(万元) | 388,223.20 | 507,909.60 | 644,765.80 |
| 盈余公积 | 6 一般风险准备(万元) | 36,694.70 | 36,694.70 | 36,694.70 |
| 未分配利润 | 7 未分配利润(万元) | 4,762,723.50 | 5,876,231.50 | 7,271,363.10 |
| 归属于母公司股东权益合计 | 8=1+2-3+4+5+6+7 归属于母公司股东权益合计(万元) | 7,373,743.70 | 8,307,211.60 | 10,166,916.30 |
| 少数股东权益 | 9 少数股东权益(万元) | 918,773.40 | 938,240.10 | 582,693.40 |
| 股东权益合计 | 10=8+9 股东权益合计(万元) | 8,292,517.10 | 9,245,451.70 | 10,749,609.70 |

图A-3

资产负债表里的这些数据可以计算经营性流动资产、经营性流动负债、营运资产、资产负债情况等。资产负债表的功能就是评判资产质量的好坏。资产多少不重要，能不能赚更多的资产才最重要，比如轻资产行业，流动资产越大越好，这涉及公司能否灵活经营、能否给员工及时发出工资等。

**2. 利润表**

利润表是对营收和支出进行分解，其中包括营业收入、营业成本、其他经营收益、营业利润、税和净利润。利润表是反映企业在一定会计期间经营成果的财务报表。有时利润表也称损益表、收益表。利润表的钩稽关系是：

$$营收-成本-费用-税=净利润$$

利润表正表的格式有两种：单步式利润表和多步式利润表。我国企业会计制度规定，企业的利润表采用多步式。多步式利润表主要分四步计算企业的利润（或亏损）。

第一步：以主营业务收入为基础，减去主营业务成本和主营业务税金及附加，计算主营业务利润。

第二步：以主营业务利润为基础，加上其他业务利润，减去销售费用、管理费用、财务费用，计算出营业利润。

第三步：以营业利润为基础，加上投资净收益、补贴收入、营业外收入，减去营业外支出，计算出利润总额。

第四步：以利润总额为基础，减去所得税，计算净利润（或净亏损）。

其中总成本部分分为营业成本、税金及其附加、销售费用、管理费用（研发费用后期需要加入进去才是真管理费用）、财务费用。

图A-4是美的集团2017—2019年利润表情况示例。

| | | 2017年年报 | 2018年年报 | 2019年年报 |
|---|---|---|---|---|
| 一、营业总收入 | 上市前/上市后 | 上市后 | 上市后 | 上市后 |
| 其中：营业收入 | 报表类型 | 合并报表 | 合并报表 | 合并报表 |
| 　　　利息收入 | 公司类型 | 通用 | 通用 | 通用 |
| 　　　手续费及佣金收入 | 一、营业总收入(万元) | 24,191,889.60 | 26,181,963.50 | 27,938,050.60 |
| 减：营业成本 | 营业收入(万元) | 24,071,230.10 | 25,966,482.00 | 27,821,601.70 |
| 　　利息支出 | 利息收入(万元) | 120,658.20 | 215,439.20 | 116,318.00 |
| 　　手续费及佣金支出 | 手续费及佣金收入(万元) | 1.30 | 42.30 | 130.90 |
| 　　税金及附加 | 其他业务收入(万元) | | | |
| 　　销售费用 | 二、营业总成本(万元) | 22,473,459.20 | 23,763,437.00 | 25,131,788.80 |
| 　　管理费用 | 营业成本(万元) | 18,046,055.20 | 18,816,455.70 | 19,791,392.80 |
| 　　研发费用 | 利息支出(万元) | 25,092.50 | 18,949.00 | 12,261.80 |
| 　　财务收入 | 手续费及佣金支出(万元) | 271.70 | 321.40 | 1,163.30 |
| 　　其中：利息费用 | 研发费用(万元) | | 837,720.10 | 963,813.70 |
| 　　　　利息收入 | 其他业务成本(万元) | | | |
| 加：其他收益 | 税金及附加(万元) | 141,642.80 | 161,756.60 | 172,061.60 |
| 　　投资收益 | 销售费用(万元) | 2,673,867.30 | 3,108,587.90 | 3,461,123.10 |
| 　　其中：对联营企业的投资收益 | 管理费用(万元) | 1,478,023.60 | 957,163.90 | 953,136.10 |
| 　　以摊余成本计量的金融资产终止确认损益 | 财务费用(万元) | 81,594.90 | -182,304.00 | -223,163.60 |
| | 其中：利息费用(万元) | | 70,399.10 | 88,070.30 |
| | 利息收入(万元) | | -215,586.20 | -380,713.60 |
| 　　公允价值变动收益/(损失) | 资产减值损失(万元) | 26,911.20 | 44,786.40 | |
| 　　信用减值损失 | 三、其他经营收益 | | | |
| 　　资产减值损失 | 加：公允价值变动收益(万元) | -2,504.50 | -81,045.00 | 136,116.30 |
| 　　资产处置(损失)/收益 | 加：投资收益(万元) | 183,022.10 | 90,732.60 | 16,413.20 |
| | 其中：对联营企业和合 | 31,001.60 | 34,932.10 | 50,622.50 |
| | 资产处置收益(万元) | 132,725.10 | -3,493.40 | -13,113.10 |
| | 资产减值损失(新)(万元) | | | -87,190.90 |
| | 信用减值损失(新)(万元) | | | -9,646.40 |
| | 其他收益(万元) | 131,112.30 | 131,690.40 | 119,466.50 |
| 二、营业利润 | 四、营业利润(万元) | 2,162,785.40 | 2,556,411.10 | 2,968,309.20 |
| 加：营业外收入 | 加：营业外收入(万元) | 46,720.40 | 43,475.60 | 61,331.00 |
| 减：营业外支出 | 减：营业外支出(万元) | 24,028.40 | 22,580.90 | 36,728.80 |
| 三、利润总额 | 五、利润总额(万元) | 2,185,477.40 | 2,577,305.80 | 2,992,911.40 |
| 减：所得税费用 | 减：所得税费用(万元) | 324,358.40 | 412,263.90 | 465,197.00 |
| 四、净利润 | 六、净利润(万元) | 1,861,119.00 | 2,165,041.90 | 2,527,714.40 |

图A-4

## 3. 现金流量表

现金流量表分为"经营活动现金流量""投资活动现金流量""筹资活动现金流量"和"补充资料"。

（1）经营活动现金流量。

经营活动现金流量净额=经营活动现金流入小计-经营活动现金流出小计

图A-5是美的集团2018—2019年现金流量表中经营活动产生的现金流量部分示例。

（2）投资活动现金流量。

投资活动现金流量净额=投资活动现金流入小计-投资活动现金流出小计

| | | 2018年年报 | 2019年年报 |
|---|---|---|---|
| 一、经营活动产生的现金流量 | 上市前/上市后 | 上市后 | 上市后 |
| 销售商品、提供劳务收到的现金 | 报表类型 | 合并报表 | 合并报表 |
| 发放贷款及垫款净减少额 | 公司类型 | 通用 | 通用 |
| 吸收存款和同业存款净增加额 | 一、经营活动产生的现金流量： | | |
| 存放中央银行款项净减少额 | 销售商品、提供劳务收到的现金(万元) | 21,123,072.30 | 23,881,558.90 |
| 向中央银行借款净增加额 | 客户存款和同业存款净增加额(万元) | | 1,809.10 |
| 收取利息、手续费及佣金的现金 | 向中央银行借款净增加额(万元) | 9,975.40 | |
| 收到的税费返还 | 收取利息、手续费及佣金的现金(万元) | 217,466.10 | 131,592.10 |
| 收到其他与经营活动有关的现金 | 发放贷款及垫款的净减少额(万元) | 86,420.90 | |
| 经营活动现金流入小计 | 收到的税费返还(万元) | 570,525.90 | 627,173.30 |
| 购买商品、接受劳务支付的现金 | 收到其他与经营活动有关的现金(万元) | 555,822.10 | 500,882.10 |
| 发放贷款及垫款净增加额 | 经营活动现金流入的其他项目(万元) | 70,887.90 | 69,302.30 |
| 吸收存款和同业存放款项净减少额 | 经营活动现金流入小计(万元) | 22,634,170.60 | 25,212,317.80 |
| 存放中央银行款项净减少额 | 购买商品、接受劳务支付的现金(万元) | 12,736,781.30 | 13,009,949.70 |
| 支付利息、手续费及佣金的现金 | 客户贷款及垫款净增加额(万元) | | 31,885.90 |
| 支付给职工以及为职工支付的现金 | 存放中央银行和同业款项净增加额(万元) | | 9,975.40 |
| 支付的各项税费 | 支付利息、手续费及佣金的现金(万元) | 19,876.10 | 13,425.10 |
| 支付其他与经营活动有关的现金 | 支付给职工以及为职工支付的现金(万元) | 2,470,957.80 | 2,685,113.90 |
| 经营活动现金流出小计 | 支付的各项税费(万元) | 1,373,926.20 | 1,489,751.30 |
| 经营活动产生的现金流量净额 | 支付其他与经营活动有关的现金(万元) | 3,240,067.20 | 4,113,176.10 |
| | 经营活动现金流出的其他项目(万元) | 6,454.00 | |
| | 经营活动现金流出小计(万元) | 19,848,062.60 | 21,353,277.40 |
| | 经营活动产生的现金流量净额(万元) | 2,786,108.00 | 3,859,040.40 |

图A-5

图A-6是美的集团2018—2019年现金流量表中投资活动产生的现金流量部分示例。

| | | 2018年年报 | 2019年年报 |
|---|---|---|---|
| 二、投资活动产生的现金流量 | 上市前/上市后 | 上市后 | 上市后 |
| 收回投资收到的现金 | 报表类型 | 合并报表 | 合并报表 |
| 取得投资收益所收到的现金 | 公司类型 | 通用 | 通用 |
| 处置固定资产、无形资产和其他长期资产收回的现金净额 | 二、投资活动产生的现金流量： | | |
| 处置子公司及其他营业单位收到的现金净额 | 收回投资收到的现金(万元) | 6,571,162.20 | 8,485,260.10 |
| 投资活动现金流入小计 | 取得投资收益收到的现金(万元) | 209,794.80 | 402,659.00 |
| 购建固定资产、无形资产和其他长期资产支付的现金 | 处置固定资产、无形资产和其他长期资产收回的现金净额(万元) | 16,407.00 | 12,541.90 |
| 投资支付的现金 | 处置子公司及其他营业单位收到的现金净额(万元) | 2,440.60 | |
| 取得子公司及其他营业单位支付的现金净额 | 投资活动现金流入小计(万元) | 6,799,804.60 | 8,900,461.00 |
| 投资活动现金流出小计 | 购建固定资产、无形资产和其他长期资产支付的现金(万元) | 561,185.00 | 345,185.60 |
| 投资活动产生的现金流量净额 | 投资支付的现金(万元) | 8,071,383.00 | 10,845,739.80 |
| | 取得子公司及其他营业单位支付的现金净额(万元) | 31,465.30 | 20,305.70 |
| | 投资活动现金流出小计(万元) | 8,664,033.40 | 11,211,231.10 |
| | 投资活动产生的现金流量净额(万元) | -1,864,228.80 | -2,310,770.10 |

图A-6

（3）筹资活动现金流量。

筹资活动现金流量净额=筹资活动现金流入小计-筹资活动现金流出小计

图A-7是美的集团2018—2019年现金流量表中筹资活动产生的现金流量部分示例。

| | | 2018年年报 | 2019年年报 |
|---|---|---|---|
| | 上市前/上市后 | 上市后 | 上市后 |
| | 报表类型 | 合并报表 | 合并报表 |
| | 公司类型 | 通用 | 通用 |
| 三、筹资活动产生的现金流量 | 三、筹资活动产生的现金流量： | | |
| 吸收投资收到的现金 | 吸收投资收到的现金（万元） | 271,336.60 | 289,791.70 |
| 其中：子公司吸收少数股东投资收到的现金 | 其中：子公司吸收少数股东投资收到的现金（万元） | 61,509.20 | 12,042.70 |
| 取得借款收到的现金 | 取得借款收到的现金（万元） | 252,431.50 | 1,711,767.70 |
| | 收到其他与筹资活动有关的现金（万元） | | |
| 筹资活动现金流入小计 | 筹资活动现金流入的其他项目（万元） | | |
| | 筹资活动现金流入小计（万元） | 523,768.10 | 2,001,559.40 |
| 偿还债务支付的现金 | 偿还债务支付的现金（万元） | 337,849.20 | 864,387.50 |
| 分配股利、利润或偿付利息支付的现金 | 分配股利、利润或偿付利息支付的现金（万元） | 930,322.20 | 1,105,576.90 |
| 其中：子公司支付给少数股东的股利、利润 | 其中：子公司支付给少数股东的股利、利润（万元） | 81,599.80 | 165,150.40 |
| 支付其他与筹资活动有关的现金 | 支付其他与筹资活动有关的现金（万元） | 594,313.10 | 358,955.10 |
| 筹资活动现金流出小计 | 筹资活动现金流出的其他项目（万元） | | |
| | 筹资活动现金流出小计（万元） | 1,862,484.50 | 2,328,919.50 |
| 筹资活动产生的现金流量净额 | 筹资活动产生的现金流量净额（万元） | -1,338,716.40 | -327,360.10 |

图A-7

这里的经营活动是企业直接进行产品生产、产品销售或者劳务服务的活动，它们是企业取得最主要收益的来源事项。投资活动是固定资产的构建和不包括现金等价物范围内的投资及其处置活动。剩下的投资活动就是导致企业资本及债务的构成发生变化的活动。

（4）补充资料。

现金流量表中还有一部分补充资料，图A-8是美的集团2018—2019年现金流量表中补充资料部分示例。

好的企业一定有健康的现金流，一家企业可以没有利润，但不能没有健康的现金流。利润决定企业能不能活得好，而现金流决定企业能不能活。判断公司的现金流是否健康主要有以下四点。

第一，查看经营现金流净额与净利润的比值是否大于1，这个比值越大越好。不过对于重资产类型的公司来说，其固定资产折旧、摊销等可能非常大，这些都要从营业利润里扣除，但不会影响经营现金流，所以对于这类企业，经营现金流净额大于净利润是很容易达到的，所以应该提高经营现金流净额与净利润比值的标准，或者把折旧和摊销从经营现金流净额里扣除后再计算。

|  | 2018年年报 | 2019年年报 |
|---|---|---|
| 上市前/上市后 | 上市后 | 上市后 |
| 报表类型 | 合并报表 | 合并报表 |
| 公司类型 | 通用 | 通用 |
| 补充资料： |  |  |
| 净利润（万元） | 2,165,041.90 | 2,527,714.40 |
| 资产减值准备（万元） | 44,786.40 | 87,190.90 |
| 固定资产和投资性房地产折旧（万元） | 481,745.60 | 516,826.20 |
| 处置固定资产、无形资产和其他长期资产 | -3,493.40 | 13,113.10 |
| 公允价值变动损失（万元） | 81,040.00 | -136,116.30 |
| 财务费用（万元） | -126,583.10 | -284,741.10 |
| 投资损失（万元） | -90,732.60 | -16,413.20 |
| 递延所得税（万元） | 11,825.80 | -119,766.20 |
| 其中：递延所得税资产减少（万元） | -36,072.40 | -134,760.40 |
| 递延所得税负债增加（万元） | 47,898.20 | 14,994.20 |
| 存货的减少（万元） | -7,738.70 | -267,071.20 |
| 经营性应收项目的减少（万元） | -1,786,577.40 | -144,567.90 |
| 经营性应付项目的增加（万元） | 1,922,673.20 | 1,591,667.30 |
| 经营活动产生的现金流量净额其他项目（万元） | 94,275.30 | 81,559.80 |
| 经营活动产生的现金流量净额（万元） | 2,786,108.00 | 3,859,040.40 |
| 现金的期末余额（万元） | 1,795,228.20 | 3,044,176.00 |
| 减：现金的期初余额（万元） | 2,183,165.30 | 1,795,228.20 |
| 现金及现金等价物的净增加额（万元） | -387,937.10 | 1,248,947.80 |

图A-8

第二，查看"销售商品、提供劳务收到的现金"与营业收入的比值是否大于"1+增值税率"。由于"销售商品、提供劳务收到的现金"中包含了增值税，而营业收入是不含增值税的，如果这个比值大于"1+增值税率"，说明营业收入都能收回来，并且还能预收货款。

第三，最好的现金流模式就是经营现金流为大额的正值，投资现金流和筹资现金流都为适当数额的负值。这表明企业经营赚的钱可以抽出一部分再投资，扩大规模，并且还可以抽出一部分来分红，完全不用举债。

第四，现金流的健康与否和前面讲到的各种款项的关系很大。如果该收的钱没收回，而买原材料的钱又不得不及时支付，甚至要提前预付，则说明这家公司在产业链里没有话语权，上游下游都被掐着脖子，现金流表现很不健康。

**4. 财务报表附注**

财务报表附注是对财务有关项目所做的补充和解释说明。企业的经营细节都附注在里面，主要包括企业所采用的主要会计处理方法，会计处理方法的变更情况、变更原因及对财务状况和经营业绩的影响，发生的非经常性项目，一些重要报表项目的明显情况或有事项、期后事项，以及其他对理解和分析财务报表重要的信息。比如，前面讲到的货币资金有多少是受限资金，就可以在财务报表附注里查看到。

## A.2 财务指标

根据会计法则，我们将不同用处的财务数据分置在不同的科目里，便于财务管理和运营。其中有一些基础的财务指标和经过计算的关键财务指标需要掌握。

没有足够的利润，企业就无法继续生存，没有足够的利润，企业就无法继续扩大发展。

在分析财务指标的时候，最理想的一种增长模式是营业收入、营业利润，以及净利润的增长幅度都比较接近，且营业利润增长幅度略高于营业收入增长幅度，而净利润增长幅度又略高于营业利润增长幅度。这就表示公司的业绩增长是来源于销量的增长，且毛利在逐步上升。如果再查看一下其他同行业的竞争对手的财报，也是保持这种增长模式，那说明整个行业处在一个上升期。

### 1. 营业收入及成本

营业收入指在一定时期内，企业销售商品或提供劳务所获得的货币收入，分为主营业务收入和其他业务收入。

$$营业收入=主营业务收入+其他业务收入$$

＝产品销售量（或服务量）×产品单价（或服务单价）

主营业务收入是指企业经常性的、主要业务所产生的收入。如制造企业的销售产品、半成品和提供工业性劳务作业的收入；商品流通企业的销售商品收入；旅游服务企业的门票收入、客户收入、餐饮收入等。主营业务收入在企业收入中所占的比重较大，它对企业的经济效益有着举足轻重的影响。

比如，美的集团的营业收入是暖通空调、消费电器、机器人及自动化系统和其他。美的集团的其他业务收入包括发放贷款和垫款的利息收入。

图A-9是美的集团2019年主营业务收入及成本。

|  | 主营业务收入 | 主营业务成本 |
| --- | --- | --- |
| 暖通空调 | 119,607,379 | 81,626,941 |
| 消费电器 | 109,486,791 | 75,014,044 |
| 机器人及自动化系统 | 25,191,964 | 19,953,437 |
| 其他 | 2,773,591 | 2,719,963 |
|  | 257,059,725 | 179,314,385 |

图A-9

营业收入增速是描述企业销售收入发展的直观数据。投资者可以计算历史同比营收增速。

图A-10是美的集团自2004—2019年的营收及营收增速变化示例图。

投资者从美的集团"营收增速＝产品销售量×产品单价"可以看出影响营收增速的主要因素有销量和单价。更深层次的影响来自产品属性、竞争对手、供需关系等。

美的集团的营收推动力来自政策、并购和企业内生增长，其核心推动力就是我国的城镇化推进。从图A-10中投资者可以看到美的集团的营收呈现周期性变化，其中的低点位置有2009年、2012年、2015年和2018年及以后。2008年金融危机开始营收下滑，在2009年达到最低点。政府的刺激计划使

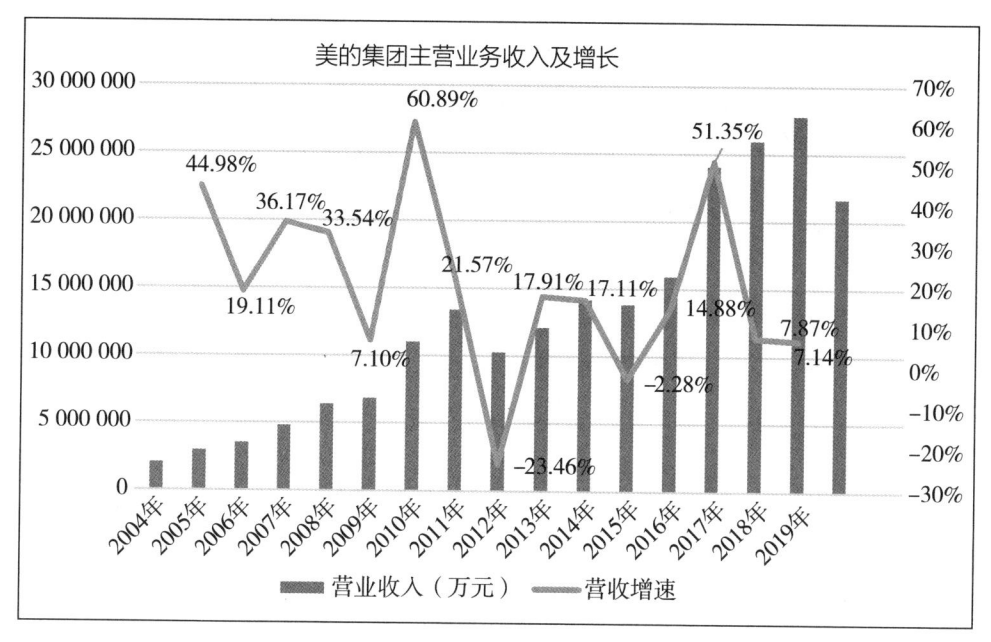

图A-10

得房地产的固定投资大幅增加。消费者经过一年的等待，开发商交了房子以后，消费者就会进行装修和家用电器以及家具用品的消费，所以2009年到达了低点。经历了2010年和2011年原材料价格上涨、人民币升值、劳动力成本高企、出口补偿、通货膨胀、税费高起、房地产调控预期，使得经济持续下滑。2012年国家补贴政策结束，周期线的库存影响下导致增速达到低点。而2015年的增速低点则是由于行业降价去库存的影响。

美的集团自2004年至2019年复合增速达到了19.04%（Excel计算公式为：复合增速=（2019年营收/2004年营收）^(1/$n$)-1，其中$n$为2004年到2019年经过的以年为单位的时间周期）。

### 2. 毛利润及毛利率

毛利润是指销售收入扣除主营业务的直接成本后的利润。其中的直接成本不包括企业的三费（管理费用、财务费用、销售费用）和税收等。

$$毛利润 = 营业收入 - 营业成本$$

毛利率指毛利润占销售收入的百分比。

$$毛利率 = （营业收入 - 营业成本）/ 营业收入 = 毛利润 / 营业收入$$

图A-11是美的集团2004—2019年的毛利率变化示例图。

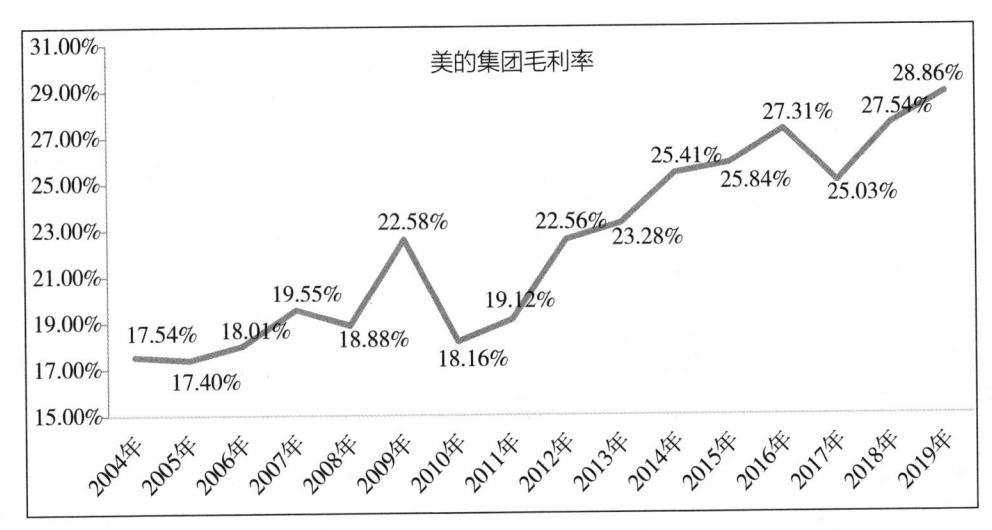

图A-11

影响毛利率的因素有内外两部分因素。内部因素包括产品属性、公司战略要求、产品构成决策和成本管理水平等。外部因素包括市场竞争和供需关系。2010年美的集团毛利率下滑到18.16%的原因就是价格战导致。

### 3. 净利润及净利润率

净利润是毛利润扣除三费、利息和税之后的利润，也称为税后利润或者净收入。图A-12是美的集团2004—2019年的净利率变化示例图。

$$净利润 = 毛利润 - 三费 - 利息费用 - 所得税$$
$$= 利润总额 \times （1 - 所得税率）$$
$$= 留存收益 + 股利$$

$$净利润率 = 净利润 / 营收收入$$

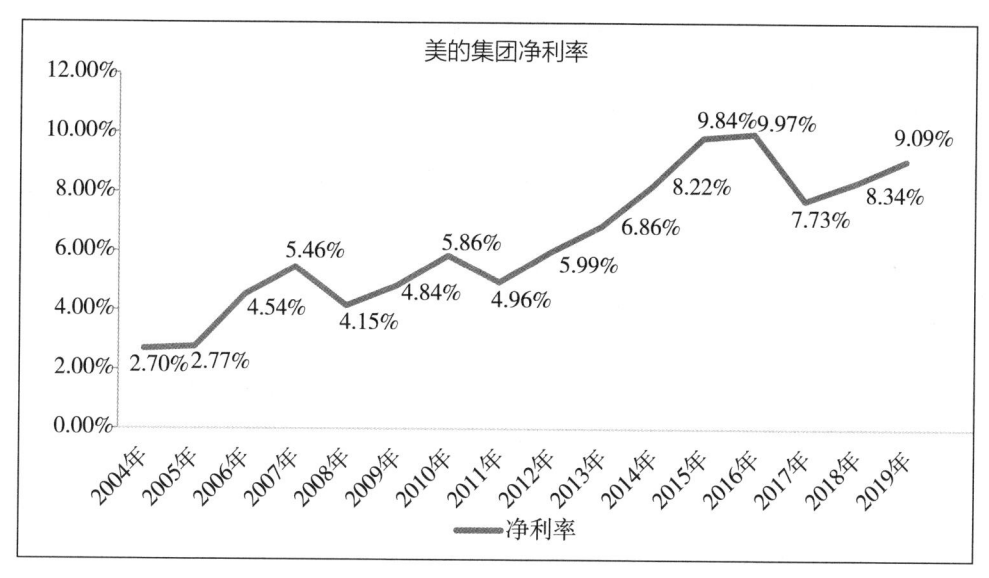

图A-12

根据公式我们知道影响净利率的主要因素有毛利率、管理营运能力和所得税率。

净利润按所有权归属分类可以分为归属于母公司股东净利润、少数股东损益和扣除非经常性损益后的净利润。部分企业的少数股东损益过大会严重影响真正的净利润。

### 4. 营业利润

营业利润又称为销售利润，是企业在其全部销售业务中实现的利润。营业利润是企业利润的主要来源，营业利润主要由营业收入、营业成本、期间费用、资产减值损失、公允价值变动净收益、投资净收益构成。营业利润的公式为：

营业利润=主营业务收入-主营业务成本+其他业务收入-其他业务成本-营业费用-管理费用-财务费用-税金及附加-资产减值损失+公允价值变动收益-公允价值变动损失+投资收益-投资损失

可以在利润表中方便地找到营业利润数据。

### 5. 经营利润

息税前利润（EBIT）是扣除利息和税之前的利润。在利润表里被称为"经营利润"，是未考虑经常性项目、非连续经营业务和特别项目前的利润。

EBIT=毛利润−三费=净利润+利息+税

息税折旧摊销前利润（EBITDA）是扣除了利息、税、折旧和摊销之前的利润。

EBITDA=EBIT+折旧+摊销（这里的摊销不是指债务偿还，而是无形资产所产生的类似有形资产折旧的非现金项目）

图A–13为2015—2019年美的集团经营利润的计算表（注：如果数据有差异，应该是计算方式有差异），其中的管理费用没有包括研发费用。

| | | | 2015-12-31 | 2016-12-31 | 2017-12-31 | 2018-12-31 | 2019-12-30 |
|---|---|---|---|---|---|---|---|
| 1 | | 营业收入 | 13844123 | 15904404 | 24071230 | 25966482 | 27821602 |
| 2 | | 营业成本 | 10266282 | 11561544 | 18046055 | 18816456 | 19791393 |
| 3 | | 营业税金及附加 | 91133 | 107712 | 141643 | 161757 | 172062 |
| 4 | | 销售费用 | 1479977 | 1767845 | 2673867 | 3108588 | 3461123 |
| 5 | | 管理费用 | 744176 | 962078 | 1478024 | 1794884 | 1916950 |
| 6=1-2-3-4-5 | EBIT | | 1262555 | 1505226 | 1731641 | 2084798 | 2480074 |
| 7 | | 摊销 | 0 | 0 | 0 | 0 | 0 |
| 8=7+6 | EBITA | | 1262555 | 1505226 | 1731641 | 2084798 | 2480074 |
| 9 | | 折旧 | 55255 | 56332 | 81516 | 81600 | 165150 |
| 10=9+8 | EBITDA | | 1547757 | 1863026 | 2401229 | 2566543 | 2996901 |

图A-13

## A.3 财务分析

财务分析是指企业在一定时期内，以资产负债表、损益表、财务状况变动表及其他附表、财务情况说明书等为依据，分析企业的财务状况，做出财务评价。

**1. 偿债能力分析**

偿债能力是指企业用其资产偿还长期债务与短期债务的能力。企业有无支付现金的能力和偿还债务能力，是企业能否生存和健康发展的关键，是反映企业财务状况的重要标志。偿债能力是企业偿还到期债务的承受能力或保证程度，包括偿还短期债务和长期债务的能力。直接或间接衡量企业偿债能力的指标有流动性比率、速动比率、现金比率、变现比率、负债流动率、资产负债率、权益乘数、利息倍数等。

（1）流动比率。公司的偿债能力主要体现为短期的偿债能力和长期的偿债能力。短期偿债能力比率是一组旨在提供企业流动性信息的财务比率，也被称为流动性指标。流动比率是反映企业流动资产总额和流动负债总额比例关系的指标。流动比率公式如下：

$$流动比率 = 流动资产总额 / 流动负债总额$$

企业流动资产大于流动负债，一般表明企业偿还短期债务能力强。我们可以这样理解它，相对每1块钱的流动负债，企业有流动比率（元）的流动资产。或者企业的流动资产对流动负债的保障能力为流动比率（倍）。流动比率为2∶1较为理想，最少要1∶1，如果低于1，我们认为净营运资本为负（流动资产-流动负债），则必须谨慎对待。

（2）速动比率。

$$速动比率=速动资产总额/流动负债总额$$

其中，速动资产总额=流动资产−存货−预付账款−待摊费用。

速动比率是反映企业流动资产项目中容易变现的速动资产总额与流动负债总额比例关系的指标。该指标还可以衡量流动比率的真实性。速动比率为1∶1较为理想，该指标越大，表示偿债能力越强，不可低于0.5∶1。

计算速动比率时，流动资产中扣除存货是因为存货在流动资产中变现速度较慢，有些存货可能滞销，无法变现。存货是流动性最低的流动资产，存货如果过多往往会给企业带来极大的现金压力。

（3）现金比率。

$$现金比率=现金类流动资产/流动负债总额$$
$$=（货币资金+有价证券）/流动负债总额$$

现金比率是反映企业流动资产中有多少现金能用于偿债。现金比率越大，流动资产变现损失的风险越小，企业短期偿债的可能性越大。

（4）负债流动率。

$$负债流动率=流动资产/负债总额$$

负债流动率是衡量企业在不变卖固定资产的情况下，偿还全部债务的能力。该比率越大，表示偿还债务的能力越强。

（5）资产负债率。

$$资产负债率=负债总额/资产总额$$
$$=（流动负债+长期负债）/资产总额$$

其中，负债总额包括流动负债和长期负债；资产总额是指企业拥有或可控制的能以货币计量的经济资源，包括各种财产、债权和其他权利。该项数据在资产负债表中的资产栏目里以"资产总计"的方式出现，是流动资产与长期投资之和。

资产负债率是一个重要的长期偿债能力的指标。该指标反映的是企业单位资产总额中负债所占的比重，用来衡量企业生产经营活动的风险程度和企业对债权的保障程度。该比例越小，说明企业长期偿债的能力越强，承担的风险也越小。但无负债，无杠杆，可能会影响企业的发展。有些企业模式就是高杠杆运行的企业，比如房地产企业。所以要综合具体情况来分析该指标。

（6）权益乘数。

$$权益乘数=总资产/总权益=1+总负债/总权益$$

股东权益比例的倒数称为权益乘数，即资产总额是股东权益总额的多少倍，是杜邦分析法中的一个指标，用来衡量企业的财务风险。权益乘数反映了企业财务杠杆的大小，权益乘数越大，说明股东投入的资本在资产中所占的比重越小，财务杠杆越大，债权人的权益保护程度越低；反之，则说明财务杠杆越小，债权人的权益保护程度越高。这是可以间接反映公司偿还债务能力的指标。财务杠杆对企业的债务压力也小。

（7）利息倍数。

$$利息倍数=EBIT/利息费用$$

其中，EBIT（息税前利润）=净销售额-营业费用销售收入总额-变动成本总额-固定经营成本。

利息倍数也称已获利息倍数，是企业生产经营所获得的息税前利润与利息费用之比。它是衡量企业长期偿债能力的指标。利息保障倍数越大，说明企业支付利息费用的能力越强。因此，债权人要分析利息倍数指标，以此来衡量债务资本的安全程度。

## 2. 盈利能力分析

企业获利能力分析的目的在于观察企业在一定时期实现企业总目标的收

益及获利能力。衡量企业获利能力的主要指标有销售净利润率、销售毛利率、资本金利润率、成本利润率、资产报酬率、权益收益率等。实际中，上市公司经常采用每股收益、每股股利、市盈率、每股净资产等指标评价其获利能力。在分析判断盈利能力的指标时，不同行业之间差别很大，只和同行业其他公司相比较，才具有意义。

（1）销售净利润率。

$$销售净利润率=利润总额/产品销售收入$$

销售净利润率是反映企业实现的利润在销售收入中所占的比重。该指标数值越大，表明企业获利能力越强，企业的经济效益越好。

（2）销售毛利率。

$$销售毛利率=（销售净收入-产品成本）/销售净收入$$

销售毛利率是毛利占销售净值的百分比，通常称为毛利率。其中毛利是销售净收入与产品成本的差。该指标数值越大，表明企业获利能力越强，企业的经济效益越好。

（3）资本金利润率。

$$资本金利润率=企业利润总额/注册资本总额$$

资本金利润率是衡量企业经营成果，反映企业获利水平高低的指标。该指标数值越大，说明企业获利能力越强。

（4）成本利润率。

$$成本利润率=利润总额/成本费用总额$$

成本利润率是反映企业在产品销售后的获利能力，表明企业在成本降低方面取得的经济效益如何。该指标数值越大，表明企业获利能力越强，企业的经济效益越好。

（5）资产报酬率。

$$资产报酬率（ROA）=（税后净收益+利息费用）/平均资产总额$$

资产报酬率是用来衡量企业对所有经济资源的运用效率。该指标数值越大，表明企业获利能力越强，企业的经济效益越好。

（6）权益收益率。

权益收益率（ROE）=净利润/总权益=ROA×权益乘数

ROE又称为净资产收益率，是衡量上市公司盈利能力的重要指标。标值越高，说明投资带来的收益越高。该指标体现了自有资本获得净收益的能力，是杜邦分析图的核心内容。巴菲特给了一个好公司的具体特征之一就是看ROE，好的公司ROE必定是在20%之上。

判断一家公司的盈利能力的时候，一般先看这家公司的销售净利润率、销售毛利率、资本金利润率、成本利润率、资产报酬率、权益收益率等，然后还要评估一下市盈率。因为好公司不一定是好股票，当PE过高时，说明回本的预期年限比较长，间接说明盈利能力可能难以支撑高估值，即使公司盈利指标好，也不能作为入选股票。

### 3. 营运能力分析

营运能力分析是指通过对反映企业资产营运效率与效益的指标进行计算与分析，评价企业的营运能力，为提高企业经济效益指明方向。营运能力分析可以评价企业资产营运的效率，发现企业在资产营运中存在的问题，并且是盈利能力分析和偿债能力分析的基础与补充。营运能力分析主要包括应收账款周转率、存货周转率、流动资产周转率、固定资产周转率等。

（1）应收账款周转率。

应收账款周转率=销售收入/（期初应收账款+期末应收账款）

=销售收入/平均应收账款

应收账款周转天数=日历天数/应收账款周转率

应收账款周转率是反映企业在一定时期内销售债权（即应收账款的累计发生额）与期末应收账款平均余额之比。用来检验企业利用信用环节展销货业务的松紧程度，反映企业生产经营管理状况。周转率太小，每周转一次所需天数太长，表明公司应收账款的变现过于缓慢以及应收账款的管理缺乏效率。反之，则表明公司经营管理良好。

特别是当公司应收账款增加，而利润还在持续上升，则往往说明公司有做账风险。

（2）存货周转率。

存货周转率=销售成本/（期初存货+期末存货）=销售成本/平均商品存货

存货周转天数=日历天数/存货周转率

公司在运营的过程中存货和销货之间必须保持合理的比利。存货周转率是反映企业存货在一定时期内使用和利用的程度，它可以衡量企业的商品推销水平和销货能力，并检验现行存货水平是否适当。其比率越高，说明存货周转速度越快，公司控制存货的能力越强，则利润率越大，营运资金投资于存货上的金额越小。反之，则表明存货过多，不仅使资金积压，影响资产的流动性，还增加仓储费用及产品损耗、过时的风险。

特别是当公司存货堆积，而利润还在持续上升，则往往说明公司有做账风险。

（3）流动资产周转率。

流动资产周转率=销售收入/平均流动资产总额

其中，平均流动资产总额=（流动资产年初值+流动资产年末值）÷2。

该指标用来衡量企业生产产品是否适销对路、存货定额是否适当、应收账款回笼的快慢。流动资产在一定时期的周转次数越多，即每周转一次所需要的天数越少，周转速度就越快，流动资产营运能力就越好；反之，周转速度则慢，流动资产营运能力也就越差。

（4）固定资产周转率。

固定资产周转率=销售收入/平均固定资产总额

平均固定资产总额=（平均固定资产年初值+平均固定资产年末值）÷2

该指标表明固定资产的价值转移和回收速度，它反映了企业资产的利用程度。该指标比率越高，说明利用率越高，管理水平越好。反之，如果固定资产周转率与同行业平均水平相比偏低，则说明企业对固定资产的利用率较低，可能会降低企业的获利能力。

**4. 成长能力分析**

企业成长能力分析的目的是为了说明企业的长远扩展能力和企业未来的生产经营实力。分析企业成长能力的指标有主营业务增长率、主营利润增长率、净利润增长率、股本比重、固定资产比、利润留存率、再投资率。

（1）主营业务增长率。

主营业务增长率=（本期主营业务收入−上期主营业务收入）/上期主营业务收入

该指标可以判断公司产品的生命周期，也可以判断公司所处的发展阶段。主营业务增长率高，表明公司产品的市场需求大，业务扩张能力强。该指标大于10%，则说明公司具有成长性，特别是当一家公司能连续几年保持在30%以上的主营业务增长率，基本上可以认为是一家高成长型公司。主营业务增长率低于−30%时，说明公司主营业务大幅滑坡，预警信号产生。另外，当主营业务增长率小于应收账款增长率，甚至主营业务增长率为负数时，公司极可能存在操纵利润的行为，需警惕。并且在判断时还需根据应收账款占主营业务收入的比重进行综合分析。

（2）主营利润增长率。

主营利润增长率=（本期主营业务利润−上期主营业务利润）/上期主营业务利润

该指标反映的是公司主营利润的增长速度。该指标越高，说明企业产品或商品定价科学，产品附加值高，营销策略得当，主营业务市场竞争力强，发展潜力大，盈利水平高。一般来说，主营利润稳定增长且占利润总额的比例呈增长趋势的公司正处在成长期。我们经常会遇到一些公司，年度内利润总额有较大幅度的增长，但主营业务利润并未增加，甚至大幅下降。一旦碰上这样的公司，就要警惕，这样的公司质量往往不高，可能蕴藏着巨大的风险，或者存在资产管理费用居高不下等问题。

（3）净利润增长率。

净利润增长率=（本期净利润额−上期净利润额）/上期净利润额

净利润是公司经营业绩的最终结果，净利润增长率反映了企业实现价值最大化的扩张速度，是综合衡量企业资产营运与管理业绩，以及成长状况和发展能力的重要指标。净利润增幅较大，表明公司经营业绩突出，市场竞争能力强，公司具有成长性。反之，净利润增幅小，甚至出现负增长，也就谈不上具有成长性，公司甚至将进入衰退期。

（4）股本比重。

股本比重=股本（注册资金）/股东权益总额

该指标用来反映企业扩展能力的大小。股本比重越大，说明企业经营资金主要来源于股东投入，企业利用债权杠杆的能力比较弱，在借款利率小于股东分红比例的情况下，对企业正常经营会造成不利影响。适当的财务杠杆其实可以促进企业的发展，股本比重太小也不好，企业高负债运行，容易出问题。

（5）固定资产比重。

固定资产比重=固定资产总额/资产总额

该指标用来衡量企业的生产能力，体现企业存在增产的潜能。如果值过大，则说明企业存在固定资产资金闲置的现象，不利于企业发展，所以该指标越低越好，表示公司固定资产得到了高效的利用。

（6）利润留存率。

利润留存率=（税后利润−应发股利）/税后利润

利润留存率表明公司的税后利润有多少用于发放股利，多少用于保留盈余和扩展经营，反映企业的发展能力和补亏能力。该比率越大，企业发展能力越大。利润留存率越高，表明公司越重视发展，减少分红，更多的利润用于再投资；利润留存率太低，表明公司只重视眼前利益，分红太多，影响发展，或因为公司生产经营不善，消耗了太多的利润去弥补损失。

（7）再投资率。

再投资率=（税后利润−应付利润）/股东权益

再投资是指公司用其盈余所得再进行投资，再投资率又称内部成长性比率，该指标是反映企业在一个经营周期后的成长能力。该比率越大，说明公司扩大经营能力越强，反之则越弱。并且也可以间接说明企业在本期获利大，才有更多的资金进行再投资生产。

## 5. 杜邦恒等式

杜邦恒等式是杜邦公司所创，用于理解净资产收益率的决定因素。是把ROE分解成经营效率、资产使用效率和财务杠杆三部分的通行的表达方式。

ROE（净资产收益率）和ROA（资产回报率）之间的差异反映的是企业债务融资的运用。

ROE=净利润/总权益，我们将其进行换算改变，先上下同时乘以资产和销售额。

ROE=（销售额/销售额）×（资产/资产）×（净利润/总权益）

=（净利润/销售额）×（销售额/资产）×（资产/总权益）

=销售利润率×总资产周转率×权益乘数

通过变形得到的这个式子我们称为杜邦恒等式，用来观察企业的ROE变化是由于哪方面的因子变动而导致的。ROE受到三个方面的因素影响：

- 销售利润率度量的经营效率。
- 总资产周转率度量的资产运用效率。
- 权益乘数度量的财务杠杆。

图A-14是美的集团2015—2019年的ROE及其影响因子。

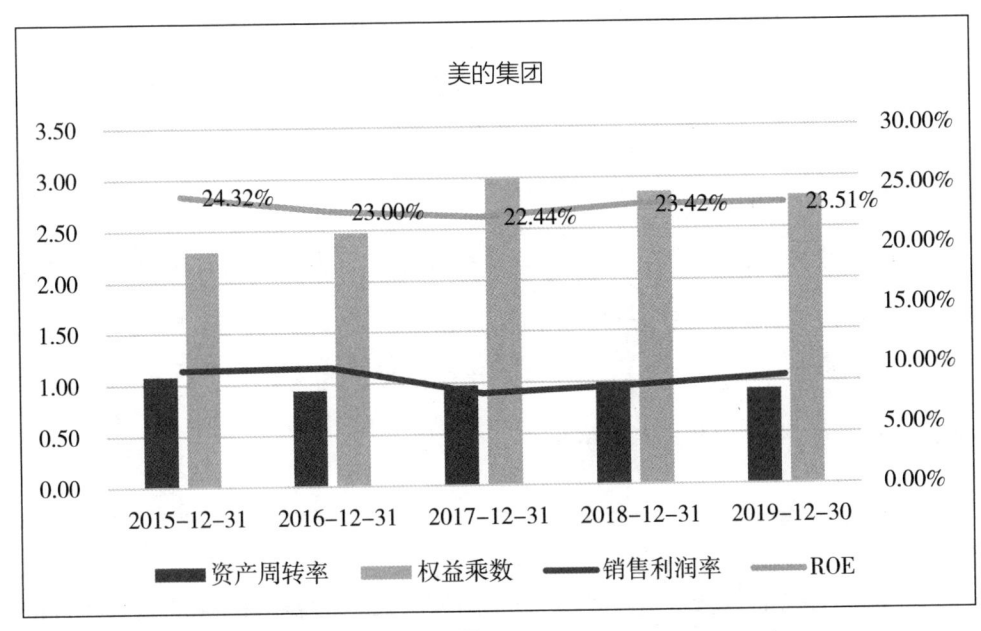

图A-14

巴菲特说过：如果非要我用一个指标进行选股，我会选择ROE，那些ROE能常年持续稳定在20%以上的公司都是好公司，投资者应当考虑买入。所以我们在股票筛选和股票的分析研究中需要重点关注企业的ROE。例如投资者采用10年ROE≥20%去筛选股票，全市场4 000多只股票，只能筛选出如图A-15所示的上市公司。

可见长期保持较高的ROE是一件非常难的事，如果投资者看到一家企业的ROE持续保持较高水平，投资者就需要特别留意该公司。杜邦分析法可以立体透视公司的财务状况，确切知道公司的利益组成，防止买到雷股。

| 证券名称 | 2009年年报 单位% | 2010年年报 单位% | 2011年年报 单位% | 2012年年报 单位% | 2013年年报 单位% | 2014年年报 单位% | 2015年年报 单位% | 2016年年报 单位% | 2017年年报 单位% | 2018年年报 单位% | 2019年年报 单位% |
|---|---|---|---|---|---|---|---|---|---|---|---|
| 美的集团 | 24.93 | 39.46 | 29.32 | 24.32 | 22.55 | 29.04 | 28.66 | 26.62 | 25.63 | 25.80 | 26.21 |
| 格力电器 | 33.40 | 36.74 | 33.89 | 33.28 | 35.45 | 35.96 | 27.34 | 30.42 | 37.51 | 33.40 | 24.52 |
| 承德露露 | 22.64 | 25.67 | 25.72 | 28.61 | 36.94 | 38.13 | 30.99 | 24.66 | 20.81 | 21.07 | 23.73 |
| 华东医药 | 40.20 | 27.72 | 28.39 | 26.64 | 25.15 | 31.27 | 41.88 | 28.23 | 22.71 | 24.74 | 25.29 |
| 洋河股份 | 38.83 | 36.76 | 47.84 | 50.06 | 31.18 | 24.29 | 25.15 | 23.79 | 23.85 | 25.70 | 21.05 |
| 海康威视 | 57.24 | 29.48 | 23.79 | 27.63 | 30.92 | 35.86 | 34.43 | 34.09 | 34.44 | 33.42 | 30.10 |
| 精测电子 | 29.07 | 26.13 | 28.07 | 36.80 | 47.19 | 33.78 | 37.46 | 20.74 | 21.35 | 28.72 | 20.70 |
| 恒瑞医药 | 28.93 | 24.16 | 23.03 | 22.83 | 21.40 | 21.21 | 24.31 | 23.20 | 23.18 | 23.17 | 23.94 |
| 贵州茅台 | 33.55 | 30.74 | 40.39 | 45.00 | 39.43 | 31.96 | 24.44 | 24.42 | 32.95 | 34.46 | 33.12 |
| 伊利股份 | 20.78 | 20.29 | 35.33 | 25.71 | 27.17 | 23.85 | 23.99 | 26.29 | 24.91 | 24.29 | 25.66 |
| 海天味业 | 29.63 | 26.87 | 34.04 | 35.81 | 42.42 | 36.66 | 30.91 | 30.30 | 32.45 | 34.06 | 35.15 |
| 中科软 | 20.91 | 24.86 | 27.46 | 30.72 | 29.08 | 26.76 | 25.45 | 24.55 | 24.90 | 29.22 | 23.99 |

图A-15

当然ROE也有缺陷，主要有以下三点。

（1）高ROE可能来自企业的高负债。根据杜邦恒等式，如果增加公司负债，相应的利息费用会提高，而利息费用的提升会降低销售利润率，从而促使ROE降低。所以负债的增加可能会导致ROE上升，也可能导致ROE下降。而存在高负债带来高ROE的企业，不是我们想要的有强大竞争力而且保持风险可控的企业。

（2）高ROE未考虑经营现金的质量，对业绩的持续性判断不足。

（3）ROE无法描绘资产的构成和状况。比如现金、存货、有形资产、无形资产、商誉等科目。

## 6. ROIC

ROIC叫作投入资本回报率，这个指标是用来衡量投出资金的使用效果，即是判断一个企业业务好坏的指标。ROIC长期保持增长或者稳定在20%以上，表示这家企业的业务具有极强的竞争力，表示这家企业是价值创造者，反之ROIC过低，低于WACC（加权平均资本成本），则该企业是一家价值毁灭型的企业。

$$ROIC = NOPLAT/IC$$

NOLPAT是息前税后经营利润。IC是期初的投入资本，包括有息负债、股东权益（扣除非核心经营资产）。

NOPLAT=EBIT×（1−所得税率）=EBIT−所得税（只考虑核心业务，扣除非经常性损益）=（税后）利润合计（来自利润表）+税后利息费用（非财务费用）−（税后）非经常性损益

IC=总资产−过剩现金−无息流动负债=固定权益+有息负债+应付未付股利+股东无息借款

ROE=ROIC+（ROIC−税后利息率）×净财务杠杆=ROIC+（ROIC−r）×DFL

其中，DFL为财务杠杆系数。

ROE是从股东的角度来看，股东投入的净资产能给股东带来的净利润是多少。

ROIC是从企业的角度来看，企业在生产经营活动中投入的净投资资本（即净经营资产=净负债+净资产）能给企业带来的税后经营净利润。ROIC是比较复杂的，不过ROIC是价值投资中的准绳，它就是价值投资中"护城河"这个概念。

对于保守的投资者，ROIC比ROE重要得多。不过现阶段在A股市场中，市场发展速度较快，企业发展速度也非常快。ROIC是一个滞后的指标，就是说它所提供的信息反映的是公司的历史绩效。该指标容易被管理者操控，并受通货膨胀率及其汇率变换的影响。高ROIC，可能意味着企业过分强调营收，忽略了增长机会，牺牲了长期价值。尤其是对于成长型公司，不过对于成熟市场中的企业就是要依据此指标来体现自己的价值。

如果我们把ROE和ROIC组合起来，将得到如下四种情况，如表A−1所示。

表A−1

|  | 低ROE | 高ROE |
| --- | --- | --- |
| 高ROIC | 低ROE，高ROIC | 高ROE，高ROIC |
| 低ROIC | 低ROE，低ROIC | 高ROE，低ROIC |

第一种情况是"低ROE，高ROIC"，表明企业的业务有较强的盈利能力，不过因为财务杠杆较低，扩张不够，公司ROE较低。这种类型的企业属于优质的企业，比如重庆啤酒。

第二种情况是"高ROE，高ROIC"，表明企业的业务盈利能力强，增长也非常强，是市场中非常稀缺的优质标的，比如贵州茅台、恒瑞医药。

第三种情况是"低ROE，低ROIC"，表明企业获利能力弱，获利也少，是需要果断放弃的企业。

第四种情况是"高ROE，低ROIC"。市场上这类企业比较少，获利能力弱，增长很快，但是不可持续。我们对于这类企业也要放弃。

图A-16是美的集团、格力电器和海尔智家2004—2009年的投入资本回报率（ROIC）。投资者可以清晰地看到同行业的ROIC比较和趋向变化。

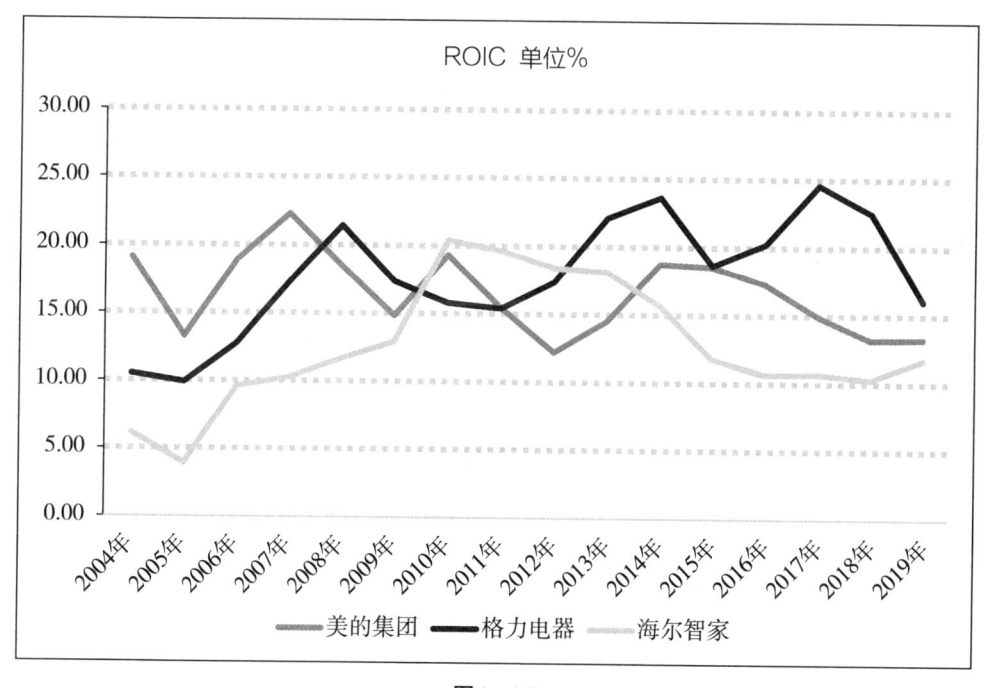

图A-16

## 7. 自由现金流（FCF）

企业现金流是非常重要的部分。企业生产、销售的花销和企业真实的可支配现金已经被掩埋在了各种财务数据之中。如果企业的现金总是入不敷出，总是借新还旧；如果企业忽然出现现金支出大幅增加的情况；如果企业现金开始稳步变好，这些情况我们都需要在雨雾中找到真实的线索，在我们投资股票的时候就能对企业是否有兑付危机、是否会资金链断裂、是否有破产风险等了如指掌。

上面基于企业的营业、投资、筹资三种活动构建了初步的现金流量表。现金流量表中的总净现金流是一个综合性的指标，但不能有效体现获取现金盈余的能力，于是我们可以采用营业活动产生的净现金流量法来计算自由现金流（好的公司营业净现金流通常会越来越高，赚钱的业务在不断扩大）。

$$营业净现金流（NOCF）= 销售收入 - 销售成本 - （销售费用 + 管理费用）- 税金 - \Delta WCR$$

其中，销售收入 - 销售成本 - （销售费用 + 管理费用）= EBIT + 折旧。$\Delta WCR$ 指的是营运资本需求变动量。

$$\Delta WCR = （应收账款 + 存货 + 预付费用）-（应付账款 + 预提费用）$$

$$营业净现金流（NOCF）= EBIT + 折旧 - 税金 - \Delta WCR = EBITDA - 税金 - \Delta WCR$$

$$投资净现金流 = 固定资产净值（期末）- 固定资产净值（期初）= 资本支出净增加$$

由企业的营业和投资活动产生的净现金流总和所计量的现金流是由投入资本创造的自由现金流（FCF）。

FCF=营业净现金流（NOCF）-投资净现金流=EBIT+折旧-税金-资本支出净增加-ΔWCR=EBITDA-税金-资本支出净增加-ΔWCR

企业的投入资本产生现金流和筹资现金流构成了总的现金流。筹资部分的现金流是不自由的，是占用资本。有了自由现金流我们就能知道这家企业手里到底有没有可以用的钱，后续也可以开展现金流贴现法（DCF）对企业进行估值。

图A-17是美的集团、格力电器和海尔智家2004—2019年的自由现金流（FCF）情况。投资者可以清晰地看到这三家企业优秀的现金流。2017年美的集团收购KUKA导致美的集团FCF变为负数，不过很快就转正了。海尔智家自由现金流异常，发现其商誉过高。

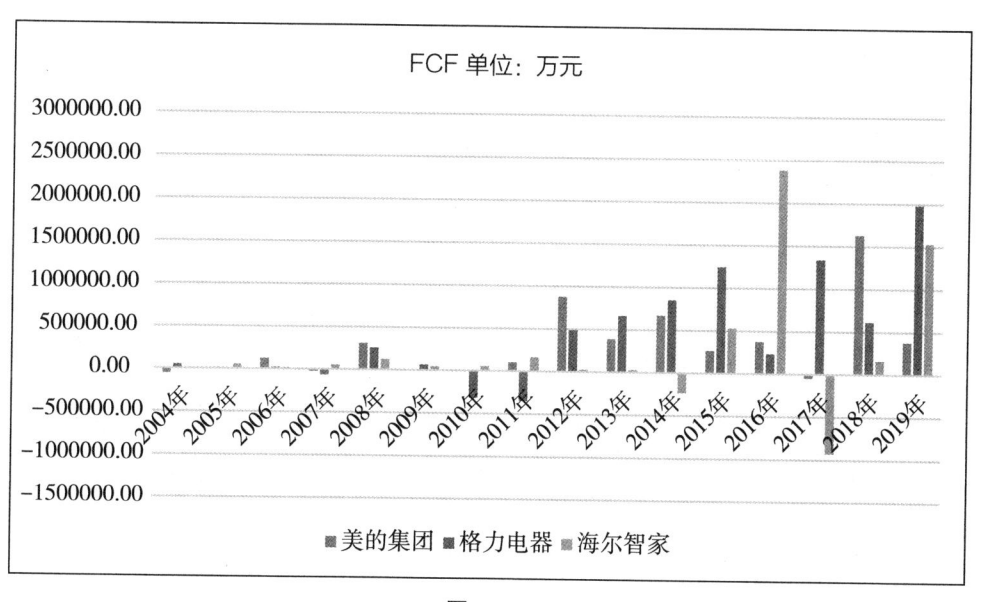

图A-17

## A.4 业务结构

**1. 分析企业业务结构**

除了财务数据，我们研究一家企业的时候，还需要对它的业务进行研究。现阶段的企业业务开展较多，所以要分析其业务结构，看各个业务占比、增速、毛利和变化情况。下面以美的集团为例，如图A-18所示。

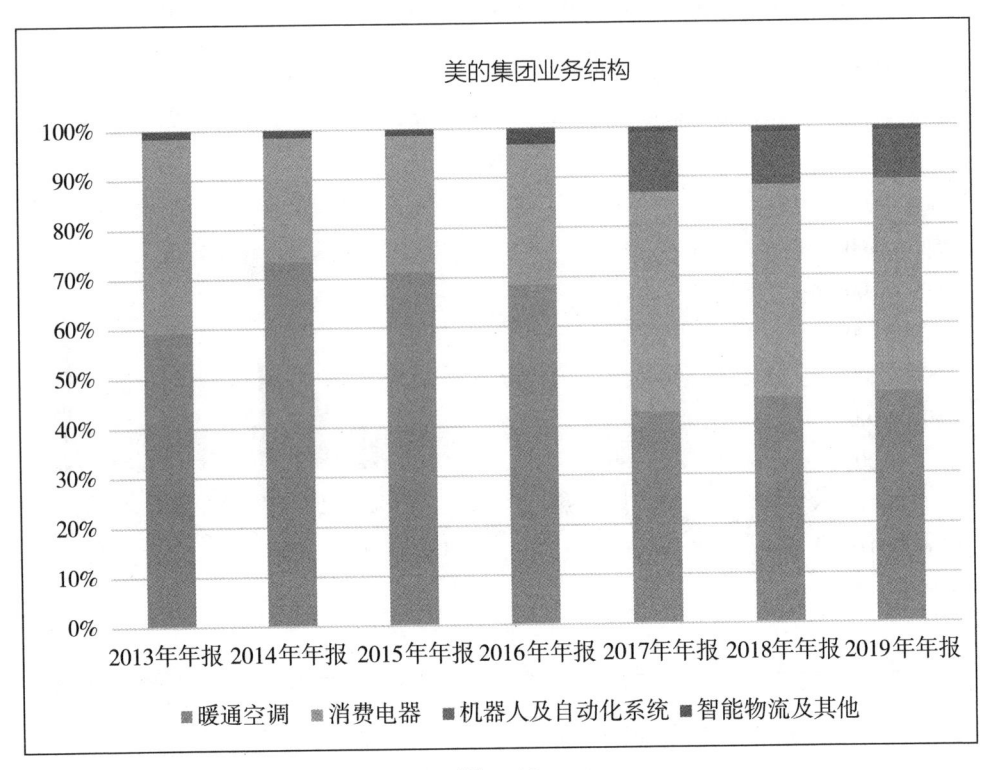

图A-18

其中，2013—2016年与之后的业务数据统计表述口径不一致，图A-18中根据现有的业务统计口径做了部分调整。现阶段美的集团业务包括以厨房家电、冰箱、洗衣机及各类小家电为核心的消费电器业务；以家用空调、中央空调、供暖及通风系统为核心的暖通空调业务；以KUKA集团、安川机器人合资公司等为核心的机器人及自动化系统业务；以安得智联为集成解决方案服务平台的智能供应链业务。投资者需要关注主要业务和变化较快的业务。2017年KUKA并购后，占比近10%。暖通空调业务占比大幅下降，消费电器业务占比大幅提升，截至2019年，消费电器和暖通空调业务分别占近40%。2018—2019年暖通空调业务有了小幅增加，机器人业务占比小幅下滑。其中暖通空调毛利率为30%、消费电器毛利率为29%、工业机器人毛利率为22%。

了解业务结构，投资者就可以了解各类业务的占比及其变化情况，包括营收变化、利润变化和毛利变化情况。投资者可以对企业的主次和战略方向做出判断。

美的集团从产业链布局上实现了上游压缩机、电机等家电核心配件，中游家电制造，下游物流运输的完整制造产业链。其中空调业务已经是成熟市场，需要做的是不断推陈出新，产品迭代升级，中央空调市场占有率第一。大家电洗衣机、冰箱保持较高的市场占有率，稳定增长。小家电还在快速增长期，其中有电饭煲、微波炉、抽油烟机、豆浆机、热水器、净水器和洗碗机等业务，小家电各个品类正在爆发。机器人业务KUKA主要集中在机器人本体、柔性系统、一般工业自动化、智能物流自动化以及智能医疗自动化等业务中。机器人本体对应汽车制造行业，柔性系统针对3C行业，一般工业自动化对标食品饮料和日化医药行业，智能医疗主要集中在手术机器人，智能物流自动化就是AGV。工业自动化和智能化是大趋势，也是一个非常具有前景的2B类业务，符合当下制造业和服务业深化改革，提升效率的产业大背景。

### 2. 模型

营收、净利润等是可以拆解的，如果对其进行拆解，可以从不同的角度去看待一家企业的营收和净利润。

营收拆解之前我们需要知道两个模式：一个是平台模式，一个是产品模式。平台模式企业就是包租的；产品模式就是企业产品或者服务定位是需要消费的。这两种模式的业务会夹杂在不同的企业业务中。所以我们是用不同的方式拆解的。

平台模式的企业例如阿里巴巴、富森美等。这类企业平台业务的营收就是租户的租金。

$$营收 = GMV \times 转化率$$

$$GMV = 有消费的顾客总数 \times 平均客单价$$

$$有消费的顾客总数 = 点击UV \times 返购率$$

GMV：那些只要下单付款的订单金额就会被计入GMV当中，不管你取消不取消订单、拒不拒收货物、退不退货。

实际交易额：只有买家收到货并确认收货，事后也不退款的订单金额，才能被计入实际交易额中。

利用这些公司，我们可以细致地观察企业的核心点在什么地方，企业的战略战术行为会影响哪些因子，造成什么后果。

产品模式的企业在市场中占大多数，服务也是产品，比如贵州茅台、恒瑞医药。

$$营收 = 总销售数量 \times 平均销售价格$$

$$= 总销售面积 \times 每年每平方米销售收入$$

$$= 流量 \times 转化率 \times APPU$$

产品模式的拆解相对比较简单。了解因子的边际变化带来的影响，可以让我们更容易把握企业的业务。例如：

$$美的集团的营收 = 暖通空调出货量 \times 暖通空调平均售价 +$$

$$消费电器出货量 \times 消费电器平均售价 + 机器人出货量 \times 机器人平均售价 +$$

$$供应链业务GMV \times 转化率$$

暖通空调出货量×暖通空调平均售价=中央空调出货量×中央空调平均售价+家用空调出货量×家用空调平均售价=中央空调市场销售额×市场占有率×中央空调平均售价+家用空调市场销售额×市场占有率

可以明显地看到，暖通空调和消费电器是影响美的营收的主要因素。阶段性营收快速增长的后期将会是消费电器和机器人业务。

## A.5 消费场景

### 1. 社会思潮

社会思潮是反映特定环境中人们的某种利益或要求对社会生活有广泛影响的思想趋势或倾向。它具有"潮水"般的流动性与有涨有落的阶段性。其形成有时是自发的，有时则是因思想家的推动或倡导，其性质和具体表现多种多样。我们重点研究社会思潮中的消费导向，比如我国传统节日的繁荣，其推动原因来自社会群体对传统文化的认可，政府对发扬传统文化精神的主导，对祖辈流传下来的优秀传统文化进行弘扬和传承，丰富民众的生活文化和增强自豪感和自信心。

除了1999年定的国庆节、春节和"五一"劳动节外，2008年端午节、清明节和中秋节被列为法定节日。月饼和粽子等传统节日美食，随着传统节假日的丰富，也成为非常巨大的市场，培养起来了一大批相关的企业和产业。

### 2. 消费场景

消费场景就是消费者消费需求的一个场景。比如外卖饮食的兴起、盲盒文化的突进、后疫情时代的办公等。每一种消费场景催生一大批不同以往的企业。而消费场景就是消费环境和消费者心理的变化。

传统行业中咖啡馆引导着非正式的商业会谈和休憩这样的消费场景。像咖啡馆一样，现阶段更多的互联网企业会通过深入挖掘消费者需求、构建匹配的消费场景、利用网络大数据等技术不断引导消费者心智，从而达成客户成交消费。

## A.6　行业轮动

行业轮动市是指各个板块在市场行情中轮番演绎的一种现象。这种现象在微观上受市场资金流动的影响，在宏观上则受各个行业特征属性及宏观经济发展周期影响。各上市公司是市场主体宏观经济的核心组成部分。股市作为其在金融市场的映射，一方面反映实体的发展状况，另一方面反映实体的未来预期。

### 1. 行业划分

在行业划分上，可将上市公司分为增长型行业、周期型行业和防守型行业。

增长型行业主要依靠技术进步、新产品推出以及更优质的服务，从而呈现增长性。高增长的行业为投资者提供了财富保值增值的手段，因为这些行业的股票价格不会明显地随经济周期的变化而变化。典型的高增长行业有新能源、计算机应用、通信设备、芯片等。

周期型行业主要与经济周期紧密关联，当经济衰退时，这些行业也跟着衰落；当经济处于上升期时，这些行业也会紧跟着扩张。典型的周期型行业有消费品行业、耐用品制造业等。

防守型行业的产品需求弹性小，相对稳定，哪怕经济处于衰退期对该类行业影响也较小，有些防守型行业甚至在衰退期反而还会有一定的增长。典型代表有食品业和公用事业。

申银万国对行业做了细致的分类，推出了面向投资和管理的分类标准。此标准从上市公司产品与服务之间的关联性出发，结合该行业的发展状况和特点，把市场分成了23个一级行业分类，85个二级行业分类和205个三级行业分类。以申万二级行业为准，把各个行业在日线级别的指数和均线的关系进行分类排列。用不同的颜色表示，就可以看到行业的变化情况，也可以制作行业宽度图，清晰地展示各个行业的轮动情况。

### 2. 美林时钟

行业轮动是一种主动性选股策略，利用市场变化获利，在不同行业周期的时间错位，对行业进行切换以达到最佳投资收益。股票市场上，行业轮动与经济周期、政策周期、货币周期等均有关系，市场也有很多对于行业轮动的研究，其中以美林时钟最为著名。

美林时钟理论是将"资产""行业轮动""债券收益率曲线"以及"经济周期四个阶段"联系起来的一种方法，是非常实用的指导投资周期的工具，如图A-19所示。

美林时钟理论按照经济增长与通胀的不同搭配，将经济周期划分为四个阶段。

第一，"经济上行，通胀下行"构成经济复苏阶段。此阶段由于股票对经济的弹性更大，其收益明显会超过债券和现金。

第二，"经济上行，通胀上行"构成经济过热阶段。在此阶段，一方面由于通胀上升，商品会明显走牛；另一方面高通胀央行会收紧银根，从而会对债券产生利空的预期，所以股票的配置价值相对较强。

图A-19

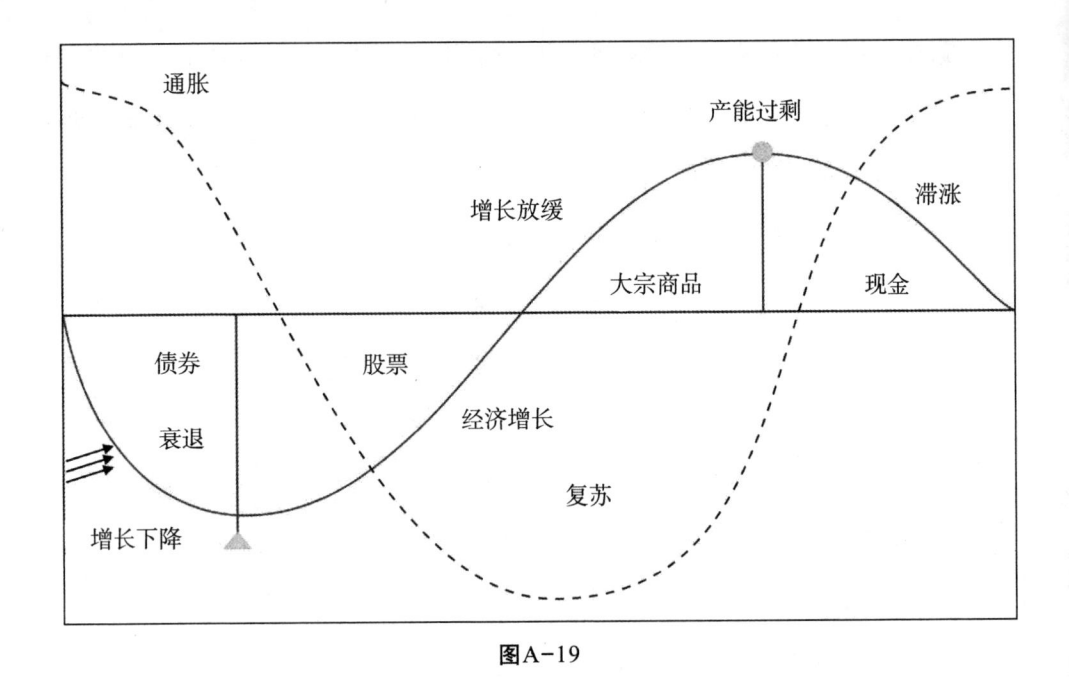

第三,"经济下行,通胀上行"构成滞胀阶段。在此阶段,现金为王,经济下行对企业盈利的冲击将对股票构成负面影响,债券相对股票的收益率提高。

第四,"经济下行,通胀下行"构成衰退阶段。在此阶段,通胀压力下降,货币政策趋松,债券表现最突出,但在经济即将见底的预期逐步形成的时候,股票的吸引力也会逐步增强。

### 3. 行业轮动的原因

行业轮动的原因主要有以下三个方面。

第一,需求。不同行业不同时间的需求是不同的,根据需求周期的不同,企业对应的收益就不同。例如旅游行业、珠宝行业等,在时间周期上跟法定节假日有明显的关联性。

第二,供给。不同行业的供给也是不同的,例如养殖行业,最典型的特征就是猪肉价格的变化对经济的影响非常明显。当猪肉价格大幅波动时,对

CPI数据（消费者价格指数）影响是非常剧烈的。

第三，投资行为。从行为金融学的角度分析，板块轮动现象实际是一场投机行为，与投资者行为密切相关。中国股市是以散户为主导的投资群体，散户的非理性，导致他们在投资过程中受外在因素的影响较大。

行业轮动是受经济周期影响的现象，不是行业本身的兴起或衰退，所以，在股票市场上，讨论行业轮动是基于短期的涨跌现象，而不是长期属性。利率是行业轮动的市场逻辑，当相应股票涨跌时，会使得关联性的股票涨跌行情出现，例如当利率降低时，房地产股票会上涨，而其关联性最强的建材、钢铁、煤炭、水泥等也会跟着上涨，如图A-20所示。

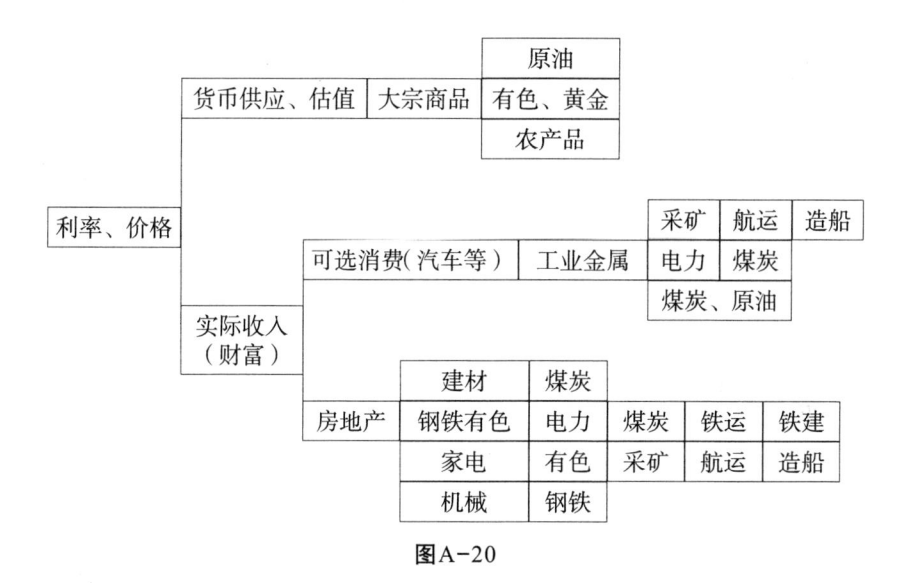

**图A-20**

# 附录 B
# VLR 模型的优势和战略思想

## B.1 VLR 模型的优势

VLR 模型是继承自利弗莫尔交易思想的方法，突破了很多传统思维的束缚。

### 1. 突破"风险=收益"的束缚

传统的思维教导我们不要过于贪婪，因为一分风险一分收益，风险和收益是成正比的。你想要盈利，那么你就背负了破产的风险。所以这种思维限制了我们赚大钱的可能。

其实"风险=收益"只是在理论上讲得通，实际情况是这个恒等式几乎永远不能成立。

比如，在一波行情中，你设置的止损是10%，最终盈利了50%。理论上，如果你投入的是1万元，那么你的风险是损失1千元，盈利是5千元；如果你投入的是10万元，那么你的风险是损失1万元，而你的收益是5万元。从这个例子来看，投入加大了10倍，风险和收益也同比例扩大了10倍。

其实在实际交易过程中，当你买入1万元的时候，你的风险小，心态稳，最终你可能赚到了5倍盈利。但是当你买入10万元的时候，你的风险是损失1万元，扩大了10倍，高风险很容易让你心态受损，你很可能在亏损没到1万元的时候就割肉出场了，行情再涨50%也和你无关；也可能你赚了20%的时候就拿不住跑了。所以风险扩大的同时其实也扩大了不确定性，因此扩大风险往往并不能带来更大的收益，甚至会带来更大的亏损！当你缩小风险的时候，不确定因素会减少，反而会扩大获利的倍数！

综上所述，利弗莫尔的"轻仓试仓，浮盈加码"的操作模式，看起来很朴实，实际上是最精彩的地方。而VLR模型正是这种操作模式，缩小风险，降低不确定因素，并且同时配上"盈利加仓，放大获利"的思想。所以可以做到风险压根就和收益不成正比，而是风险可以远远小于收益，赚大钱再也不用担心会伴随大的风险了，真正把交易做成投资而不是赌博。

### 2. 突破资金管理的束缚

资金管理的前提是拥有正期望值的交易系统。如果你的交易系统本身无法盈利，那么资金管理大概率是无效的，最多是延迟爆仓的时间，让"死刑"变"死缓"而已。所以很多人错误地把资金管理当作交易的核心，其实资金管理是控制风险的核心，而赚钱的交易方法才是盈利的核心，二者结合才是整个交易系统的核心。

资金管理的目的是控制风险，传统方法中控制了风险也就限制了收益，所以散户们都对资金管理不感兴趣。但是VLR模型在降低风险的同时，具备放大获利的能力，甚至如果行情给力，可以无限加仓，加仓没有上限，所以VLR模型在加仓的时候根本不用管仓位控制，突破了资金管理的束缚。

### 3. 突破概率的束缚

传统的投资思想认为交易是概率游戏，所以交易是依靠高概率赚钱。从数学角度，假设盈利有80%的概率，那么10次交易中，每次盈亏都是1万元，最终可以赚8万元。但是这个例子中，每次盈亏都是1万元，就具有非常大的不确定性。只靠概率赚钱非常困难，原因主要有以下三点。

第一，很多人做了很多笔交易，前期获利，结果最后一笔巨亏或者爆仓。任凭概率再高，结果都是赚小亏大。交易追求的不是概率本身，投资者的正道是追求最终获利。以高概率成功的前提必须是以盈亏比相当为条件，不然高概率也只是个花瓶而已。

第二，高概率是催命符。很多人的认知是唯有高概率才能赚钱，所以拼命维持高概率。过分追求高概率的投资者，从一开始就没有做好接受错误的准备，至少没有做好连续出错的心理准备，也就自然没有做好应对错误的方案，一旦出现错误甚至连续出错，就会方寸大乱。因为于他而言，一旦概率降低将成功无望，所以每当浮亏的时候，认知潜意识里都会去抗单，甚至浮亏加仓摊均成本，无所不用其极地去提升高概率，但是事与愿违，每次亏损都会是巨亏，总在赚小赔大。

所以在高概率的驱使下，他们无法改掉扛单和浮亏加仓的习惯，因为于他们而言别无他法，一旦高概率不维持，就彻底击垮了唯有的认知，这是他们对交易唯一的信念。所以，以高概率为唯一交易准则的人，心态早已经被击的粉碎，无所不用其极地维持高概率反而成了催命符。墨菲定律告诉我们，出错甚至出大错是一件必定会发生的事情，如果不去关注错误时的处理方案，那么最终一定会失败。

第三，很多人对概率认知不全。错误地认为，如果有80%的概率，那么每天都是做10单赢8单。把交易概率当成了均匀分布概率。学过概率论的人应该知道，交易这种复杂的概率，影响因素甚多，随机性很大，根本就不可能是均匀分布概率。当遇到肥尾效应的时候就会损失惨重。

所以高概率不是交易的通行证，它只是通行证上的五彩斑花。没它也能赚钱，有它更好。多数投资者是把高概率这个次要条件，噩梦般地摆在了唯一条件之上。

而VLR模型摆脱了这一束缚，巨幅盈亏比让高概率黯然失色，那么就能从心底让你认知到，即使低概率也能轻松赚钱。最关键的是知道不必过分追求高概率，从而可以让自己从心底一开始就接受错误，做好出错的准备，这样就很难让你在交易中由于错误而身陷险境。换一句话说，VLR模型可以让你的心态得以飙升。这也是为什么美林银行交易员以及华尔街很多成功人士哪怕低于40%以下概率也能大赚的原因。

**4. 突破心态的束缚**

这是一个交易绕不开的话题，都说交易关键是心态，但是这个东西看不见、摸不着，它不是一个实物，是一个你不能掌控的东西。如果你把交易全押在心态上，那么你就做了一件自己无法掌控的事情，好比骑在了一匹没了缰绳的马上，你摔不摔跤，路况说了算，任凭你再高超的驾驭之术，也容易跌落马背。

很多人不想过一眼看到老的生活，选择交易，慢慢开始了与心态斗争之路。但噩梦也自此开始，总是战胜不了心态，亏多了就开始害怕，怕了就恐单，恐亏损，亏损了就死扛，最后不是错过机会，就是在不愿小损中爆仓。很多人总认为自己技术学得多，亏得也足够多，经验也具备，万事俱备，只欠心态。锻炼心态成为"航母级"的总目标，可面对看不见的心态，总是很茫然，连往何处发力都不清楚。他们总认为可以靠多做单、多亏钱来锻炼心态，却发现越亏心态越不好，让自己每天面对"刀山火海"，又逼着自己不害怕，非要把自己逼成全金属外壳。只靠心态赚钱非常困难，原因主要有以下三点。

第一，与生俱来的人性。逼着自己心态好，那是对自己残忍，不善待自己。世界上没有高度自律的人，只是因为痛点不够深。

第二，哪怕你在某个时候攻克了心态，能保证以后心态永远被自己战胜吗？不乏有些投资者，在某一段时间，高度自律，高度执行原则，结果承受不了高强度压迫，没过几招，就身心崩溃，又被心态打败。

第三，既然攻克心态理论上是能成功的，但是否唯独这一条路？既然这条路"尸骨累累"，我们就应该避重就轻，逆向思维去寻找相对容易的替代方案，而不是非要攻克难度高峰去赚钱。比如容错率，就是从提高容忍错误次数的角度来获取成功。交易的目的是为了赚钱，应该想尽一切办法赚容易赚的钱，而不是攻克心态的高峰。比如，一份答卷中有简单的题，也有压轴题，我们把所有简单题答好，一样可以通关。如果非要执拗于攻克压轴题，很可能连简单题的分数都没拿到，导致挂科。

VLR模型在交易过程中，永远承担的都是极小风险，并且没有高概率的束缚，更容易稳定心态，在巨幅盈亏比之下，极大地提高容错率，即使心态一般也能获取成功，另辟蹊径，摆脱了心态的束缚。

## 5. 突破技术的束缚

曾经有一位技术派投资者和我说："我认为大方向很重要，因为如果大方向看错，那将会是致命的。"这就是技术控的束缚，要知道技术再强，分析能力再厉害，都不可能做到100%的胜率。

VLR模型的核心不是技术，而是利弗莫尔的交易思想，是从战术上升到战略高度的盘外交易思想。巨大的盈亏比，可以让单次行情判断的正确与否对VLR模型影响不大，破产率极低，巨大的容错率可以让你始终能存活下去，不会因某次行情看错而吓得魂飞魄散。

## B.2 坚定使用 VLR 模型

> 知行合一。
>
> ——苏格拉底

"知行合一"就是要坚定信念地去执行交易方法，执行交易规则，执行交易计划。这是成功的决定因素。

很多人总会在同样的错误上屡屡犯错，无论怎样深深自责，最终还是死不悔改。其实内心是知道要改的，但是行为上就是无法改掉交易的坏毛病，这主要还是因为认知错误不深刻导致的。比如止损，人人都知道扛单的危害，但就是不改，碰到浮亏就想加仓，不愿意认输。

"没有人可以赚到认知以外的钱，哪怕你靠运气赚到了，也会凭实力亏回去。"交易中随机概率赚的钱都是运气，却有很多人沉溺其中。曾经有一位朋友，融资上杠杆，在一月之内就赚了9倍，错误地认为这是自己的实力，加大投入，继续加大杠杆，最后亏了90倍都不止。

很多人投资失败了就会丧气地说学习没有用，其实不是学习没用，而是他们学习不够全面，理解不够深。行为是受认知支配的，当你通过学习，从底层逻辑完全理解某种交易方法的时候，就能产生强大的信念，信念是一种强大支配行为的力量，是一种抗拒所有意图改变现状的力量。也就是说，认知达到一定高度，自己会拒绝交易犯错误。当你认知不够的时候，你会拒绝自己做出正确的交易抉择。比如止损，对交易系统认知不足的时候，哪怕是轻仓，你也会拒绝自己止损，鬼使神差地去扛单。

借助《黄金交易高效战法》中的例子来说明行为是可以通过提高认知来

改变的。

打个比方，在小孩上幼儿园以前，对事物的认知都来自爸妈对他们的传达，如果第一次逗弄他说1+1=3，假设他之前从来没有接触过数字之类的学习，那么他们肯定不会怀疑，因为爸妈是他绝对信赖的人。但是等他上幼儿园后，有一天在他写作业的时候，你再试着逗弄他，说1+1=3，那么你的目的肯定要落空了，他会大声肯定地和你讲："爸爸你错了，1+1=2。"还会嘲笑你说，爸爸是个大笨蛋哦。这个故事说明了两点：第一，信念的力量是无穷大的，他敢于挑战一向在心目中信赖的爸爸，因为他对1+1=2产生了强大的信念，你让他写一百遍1+1=？，相信他也会一百次都写等于2；第二，信念可以转移甚至改变，原本爸妈是他的信念，但是当他通过学习，从一个苹果加一个苹果等于两个苹果开始，慢慢认识世界，他的信念已经转移到了自然法则上。

没有人天生适合投资，所以若你持续犯错，是认知不足导致的。比如止损这个问题，大多是因为对损失的无能为力，因为没有盈利能力，那么自然很难割舍每一分损失。而当你也像利弗莫尔一样，具有巨幅的倍数盈利能力之后，面对小幅损失，你自然会毫不在乎。

更为严重的是，多数人在学习过程中都是一知半解，半桶水一样是没有用。比如很多书都讲趋势、讲技术理论，但是都没有给出真正的原理解释，这就导致很多人学完之后，总感觉这些理论都是凭感觉、凭抽象的巧合而已，那么必定不能让人对其产生信赖，那么在操作过程中，当出现不利情况的时候，自然容易让自己陷入随机报酬的运气之中。这也是第四章中，我们提到知乎中有人认为趋势是非客观的、过时的原因。

因此我们对书中所涉及的各种理论，从数学角度给出了详细严密的原理性解释，从底层逻辑帮助大家进一步提高认知度。

总之技术方法再好，交易思想再厉害，不去认真实践，再努力也不能给你带来半点收益。而行为是受认知支配的，所以必须反复学习VLR模型，让深刻的认知支配你的潜在行为，才能减少犯错，像利弗莫尔一样成功赚大钱。

## B.3　赚钱需要战略思想

战略不同于战术，它们之间既有密切关系，又有明显区别。一般来讲，先有战略，后有战术，战术必须服从和服务于战略。战略和战术的区别主要有以下几点。

第一，战略是从全局考虑，规划实现全局目标，战术是指导和进行战斗的方法。

第二，战略更加侧重于计谋，战术更加侧重于方法。

第三，战略针对的是整体，战术针对的是局部。

第四，战略的执行时间比战术的执行时间要长。

用一句话概括就是，战略和战术都重要，但是战略具有高瞻远瞩性，战略对战术具有绝对指导性。

投资战略也是一样，在我们的VLR模型中，长线出发，轻仓试仓，探明趋势，降低风险，盈利加码，指数级放大获利，这就是战略。这是站在整个投资生涯，让你成功的重要战略，与盘面无关，由盘外主导。

而大多数投资者，眼里只有技术，视觉太短，没有战略指导，一旦出现不利，就容易和无头苍蝇一样，乱冲乱撞，亏的头破血流。所以无论你是价值投资还是技术投资，战略是你成功的核心。天底下没有盈利的技术，却有盈利的战略。当然战略也必须要有强悍的技术去执行，具体指明投资这场仗该怎么打，不然战略变成了空谈。

所以价值投资和技术投资结合，战略和战术结合，才能形成稳定性成功的策略。纵观利弗莫尔的投资生涯，他的投资风格也是兼具战略和战术的。

## B.4　顺势而为

交易中主要有三大成功因素。

第一，止损，控制风险。

第二，顺势而为，不对抗市场。

第三，赚大钱，不沉浸于市场小幅的随机报酬之中。

我们可以看到，利弗莫尔将这三点做到了极致。第一条和第三条都好理解，但是第二条，对于趋势的认知却是五花八门，市场对顺势而为的理解存在普遍性的错误。

### 1. 马后炮

顺势而为——错误用者极其多！很多都是伪趋势交易者，因为趋势本义认为，趋势是事物发展的必然结果，所以多数人理解为顺势而为就一定能得到必然的结果。其实这是马后炮，是建立在假设之上的，因为他们先看到定义中说的"必然结果"，然后才认为顺势而为是对的。如果趋势定义中不能看到"必然结果"，那该如何应对呢？

我们举个例子，房地产是过去十年最大的趋势，那么所有人都顺应房地产趋势赚钱了吗？

并没有。

那些没赚到房地产钱的人，难道很傻吗？趋势都来了，为什么不顺势去买？因为他们看不到必然结果！所以不敢买。

"当你的判断与趋势不一样时，不能相信自己，而应该相信市场。"

比如很多技术投资者，使用趋势交易的方法是，先看月线、周线、日线等大级别形态是在上涨还是在下跌，如果上涨，那么日内就以做多为主；如果下跌，那么就以做空为主。殊不知这样所谓的"顺势而为"犯了极其严重的错误。

第一，趋势并不适用于日内杂波。

趋势是市场不可避免的升与降。所以趋势一定是大周期的行情运动，而日内杂波属于事物发展的分叉方向。所以杂波与趋势毫无关联，以趋势来交易日内杂波方向，毫无逻辑。这就是为什么很多所谓的伪趋势交易者，以此逻辑交易，并没有获得更高概率的原因。

第二，过于宽松的形态容易失效。

市场的记忆是有限的。过于久远的趋势形态对当下影响甚小。因为任何一波趋势的形成都是由于某种因素造成的。在刚开始的时候，这种因素影响可能会非常明显，但是持续影响很长时间之后，该因素的作用就会慢慢消失。这也是市场经常"买预期，卖事实"的根本原因。比如很多时候，央行降准降息之前市场就会提前启动上涨，等降准降息那天，市场已经经历了一段长时间的上涨，会形成宽松的上涨趋势形态，该形态对市场的趋势性指示作用往往容易失败，所以我们可以看到，很多时候央行公布降准降息之后，市场不涨反跌。看大级别行情的趋势形态来指导日内短线交易，往往错误率很高，并不能真正抓住趋势。

第三，容易进入锚定陷阱。

锚定陷阱是指对事物一开始的看法会干扰之后的分析判断，是一种心理效应，会弱化交易心态。投资心理学里可将其解释为过度自信，投资者一旦心里有一个初始值之后，一般很难偏离这个初始值太远，他们对自己印象中的初始值非常自信。

比如，很多人先看日线形态，如果趋势形态下跌，那么日内短线就会以做空为主。盘子出现任何反转信号，他都会选择忽略，容易错失上涨赚钱的机会。最要命的是，一旦行情反向上涨，由于锚定效应，他们总认为自己的趋势是对的，于是就诱发他们扩大止损，且加仓做空，摊低成本，结果等行情暴涨，出现大面积亏损，才猛然疑惑行情趋势是不是反转了。但此时已经晚了。

所以"马后炮"的伪趋势交易后果非常严重，会让很多人连自己亏损的原因都找不到。我们应该做的是，以最小阻力线原理为准绳，趋势怎么转变就怎么做，不要去分析，市场从来不是分析对了，而是要关注当下的变化信号。我们无法征服市场，唯一获利的机会是"跟着它"。记住，市场的趋势从来不是我们判断对了，当市场的方向与我们的方向相反时，应该相信市场而不是固执己见，在浩瀚的市场面前，人力不过是螳臂当车，所以提前判断的趋势都不属于真正意义的顺势而为。最关键的永远是当下发生了什么，市场当下给了我们什么信号，这才是重要的时机因素。

所以多数人心中顺势而为的观点，其前提是先看到结果，是一种"马后炮"式的顺势而为。

### 2. 趋势如流水

我们要批判把趋势比作流水的观点，这个观点认为水一定是往低处流的，所以趋势是不可阻挡的。客观上这句话没错，但前提是我们看到了高处和低处在哪里，才能知道水流的方向，当我们不知道高低处的时候，根本无法判断水的流向。所以很显然行情的趋势永远不可能像流水那样容易被判断出来，因为行情没有任何依据可以让我们判断，市场永远是不确定的。不明白这个道理的投资者，很容易过分相信自己对趋势的判断，会在交易中对其锚定，当判断错的时候，就容易造成巨大的灾难。

我是一个生长在长江边上的人。说实话在我小时候，我一直不知道我们城市那个地段的江水到底是往左流还是往右流。不是我不知道水往低处流的道理，而是长长的江堤一眼望去都一样高，如果不是借助水面的漂流物，我根本就不知道水流的方向，但是我能通过水面漂流物来辨别水流方向。漂流物移动了，这是一个结果，结果出来之后，才能知道水流的方向。当然也有人说可以通过东南西北来判断水流的方向，但是你先学会方位知识也是一种结果。

所以趋势是一种客观规律，但是不能一个劲儿地马后炮地看着已经走出来的趋势说："这就是趋势，顺着这趋势不就大赚了吗？"另外，流水的方向是可以通过客观分析得出100%准确结论的，行情趋势却永远也不能得出100%的概率。

给大家举一个真实的例子，有位朋友自认为是趋势交易者，认定趋势交易必赚。当我有一次问他如何判断趋势的时候，他直接把图表打开给我看，笑道："趋势太简单了，自己往图表一看，行情如果一直在暴涨，这不就是趋势吗？随便哪个位置买都能大赚。"

我反驳道："这是已经过去的趋势，已经毫无意义，获利是靠未来的趋势，而不是现在的结果。"

在一番争论未果之后，他负气地跟我打赌，打开新希望这只股票的图表，指着已经涨上天的趋势，顺势而为地买这只股票给我看，说他必赚，其实当时我很不看好新希望。结果在他高位重仓新希望之后，毫无出场机会，股价持续下行，大跌70%多，损失惨重。

图B-1为新希望日线级别K线图，行情时间跨度为2017年1月1日到2021年12月4日。

### 3. 趋势无尽头

我们还要批判另一个重要的观点，就是认为趋势永远不可能涨到你不能买的地步。

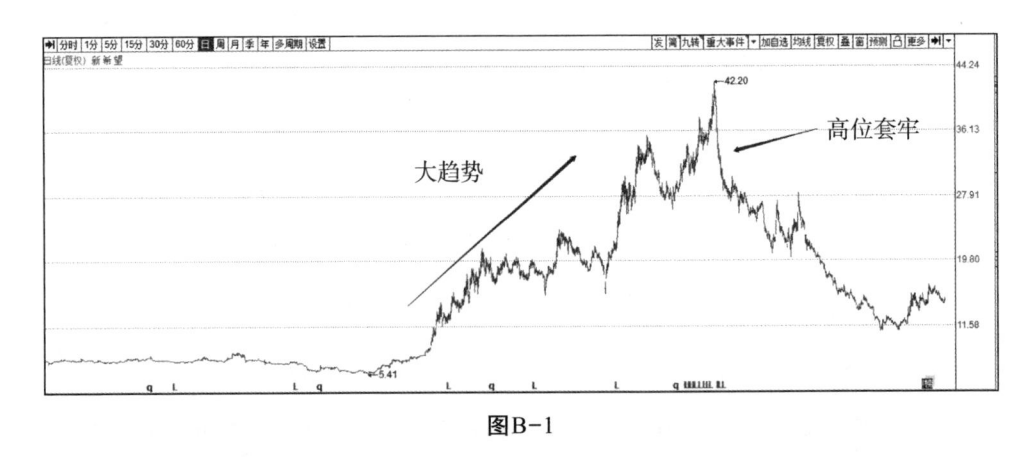

图B-1

这句话明显就是违背客观规律的。事实上任何趋势都有终结，这违背客观规律的观点如何能让人安心去执行趋势交易。比如，均值回归理论就认为股票价格不能总是上涨或下跌，一种趋势不管其持续的时间多长都不能永远持续下去，因此股票价格向均值回归具有必然性。

所以我们要批判"市涨买涨，市跌买跌"这种"过去式"的顺势而为的观点。当下的结果永远也不能完全证明未来正确。而市场要赚的是未来的钱，所以未来才是最重要的。

当我们顺势而为的时候，什么时候顺势去买也很重要，因为趋势一定有终结的时候。比如我一个亲戚近几年顺应之前的趋势去做房地产，结果亏得一塌糊涂。而有的投资者顺势而为买到了最高点，高处不胜寒，一次就凉凉了。

其实任何趋势对于我们来说都是未知的！真正的趋势只有事物本身知道。所以我们说的顺势而为，应该是一种概率性的，只不过这种概率性比较大。有些投资者经常疑惑自己顺势操作为什么爆仓了，痛苦不堪。因为他判断的趋势改变了，而他认知中的顺势是必赚，所以当亏损的时候，死不认输，就是对顺势而为也是概率的认知不深。

**4. 概率性和未来性**

虽然大部分人都知道顺势很重要，但是如果学习到的趋势理论连自己都认为是错误的，自然无法做好顺势交易的原则。顺势而为指的应该是概率性趋势和未来性趋势。

所以趋势是客观规律，但是绝对不是我们眼中的客观规律，我们没有未知能力，永远无法确定客观规律，因此一切教条性的"顺势为王"都是一句空话。

因此我们应该只关心交易中的趋势，而不要把时间浪费在教条性的空话之中。我们交易中的趋势应该是概率性趋势和未来性趋势。绝对不要认知成我们已经掌握了客观规律，更不要认知成当下已经产生的趋势结果，更加不能荒谬地认为趋势永无止境。这些错误的认知都是损伤我们心态的缘由，也是致使我们无法执行原则的根本原因。

当然我们不是否定顺势而为，反而是要推崇正确的顺势而为，让大家真正深层次认知顺势而为，只有你认知准确到位了，那么知行合一就简单了。

我们给顺势而为重新下定义：顺势而为是概率性和未来性的，是我们分析过去以及当下的市场现象，借此判断原有趋势是否会大概率延续的一种交易方法。如果趋势大概率会延续，那么就顺势而为，在关键点买入（注意是顺原有趋势，并不能说是顺未来趋势，因为未来趋势不能肯定）。并且我们还要具体分析趋势大概率会在何时结束，以便规避风险，要不然一样会在趋势终结的时候又把自己陷进去。要始终记住交易自己看到的，而不要交易自己认为的。